班主任专业能力提升培训系列丛书

走向卓越

职业院校班主任能力培养及比赛指导教程

主　编　齐德才　王永军

副主编　兰玉萍　牛利刚

参　编　王立杰　苑新新　杨　靖
　　　　王玉娟　胡慧娟　李韶军

机 械 工 业 出 版 社

本书围绕全国中等职业学校班主任能力比赛的内容，设置了政策法规、教育理论、班级建设方案、典型工作案例、主题班会方案、模拟情景处置和班级活动策划七个专题，由全国知名德育专家齐德才、王永军领衔，二十余位班主任能力比赛和基本功大赛的获奖选手襄助，是职业院校班主任能力培养及备赛的案头必备工具书，同时适用于职业院校广大班主任、新入职教师作为日常工作的参考书。

图书在版编目（CIP）数据

走向卓越：职业院校班主任能力培养及比赛指导教程/齐德才，王永军主编. —北京：机械工业出版社，2022.5（2024.7重印）

（班主任专业能力提升培训系列丛书）

ISBN 978-7-111-70989-3

Ⅰ. ①走…　Ⅱ. ①齐…　②王…　Ⅲ. ①中等专业学校—班主任工作

Ⅳ. ①G718.3

中国版本图书馆CIP数据核字（2022）第099102号

机械工业出版社（北京市百万庄大街22号　邮政编码100037）

策划编辑：宋　华　　　　　　责任编辑：宋　华　单元花

责任校对：张亚楠　李　婷　　封面设计：鞠　杨

责任印制：常天培

北京新华印刷有限公司印刷

2024年7月第1版第2次印刷

184mm×260mm · 15印张 · 319千字

标准书号：ISBN 978-7-111-70989-3

定价：49.80元

电话服务　　　　　　　　　　网络服务

客服电话：010-88361066　　　机 工 官 网：www.cmpbook.com

　　　　　010-88379833　　　机 工 官 博：weibo.com/cmp1952

　　　　　010-68326294　　　金 书 网：www.golden-book.com

封底无防伪标均为盗版　　　机工教育服务网：www.cmpedu.com

前 言 Preface

根据教育部工作安排，2020年起在全国职业院校技能大赛中设立中等职业学校班主任能力比赛，这是深入贯彻落实《国家职业教育改革实施方案》《教育部办公厅关于加强和改进新时代中等职业学校德育工作的意见》等文件精神的实际举措。班主任能力比赛是班主任基本功大赛（能力提升活动）的全面升级版，无论是赛项设置、比赛要求，还是专业标准都对班主任提出了更高要求。但是，很多班主任由于对比赛项目缺乏准确、深刻、详尽的了解，在备赛、参赛的过程中有无从下手的困扰。基于此，我们在《优秀班主任成长指南 班主任基本功培养及大赛指导教程》一书的基础上，应时而使，编写了本书。

本书旨在帮助职业院校的班主任更好地认识比赛、解读比赛、准备比赛，针对班主任能力比赛的赛项，设置了班级建设方案、典型工作案例、主题班会方案、模拟情景处置和班级活动策划等5个专题，提供了8个班级建设方案、4个典型工作案例、16个主题班会方案、30个模拟情景处置和2个班级活动策划，供参赛选手参考。同时，为加强参赛班主任的政策准备和理论准备，又增设了政策法规和教育理论2个专题，提供了与班主任工作息息相关的24个政策法规（部分以二维码形式呈现全文链接）、10大理论、14个效应和70条教育警句，并在电子资源包中，提供了计算机网络技术、电子技术应用等5个专业人才培养方案。

本书以"赛训一体，以赛促建"为编写原则，既贴近班主任工作场景，又真实再现了班主任能力比赛场景，有的放矢，步步夯实，全力助推职业院校班主任实现工作能力和比赛成绩的双提升，从而走向卓越。

本书的编者既有全国知名德育专家，又有班主任能力比赛国赛、省赛的优秀获奖选手；既有代表性又有广泛性；既精于实战，又善于总结。本书由齐德才、王永军任主编，兰玉萍、牛利刚任副主编，王立杰、苑新新、杨靖、王玉娟、胡慧娟、李韶军参编。闫瑾、郭海滨、徐梦婷、赵雪娟、李爱霞、刘军、刘晗、刘蕾、张鸽、徐剑军、王书祺、陈丽静、何洪杰、闫宇辉、沙依白尔·沙吾尔、李淼、孙丽、阎雨佳、姜雪剑、刘玉慧、杨许强、田占芳、张忠发为本书提供了案例。

限于编者的水平和时间，本书难免存在疏漏和不妥之处，恳请各位同仁与读者批评指正。

编 者

二维码索引

目 录 Contents

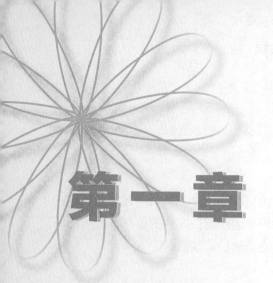

第一章

政策法规

第一节　教育政策法规概述

一、教育政策法规的内涵

教育政策是国家为实现教育目标、任务而制定的行动准则，是教育方针、政策的统称。

教育法规是有关教育方面的法令、条例、规则、规章等规范性文件的总称，是一切调整教育关系的法律规范的总称，是现代国家管理教育的基础和基本依据。

教育法规的三层含义理解：

第一，教育法规是由国家制定或认可的国家意志。

第二，教育法规是规定教育管理和实施教育教学活动过程中不同主体地位及其权利与义务的规则。

第三，教育法规是以国家强制力保证实施的行为准则。

二、教育法规的基本特征

（1）遵循教育规律与顺应社会主义市场经济要求相结合。

（2）系统性与独立性相结合。

（3）原则性与灵活性相结合。

（4）针对性与可行性相结合。

（5）体现教育民主性与保障教育公共性。

三、教育法规的体系结构类型

教育法规体系是指教育法作为一个专门的法律部门，按照一定的原则组成的一个相互联系、相互协调、完整统一的法律有机整体。

由于制定机关的性质和法律地位不同，上下层次纵向结构的教育法规之间具有从属关系。

1. 《中华人民共和国宪法》

《中华人民共和国宪法》（以下简称《宪法》）中有关教育的条款是我国教育立法的根本依据，是教育法规的最高层次，其他形式的教育法律、法规都不得与之相违背。

2. 教育基本法律

教育基本法律是全国人民代表大会制定的，调整教育内部、外部相互关系的基本法律准则。我国的教育基本法律是《中华人民共和国教育法》（以下简称《教育法》），它对教育全局起宏观调控作用，也称为"教育宪法""教育母法"。

3. 教育单行法律

教育单行法律一般是由全国人民代表大会常务委员会制定的，规定教育领域某一方面具体问题的规范性文件，其效力低于《宪法》和《教育法》，如《中华人民共和国义务教育法》《中华人民共和国教师法》《中华人民共和国职业教育法》《中华人民共和国高等教育法》《中华人民共和国未成年人保护法》等。

4. 教育行政法规

教育行政法规是行政法规的形式之一，它是由国家最高行政机关（国务院）依据《宪法》和教育法律制定的关于教育行政管理的规范性文件。它的效力低于《宪法》和教育法律，高于地方性教育法规和教育规章。它内容广泛、数量众多，在实际工作中起主要作用。

教育行政法规的名称一般有三种：条例、规定、办法或细则，如《教师资格条例》《国务院征收教育费附加的暂行规定》《中华人民共和国义务教育法实施细则》。

5. 地方性教育法规

地方性教育法规由省、自治区、直辖市以及省级人民政府所在地的市和经国务院批准的较大的市的人民代表大会及其常务委员会制定。制定地方性教育法规，须报全国人大常委会备案。

地方性教育法规只在该行政区域内有效，不得同《宪法》、法律、行政法规相抵触，其名称通常有条例、办法、规定、规则、实施细则等，如《上海市学生伤害事故处理条例》《河南省义务教育实施办法》《山东省职业教育条例》《浙江省中等职业教育技术教育条例》等。

6. 教育规章

教育规章是中央和地方有关国家行政机关依照法定权限和程序制定颁布的有关教育的规范性文件，有的称为教育行政规章，包括部门教育规章和地方政府教育规章。

第二节 学校德育工作相关教育政策法规

一、《中华人民共和国宪法》（节录）

第三十三条 凡具有中华人民共和国国籍的人都是中华人民共和国公民。

中华人民共和国公民在法律面前一律平等。

国家尊重和保障人权。

任何公民享有宪法和法律规定的权利，同时必须履行宪法和法律规定的义务。

第三十七条 中华人民共和国公民的人身自由不受侵犯。

任何公民，非经人民检察院批准或者决定或者人民法院决定，并由公安机关执行，不受逮捕。

禁止非法拘禁和以其他方法非法剥夺或者限制公民的人身自由，禁止非法搜查公民的身体。

第三十八条 中华人民共和国公民的人格尊严不受侵犯。禁止用任何方法对公民进行侮辱、诽谤和诬告陷害。

二、《中华人民共和国刑法》（节录）

第十七条 已满十六周岁的人犯罪，应当负刑事责任。

已满十四周岁不满十六周岁的人，犯故意杀人、故意伤害致人重伤或者死亡、强奸、抢劫、贩卖毒品、放火、爆炸、投放危险物质罪的，应当负刑事责任。

已满十二周岁不满十四周岁的人，犯故意杀人、故意伤害罪，致人死亡或者以特别残忍手段致人重伤造成严重残疾，情节恶劣，经最高人民检察院核准追诉的，应当负刑事责任。

对依照前三款规定追究刑事责任的不满十八周岁的人，应当从轻或者减轻处罚。

因不满十六周岁不予刑事处罚的，责令其父母或者其他监护人加以管教；在必要的时候，依法进行专门矫治教育。

第二百三十四条 故意伤害他人身体的，处三年以下有期徒刑、拘役或者管制。

犯前款罪，致人重伤的，处三年以上十年以下有期徒刑；致人死亡或者以特别残忍手段致人重伤造成严重残疾的，处十年以上有期徒刑、无期徒刑或者死刑。本法另有规定的，依照规定。

第二百三十五条 过失伤害他人致人重伤的，处三年以下有期徒刑或者拘役。本法另有规定的，依照规定。

第二百六十四条 盗窃公私财物，数额较大的，或者多次盗窃、入户盗窃、携带凶器盗窃、扒窃的，处三年以下有期徒刑、拘役或者管制，并处或者单处罚金；数额巨大或者有其他严重情节的，处三年以上十年以下有期徒刑，并处罚金；数额特别巨大或者有其他特别严重情节的，处十年以上有期徒刑或者无期徒刑，并处罚金或者没收财产。

第二百七十条 将代为保管的他人财物非法占为己有，数额较大，拒不退还的，处二年以下有期徒刑、拘役或者罚金；数额巨大或者有其他严重情节的，处二年以上五年以下有期徒刑，并处罚金。

将他人的遗忘物或者埋藏物非法占为己有，数额较大，拒不交出的，依照前款的规定处罚。

本条罪，告诉的才处理。

三、《中华人民共和国治安管理处罚法》（节录）

第二十六条 有下列行为之一的，处五日以上十日以下拘留，可以并处五百元以下罚款；情节较重的，处十日以上十五日以下拘留，可以并处一千元以下罚款：

（一）结伙斗殴的；

（二）追逐、拦截他人的；

（三）强拿硬要或者任意损毁、占用公私财物的；

（四）其他寻衅滋事行为。

第三十二条　非法携带枪支、弹药或者弩、匕首等国家规定的管制器具的，处五日以下拘留，可以并处五百元以下罚款；情节较轻的，处警告或者二百元以下罚款。

非法携带枪支、弹药或者弩、匕首等国家规定的管制器具进入公共场所或者公共交通工具的，处五日以上十日以下拘留，可以并处五百元以下罚款。

第四十条　有下列行为之一的，处十日以上十五日以下拘留，并处五百元以上一千元以下罚款；情节较轻的，处五日以上十日以下拘留，并处二百元以上五百元以下罚款：

（一）组织、胁迫、诱骗不满十六周岁的人或者残疾人进行恐怖、残忍表演的；

（二）以暴力、威胁或者其他手段强迫他人劳动的；

（三）非法限制他人人身自由、非法侵入他人住宅或者非法搜查他人身体的。

第四十二条　有下列行为之一的，处五日以下拘留或者五百元以下罚款；情节较重的，处五日以上十日以下拘留，可以并处五百元以下罚款：

（一）写恐吓信或者以其他方法威胁他人人身安全的；

（二）公然侮辱他人或者捏造事实诽谤他人的；

（三）捏造事实诬告陷害他人，企图使他人受到刑事追究或者受到治安管理处罚的；

（四）对证人及其近亲属进行威胁、侮辱、殴打或者打击报复的；

（五）多次发送淫秽、侮辱、恐吓或者其他信息，干扰他人正常生活的；

（六）偷窥、偷拍、窃听、散布他人隐私的。

第四十三条　殴打他人的，或者故意伤害他人身体的，处五日以上十日以下拘留，并处二百元以上五百元以下罚款；情节较轻的，处五日以下拘留或者五百元以下罚款。

有下列情形之一的，处十日以上十五日以下拘留，并处五百元以上一千元以下罚款：

（一）结伙殴打、伤害他人的；

（二）殴打、伤害残疾人、孕妇、不满十四周岁的人或者六十周岁以上的人的；

（三）多次殴打、伤害他人或者一次殴打、伤害多人的。

第四十九条　盗窃、诈骗、哄抢、抢夺、敲诈勒索或者故意损毁公私财物的，处五日以上十日以下拘留，可以并处五百元以下罚款；情节较重的，处十日以上十五日以下拘留，可以并处一千元以下罚款。

全文链接《中华人民共和国治安管理处罚法》

四、《人体损伤程度鉴定标准》（节录）

3.1　重伤

使人肢体残废、毁人容貌、丧失听觉、丧失视觉、丧失其他器官功能或者其他对于人身健康有重大伤害的损伤，包括重伤一级和重伤二级。

3.2　轻伤

使人肢体或者容貌损害，听觉、视觉或者其他器官功能部分障碍或者其他对于人身健康有中度伤害的损伤，包括轻伤一级和轻伤二级。

3.3 轻微伤

各种致伤因素所致的原发性损伤，造成组织器官结构轻微损害或者轻微功能障碍。

全文链接《人体损伤程度鉴定标准》……………………………………

五、《最高人民法院 最高人民检察院关于办理盗窃刑事案件适用法律若干问题的解释》（节录）

第一条 盗窃公私财物价值一千元至三千元以上、三万元至十万元以上、三十万元至五十万元以上的，应当分别认定为刑法第二百六十四条规定的"数额较大""数额巨大""数额特别巨大"。

……

六、《中华人民共和国教育法》（节录）

第九条 中华人民共和国公民有受教育的权利和义务。

公民不分民族、种族、性别、职业、财产状况、宗教信仰等，依法享有平等的受教育机会。

第二十条 国家实行职业教育制度和继续教育制度。

各级人民政府、有关行政部门和行业组织以及企业事业组织应当采取措施，发展并保障公民接受职业学校教育或者各种形式的职业培训。

国家鼓励发展多种形式的继续教育，使公民接受适当形式的政治、经济、文化、科学、技术、业务等方面的教育，促进不同类型学习成果的互认和衔接，推动全民终身学习。

第四十三条 受教育者享有下列权利：

（一）参加教育教学计划安排的各种活动，使用教育教学设施、设备、图书资料；

（二）按照国家有关规定获得奖学金、贷学金、助学金；

（三）在学业成绩和品行上获得公正评价，完成规定的学业后获得相应的学业证书、学位证书；

（四）对学校给予的处分不服向有关部门提出申诉，对学校、教师侵犯其人身权、财产权等合法权益，提出申诉或者依法提起诉讼；

（五）法律、法规规定的其他权利。

第四十四条 受教育者应当履行下列义务：

（一）遵守法律、法规；

（二）遵守学生行为规范，尊敬师长，养成良好的思想品德和行为习惯；

（三）努力学习，完成规定的学习任务；

（四）遵守所在学校或者其他教育机构的管理制度。

全文链接《中华人民共和国教育法》……………………………………

七、《中华人民共和国教师法》（节录）

第七条　教师享有下列权利：

（一）进行教育教学活动，开展教育教学改革和实验；

（二）从事科学研究、学术交流，参加专业的学术团体，在学术活动中充分发表意见；

（三）指导学生的学习和发展，评定学生的品行和学业成绩；

（四）按时获取工资报酬，享受国家规定的福利待遇以及寒暑假期的带薪休假；

（五）对学校教育教学、管理工作和教育行政部门的工作提出意见和建议，通过教职工代表大会或者其他形式，参与学校的民主管理；

（六）参加进修或者其他方式的培训。

第八条　教师应当履行下列义务：

（一）遵守宪法、法律和职业道德，为人师表；

（二）贯彻国家的教育方针，遵守规章制度，执行学校的教学计划，履行教师聘约，完成教育教学工作任务；

（三）对学生进行宪法所确定的基本原则的教育和爱国主义、民族团结的教育，法制教育以及思想品德、文化、科学技术教育，组织、带领学生开展有益的社会活动；

（四）关心、爱护全体学生，尊重学生人格，促进学生在品德、智力、体质等方面全面发展；

（五）制止有害于学生的行为或者其他侵犯学生合法权益的行为，批评和抵制有害于学生健康成长的现象；

（六）不断提高思想政治觉悟和教育教学业务水平。

全文链接《中华人民共和国教师法》

八、《中华人民共和国未成年人保护法》（节录）

第四条　保护未成年人，应当坚持最有利于未成年人的原则。处理涉及未成年人事项，应当符合下列要求：

（一）给予未成年人特殊、优先保护；

（二）尊重未成年人人格尊严；

（三）保护未成年人隐私权和个人信息；

（四）适应未成年人身心健康发展的规律和特点；

（五）听取未成年人的意见；

（六）保护与教育相结合。

第二十七条　学校、幼儿园的教职员工应当尊重未成年人人格尊严，不得对未成年人实施体罚、变相体罚或者其他侮辱人格尊严的行为。

第二十八条　学校应当保障未成年学生受教育的权利，不得违反国家规定开除、变相开除未成年学生。

学校应当对尚未完成义务教育的辍学未成年学生进行登记并劝返复学；劝返无效的，应当及时向教育行政部门书面报告。

第三十九条 学校应当建立学生欺凌防控工作制度，对教职员工、学生等开展防治学生欺凌的教育和培训。

学校对学生欺凌行为应当立即制止，通知实施欺凌和被欺凌未成年学生的父母或者其他监护人参与欺凌行为的认定和处理；对相关未成年学生及时给予心理辅导、教育和引导；对相关未成年学生的父母或者其他监护人给予必要的家庭教育指导。

对实施欺凌的未成年学生，学校应当根据欺凌行为的性质和程度，依法加强管教。对严重的欺凌行为，学校不得隐瞒，应当及时向公安机关、教育行政部门报告，并配合相关部门依法处理。

第四十条 学校、幼儿园应当建立预防性侵害、性骚扰未成年人工作制度。对性侵害、性骚扰未成年人等违法犯罪行为，学校、幼儿园不得隐瞒，应当及时向公安机关、教育行政部门报告，并配合相关部门依法处理。

学校、幼儿园应当对未成年人开展适合其年龄的性教育，提高未成年人防范性侵害、性骚扰的自我保护意识和能力。对遭受性侵害、性骚扰的未成年人，学校、幼儿园应当及时采取相关的保护措施。

全文链接《中华人民共和国未成年人保护法》·········

九、《中华人民共和国预防未成年人犯罪法》（节录）

第二十七条 职业培训机构、用人单位在对已满十六周岁准备就业的未成年人进行职业培训时，应当将预防犯罪教育纳入培训内容。

第二十八条 本法所称不良行为，是指未成年人实施的不利于其健康成长的下列行为：

（一）吸烟、饮酒；

（二）多次旷课、逃学；

（三）无故夜不归宿、离家出走；

（四）沉迷网络；

（五）与社会上具有不良习性的人交往，组织或者参加实施不良行为的团伙；

（六）进入法律法规规定未成年人不宜进入的场所；

（七）参与赌博、变相赌博，或者参加封建迷信、邪教等活动；

（八）阅览、观看或者收听宣扬淫秽、色情、暴力、恐怖、极端等内容的读物、音像制品或者网络信息等；

（九）其他不利于未成年人身心健康成长的不良行为。

第二十九条 未成年人的父母或者其他监护人发现未成年人有不良行为的，应当及时制止并加强管教。

第三十一条 学校对有不良行为的未成年学生，应当加强管理教育，不得歧视；对拒不改正或者情节严重的，学校可以根据情况予以处分或者采取以下管理教育措施：

（一）予以训导；

（二）要求遵守特定的行为规范；

（三）要求参加特定的专题教育；

（四）要求参加校内服务活动；

（五）要求接受社会工作者或者其他专业人员的心理辅导和行为干预；

（六）其他适当的管理教育措施。

第三十四条　未成年学生旷课、逃学的，学校应当及时联系其父母或者其他监护人，了解有关情况；无正当理由的，学校和未成年学生的父母或者其他监护人应当督促其返校学习。

第三十五条　未成年人无故夜不归宿、离家出走的，父母或者其他监护人、所在的寄宿制学校应当及时查找，必要时向公安机关报告。

收留夜不归宿、离家出走未成年人的，应当及时联系其父母或者其他监护人、所在学校；无法取得联系的，应当及时向公安机关报告。

全文链接《中华人民共和国预防未成年人犯罪法》·····················

十、《新时代公民道德建设实施纲要》（节录）

二、重点任务

1. 筑牢理想信念之基。人民有信仰，国家有力量，民族有希望。信仰信念指引人生方向，引领道德追求。要坚持不懈用习近平新时代中国特色社会主义思想武装全党、教育人民，引导人们把握丰富内涵、精神实质、实践要求，打牢信仰信念的思想理论根基。在全社会广泛开展理想信念教育，深化社会主义和共产主义宣传教育，深化中国特色社会主义和中国梦宣传教育，引导人们不断增强道路自信、理论自信、制度自信、文化自信，把共产主义远大理想与中国特色社会主义共同理想统一起来，把实现个人理想融入实现国家富强、民族振兴、人民幸福的伟大梦想之中。

2. 培育和践行社会主义核心价值观。社会主义核心价值观是当代中国精神的集中体现，是凝聚中国力量的思想道德基础。要持续深化社会主义核心价值观宣传教育，增进认知认同、树立鲜明导向、强化示范带动，引导人们把社会主义核心价值观作为明德修身、立德树人的根本遵循。坚持贯穿结合融入、落细落小落实，把社会主义核心价值观要求融入日常生活，使之成为人们日用而不觉的道德规范和行为准则。坚持德法兼治，以道德滋养法治精神，以法治体现道德理念，全面贯彻实施宪法，推动社会主义核心价值观融入法治建设，将社会主义核心价值观要求全面体现到中国特色社会主义法律体系中，体现到法律法规立改废释、公共政策制定修订、社会治理改进完善中，为弘扬主流价值提供良好社会环境和制度保障。

3. 传承中华传统美德。中华传统美德是中华文化精髓，是道德建设的不竭源泉。要以礼敬自豪的态度对待中华优秀传统文化，充分发掘文化经典、历史遗存、文物古迹承载的丰厚道德资源，弘扬古圣先贤、民族英雄、志士仁人的嘉言懿行，让中华文化基因更好植根于人们的思想意识和道德观念。深入阐发中华优秀传统文化蕴含的讲仁爱、重民本、守诚信、崇正义、尚和合、求大同等思想理念，深入挖掘自强不息、敬业乐群、扶正扬善、扶危济困、见义勇为、孝老爱亲等传统美德，并结合新的时代条件和实践要求继承创新，充分彰显其时代价值和永恒魅力，使之与现代文化、现实生活相融相通，成为全体人民精神生活、道德实践的鲜明标识。

4. 弘扬民族精神和时代精神。以爱国主义为核心的民族精神和以改革创新为核心的时代精神，是中华民族生生不息、发展壮大的坚实精神支撑和强大道德力量。要深化改革开放史、新中国历史、中国共产党历史、中华民族近代史、中华文明史教育，弘扬中国人民伟大创造精神、伟大奋斗精神、伟大团结精神、伟大梦想精神，倡导一切有利于团结统一、爱好和平、勤劳勇敢、自强不息的思想和观念，构筑中华民族共有精神家园。要继承和发扬党领导人民创造的优良传统，传承红色基因，赓续精神谱系。要紧紧围绕全面深化改革开放、深入推进社会主义现代化建设，大力倡导解放思想、实事求是、与时俱进、求真务实的理念，倡导"幸福源自奋斗""成功在于奉献""平凡孕育伟大"的理念，弘扬改革开放精神、劳动精神、劳模精神、工匠精神、优秀企业家精神、科学家精神，使全体人民保持昂扬向上、奋发有为的精神状态。

全文链接《新时代公民道德建设实施纲要》………………………………

十一、《中华人民共和国职业教育法》（节录）

第三条 职业教育是与普通教育具有同等重要地位的教育类型，是国民教育体系和人力资源开发的重要组成部分，是培养多样化人才、传承技术技能、促进就业创业的重要途径。

国家大力发展职业教育，推进职业教育改革，提高职业教育质量，增强职业教育适应性，建立健全适应社会主义市场经济和社会发展需要、符合技术技能人才成长规律的职业教育制度体系，为全面建设社会主义现代化国家提供有力人才和技能支撑。

第四条 职业教育必须坚持中国共产党的领导，坚持社会主义办学方向，贯彻国家的教育方针，坚持立德树人、德技并修，坚持产教融合、校企合作，坚持面向市场、促进就业，坚持面向实践、强化能力，坚持面向人人、因材施教。

实施职业教育应当弘扬社会主义核心价值观，对受教育者进行思想政治教育和职业道德教育，培育劳模精神、劳动精神、工匠精神，传授科学文化与专业知识，培养技术技能，进行职业指导，全面提高受教育者的素质。

第五条 公民有依法接受职业教育的权利。

第十二条 国家采取措施，提高技术技能人才的社会地位和待遇，弘扬劳动光荣、技能宝贵、创造伟大的时代风尚。

国家对在职业教育工作中做出显著成绩的单位和个人按照有关规定给予表彰、奖励。

每年5月的第二周为职业教育活动周。

第十四条 国家建立健全适应经济社会发展需要，产教深度融合，职业学校教育和职业培训并重，职业教育与普通教育相互融通，不同层次职业教育有效贯通，服务全民终身学习的现代职业教育体系。

国家优化教育结构，科学配置教育资源，在义务教育后的不同阶段因地制宜、统筹推进职业教育与普通教育协调发展。

第十九条　县级以上人民政府教育行政部门应当鼓励和支持普通中小学、普通高等学校，根据实际需要增加职业教育相关教学内容，进行职业启蒙、职业认知、职业体验，开展职业规划指导、劳动教育，并组织、引导职业学校、职业培训机构、企业和行业组织等提供条件和支持。

第三十二条　国家通过组织开展职业技能竞赛等活动，为技术技能人才提供展示技能、切磋技艺的平台，持续培养更多高素质技术技能人才、能工巧匠和大国工匠。

第三十八条　职业学校应当加强校风学风、师德师风建设，营造良好学习环境，保证教育教学质量。

第四十条　职业学校、职业培训机构实施职业教育应当注重产教融合，实行校企合作。

职业学校、职业培训机构可以通过与行业组织、企业、事业单位等共同举办职业教育机构、组建职业教育集团、开展订单培养等多种形式进行合作。

国家鼓励职业学校在招生就业、人才培养方案制定、师资队伍建设、专业规划、课程设置、教材开发、教学设计、教学实施、质量评价、科学研究、技术服务、科技成果转化以及技术技能创新平台、专业化技术转移机构、实习实训基地建设等方面，与相关行业组织、企业、事业单位等建立合作机制。开展合作的，应当签订协议，明确双方权利义务。

第四十九条　职业学校学生应当遵守法律、法规和学生行为规范，养成良好的职业道德、职业精神和行为习惯，努力学习，完成规定的学习任务，按照要求参加实习实训，掌握技术技能。

职业学校学生的合法权益，受法律保护。

全文链接《中华人民共和国职业教育法》⋯⋯⋯⋯⋯⋯⋯⋯⋯⋯

十二、《新时代爱国主义教育实施纲要》（节录）

一、总体要求

1. 指导思想。坚持以马克思列宁主义、毛泽东思想、邓小平理论、"三个代表"重要思想、科学发展观、习近平新时代中国特色社会主义思想为指导，增强"四个意识"，坚定"四个自信"，做到"两个维护"，着眼培养担当民族复兴大任的时代新人，始终高扬爱国主义旗帜，着力培养爱国之情、砥砺强国之志、实践报国之行，使爱国主义成为全体中国人民的坚定信念、精神力量和自觉行动。

2. 坚持把实现中华民族伟大复兴的中国梦作为鲜明主题。伟大事业需要伟大精神，伟大精神铸就伟大梦想。要把国家富强、民族振兴、人民幸福作为不懈追求，着力扎紧全国各族人民团结奋斗的精神纽带，厚植家国情怀，培育精神家园，引导人们坚持中国道路、弘扬中国精神、凝聚中国力量，为实现中华民族伟大复兴的中国梦提供强大精神动力。

3. 坚持爱党爱国爱社会主义相统一。新中国是中国共产党领导的社会主义国家，祖国的命运与党的命运、社会主义的命运密不可分。当代中国，爱国主义的本质就是坚持爱国和爱党、爱社会主义高度统一。要区分层次、区别对象，引导人们深刻认识党的领导是中国特色社会主义最本质特征和最大制度优势，坚持党的领导、坚持走中国特色社会主义道路是实现国家富强的根本保障和必由之路，以坚定的信念、真挚的情感把新时代中国特色社会主义一以贯之进行下去。

4. 坚持以维护祖国统一和民族团结为着力点。国家统一和民族团结是中华民族根本利益所在。要始终不渝坚持民族团结是各族人民的生命线，巩固和发展平等团结互助和谐的社会主义民族关系，引导全国各族人民像爱护自己的眼睛一样珍惜民族团结，维护全国各族人民大团结的政治局面，巩固和发展最广泛的爱国统一战线，不断增强对伟大祖国、中华民族、中华文化、中国共产党、中国特色社会主义的认同，坚决维护国家主权、安全、发展利益，旗帜鲜明反对分裂国家图谋、破坏民族团结的言行，筑牢国家统一、民族团结、社会稳定的铜墙铁壁。

5. 坚持以立为本、重在建设。爱国主义是中华儿女最自然、最朴素的情感。要坚持从娃娃抓起，着眼固本培元、凝心铸魂，突出思想内涵，强化思想引领，做到润物无声，把基本要求和具体实际结合起来，把全面覆盖和突出重点结合起来，遵循规律、创新发展，注重落细落小落实、日常经常平常，强化教育引导、实践养成、制度保障，推动爱国主义教育融入贯穿国民教育和精神文明建设全过程。

6. 坚持立足中国又面向世界。一个国家、一个民族，只有开放兼容，才能富强兴盛。要把弘扬爱国主义精神与扩大对外开放结合起来，尊重各国历史特点、文化传统，尊重各国人民选择的发展道路，善于从不同文明中寻求智慧、汲取营养，促进人类和平与发展的崇高事业，共同推动人类文明发展进步。

二、基本内容

7. 坚持用习近平新时代中国特色社会主义思想武装全党、教育人民。习近平新时代中国特色社会主义思想是马克思主义中国化最新成果，是党和人民实践经验和集体智慧的结晶，是中国特色社会主义理论体系的重要组成部分，是全党全国人民为实现中华民族伟大复兴而奋斗的行动指南，必须长期坚持并不断发展。要深刻理解习近平新时代中国特色社会主义思想的核心要义、精神实质、丰富内涵、实践要求，不断增强干部群众的政治意识、大局意识、核心意识、看齐意识，坚决维护习近平总书记党中央的核心、全党的核心地位，坚决维护党中央权威和集中统一领导。要紧密结合人们生产生活实际，推动习近平新时代中国特色社会主义思想进企业、进农村、进机关、进校园、进社区、进军营、进网络，真正使党的创新理论落地生根、开花结果。要在知行合一、学以致用上下功夫，引导干部群众坚持以习近平新时代中国特色社会主义思想为指导，展现新气象、激发新作为，把学习教育成果转化为爱国报国的实际行动。

8. 深入开展中国特色社会主义和中国梦教育。中国特色社会主义集中体现着国家、民族、人民根本利益。要高举中国特色社会主义伟大旗帜，广泛开展理想信念教育，用党领导人民进行伟大社会革命的成果说话，用改革开放以来社会主义现代化建设的伟大成就说话，用新时代坚持和发展中国特色社会主义的生动实践说话，用中国特色社会主义制度的优势说话，在历史与现实、国际与国内的对比中，引导人们深刻认识中国共产党为什么"能"、马克思主义为什么"行"、中国特色社会主义为什么"好"，牢记红色政权是从哪里来的、新中国是怎么建立起来的，倍加珍惜我们党开创的中国特色社会主义，不断增强道路自信、理论自信、制度自信、文化自信。要深入开展中国梦教育，引导人们深刻认识中国梦是国家的梦、民族的梦，也是每个中国人的梦，深刻认识中华民族伟大复兴绝不是轻轻松松、敲锣打鼓就能实现的，要付出更为艰巨、更为艰苦的努力，争做新时代的奋斗者、追梦人。

9. 深入开展国情教育和形势政策教育。要深入开展国情教育，帮助人们了解我国发展新的历史方位、社会主要矛盾的变化，引导人们深刻认识到，我国仍处于并将长期处于社会主义初级阶段的基本国情没有变，我国是世界上最大发展中国家的国际地位没有变，始终准确把握基本国情，既不落后于时代，也不脱离实际、超越阶段。要深入开展形势政策教育，帮助人们树立正确的历史观、大局观、角色观，了解世界正经历百年未有之大变局，我国仍处于发展的重要战略机遇期，引导人们清醒认识国际国内形势发展变化，做好我们自己的事情。要发扬斗争精神，增强斗争本领，引导人们充分认识伟大斗争的长期性、复杂性、艰巨性，敢于直面风险挑战，以坚忍不拔的意志和无私无畏的勇气战胜前进道路上的一切艰难险阻，在进行伟大斗争中更好弘扬爱国主义精神。

10. 大力弘扬民族精神和时代精神。以爱国主义为核心的民族精神和以改革创新为核心的时代精神，是凝心聚力的兴国之魂、强国之魂。要聚焦培养担当民族复兴大任的时代新人，培育和践行社会主义核心价值观，广泛开展爱国主义、集体主义、社会主义教育，提高人们的思想觉悟、道德水准和文明素养。要唱响人民赞歌、展现人民风貌，大力弘扬中国人民在长期奋斗中形成的伟大创造精神、伟大奋斗精神、伟大团结精神、伟大梦想精神，生动展示人民群众在新时代的新实践、新业绩、新作为。

11. 广泛开展党史、国史、改革开放史教育。历史是最好的教科书，也是最好的清醒剂。要结合中华民族从站起来、富起来到强起来的伟大飞跃，引导人们深刻认识历史和人民选择中国共产党、选择马克思主义、选择社会主义道路、选择改革开放的历史必然性，深刻认识我们国家和民族从哪里来、到哪里去，坚决反对历史虚无主义。要继承革命传统，弘扬革命精神，传承红色基因，结合新的时代特点赋予新的内涵，使之转化为激励人民群众进行伟大斗争的强大动力。要加强改革开放教育，引导人们深刻认识改革开放是党和人民大踏步赶上时代的重要法宝，是坚持和发展中国特色社会主义的必由之路，是决定当代中国命运的关键一招，也是决定实现"两个一百年"奋斗目标、实现中华民族伟大复兴的关键一招，凝聚起将改革开放进行到底的强大力量。

12. 传承和弘扬中华优秀传统文化。对祖国悠久历史、深厚文化的理解和接受，是爱国主义情感培育和发展的重要条件。要引导人们了解中华民族的悠久历史和灿烂文化，从历史中汲取营养和智慧，自觉延续文化基因，增强民族自尊心、自信心和自豪感。要坚持古为今用、推陈出新，不忘本来、辩证取舍，深入实施中华优秀传统文化传承发展工程，推动中华文化创造性转化、创新性发展。要坚守正道、弘扬大道，反对文化虚无主义，引导人们树立和坚持正确的历史观、民族观、国家观、文化观，不断增强中华民族的归属感、认同感、尊严感、荣誉感。

13. 强化祖国统一和民族团结进步教育。实现祖国统一、维护民族团结，是中华民族的不懈追求。要加强祖国统一教育，深刻揭示维护国家主权和领土完整、实现祖国完全统一是大势所趋、大义所在、民心所向，增进广大同胞心灵契合、互信认同，与分裂祖国的言行开展坚决斗争，引导全体中华儿女为实现民族伟大复兴、推进祖国和平统一而共同奋斗。深化民族团结进步教育，铸牢中华民族共同体意识，加强各民族交往交流交融，引导各族群众牢固树立"三个离不开"思想，不断增强"五个认同"，使各民族同呼吸、共命运、心连心的光荣传统代代相传。

14. 加强国家安全教育和国防教育。国家安全是安邦定国的重要基石。要加强国家安全教育，深入学习宣传总体国家安全观，增强全党全国人民国家安全意识，自觉维护政治安全、国土安全、经济安全、社会安全、网络安全和外部安全。要加强国防教育，增强全民国防观念，使关心国防、热爱国防、建设国防、保卫国防成为全社会的思想共识和自觉行动。要深入开展增强忧患意识、防范化解重大风险的宣传教育，引导广大干部群众强化风险意识，科学辨识风险、有效应对风险，做到居安思危、防患未然。

全文链接《新时代爱国主义教育实施纲要》·············

十三、《教育部办公厅关于加强和改进新时代中等职业学校德育工作的意见》（节录）

一、重要意义和总体要求

（一）重要意义

党的十八大以来，以习近平同志为核心的党中央高度重视学生思想政治和德育工作，对培养造就社会主义合格建设者和可靠接班人提出新要求、作出新部署，为做好中等职业学校德育工作提供了根本遵循。中职学生正处在人生成长的"拔节孕穗期"，最需要精心引导和栽培。他们的理想信念、价值观、思想道德状况，直接关系到我国产业生力军的素质，关系到国家和民族的未来。加强和改进新时代中等职业学校德育工作，是适应新时代中国特色社会主义发展的必然要求，对于培养高素质劳动者和技术技能人才、培养担当民族复兴大任的时代新人，具有重大战略意义。

（二）指导思想

以习近平新时代中国特色社会主义思想为指导，全面贯彻党的教育方针，落实立德树人根本任务，培育和践行社会主义核心价值观，健全德技并修、工学结合育人机制，坚持守正与创新相统一，坚持问题导向和目标导向，不断提高学生思想水平、政治觉悟、道德品质、文化素养，培养德智体美劳全面发展的社会主义建设者和接班人。

二、突出时代主题

（四）深入开展习近平新时代中国特色社会主义思想教育

结合学生思想和行为特点，深入学习宣传习近平新时代中国特色社会主义思想，推动习近平新时代中国特色社会主义思想进教材、进课堂、进头脑。围绕"我和我的祖国""新时代 新作为"等主题开展演讲、征文、辩论等活动，帮助引导学生深化对习近平新时代中国特色社会主义思想的认知理解，把握主要内容和思想精髓，实现内化于心、外化于行。鼓励有条件的学校探索建立马克思主义研究小组或社团，积极开展党的创新理论学习培训与研究。

（五）强化理想信念和社会主义核心价值观教育

把理想信念教育放在首位，深入开展社会主义核心价值观和中华民族伟大复兴中国梦教育，引导学生树立正确的世界观、人生观、价值观。深入持久开展爱国主义教育，引导学生培养爱国之情、砥砺强国之志、实践报国之行。加强国家意识、法治意识、社会责任意识教育，加强民族团结进步教育、国家安全教育、科学精神教育和英雄模范教育，引导学生提升政治素养，衷心拥护党的领导和我国社会主义制度，形成做社会主义建设者和接班人的政治认同。加强社会公德、职业道德、家庭美德、个人品德教育，提升道德素养。

（六）加强中华优秀传统文化、革命文化和社会主义先进文化教育

实施中华文化传承工程，推动中华优秀传统文化融入教育教学，强化非物质文化遗产传承意识培育。加强中国共产党史、中华人民共和国史、改革开放史和社会主义发展史教育，利用我国改革发展的伟大成就、重大历史事件纪念活动、爱国主义教育基地、国家公祭仪式等组织开展主题教育，弘扬以爱国主义为核心的民族精神和以改革创新为核心的时代精神。

（七）培育弘扬劳动精神、劳模精神和工匠精神

将劳动教育纳入人才培养方案，融入学校教学全过程。开设劳动教育必修课程，以实习实训课为主要载体开展劳动教育，其中劳动精神、劳模精神、工匠精神专题教育不少于16学时。安排组织学生开展形式多样的劳动实践活动，培育劳动观念、端正劳动态度、养成劳动习惯、增强劳动情感。联合中小学开展劳动和职业启蒙教育，将动手实践内容纳入相关课程和学生综合素质评价，引导学生形成劳动光荣、技能宝贵、创造伟大的观念。充分利用企业文化资源，着力培养学生的专业精神、职业精神和工匠精神，培养敬业奉献、诚实守信、精益求精、追求卓越、开拓创新等精神品格。

全文链接《教育部办公厅关于加强和改进新时代中等职业学校德育工作的意见》················

十四、《关于加强和改进中等职业学校学生思想道德教育的意见》（节录）

二、加强和改进中职学生思想道德教育的指导思想、基本原则和主要任务

3. 加强和改进中职学生思想道德教育的指导思想是：高举中国特色社会主义伟大旗帜，以邓小平理论和"三个代表"重要思想为指导，深入贯彻落实科学发展观，贯彻落实

党的十七大和《中共中央国务院关于进一步加强和改进未成年人思想道德建设的若干意见》精神，坚持以人为本，以学生为主体，遵循中职学生身心发展的特点和规律，增强针对性、实效性、时代性和吸引力，努力培育有理想、有道德、有文化、有纪律的，德智体美全面发展的中国特色社会主义事业合格建设者和可靠接班人。

4. 加强和改进中职学生思想道德教育要遵循以下基本原则：（1）方向性与时代性相结合的原则。既要坚持正确的政治方向和育人导向，又要紧密结合时代发展的实际和中职学生的思想状况，增强思想性和时代性。（2）贴近实际、贴近生活、贴近未成年人的原则。既要遵循思想道德教育的普遍规律，又要适应中职学生身心成长的特点，从他们的思想实际和生活实际出发，开展富有成效的教育和引导活动，增强针对性和吸引力。（3）知与行相统一的原则。既要重视知识传授、观念树立，又要重视情感体验和社会实践，引导中职学生自觉遵循道德规范，形成知行统一、言行一致的优良品质。（4）教育与管理相结合的原则。既要进行深入细致的思想教育，又要加强科学严格的管理，实现自律与他律、激励与约束的有机结合。（5）解决思想问题与解决实际问题相结合的原则。既做到以理服人、以情感人，又要切实帮助中职学生解决学习、生活中遇到的实际困难和问题，增强教育的实际效果。

5. 加强和改进中职学生思想道德教育的主要任务是：（1）进行民族精神和时代精神教育。以爱国主义和改革创新教育为重点，开展中华民族优良传统和中国革命传统教育、民族团结教育、形势政策教育，引导中职学生树立民族自尊心、自信心和自豪感，培养改革精神和创新能力。（2）进行理想信念教育。以马克思主义基本观点、中国特色社会主义理论体系为重点，开展中国革命、建设和改革开放的历史教育与国情教育，开展哲学与人生教育、经济政治与社会教育，引导中职学生树立中国特色社会主义共同理想，逐步确立正确的世界观、人生观和价值观。（3）进行道德和法制教育。以职业道德教育为重点，开展公民道德教育、民主法制教育，开展集体主义精神和社会主义人道主义精神教育，引导中职学生树立社会主义荣辱观，养成良好道德品质和文明行为，提高职业道德素质和法律素质。（4）进行热爱劳动、崇尚实践、奉献社会的教育。以就业创业教育为重点，开展职业生涯规划教育和职业指导，引导中职学生树立正确的职业观和职业理想，提高综合职业素质和能力。（5）进行心理健康教育。以培养良好的心理品质为重点，开展心理健康基本知识和方法教育，开展职业心理素质教育，指导中职学生正确认识和处理遇到的心理行为问题，引导中职学生养成自尊、自信、自强、乐群的心理品质，提高心理健康水平和职业心理素质。（6）以珍爱生命、健全人格教育为重点，开展安全教育、预防艾滋病教育、毒品预防教育、环境教育、廉洁教育等专题教育，引导中职学生树立安全意识、环境意识、效率意识、廉洁意识。

全文链接《关于加强和改进中等职业学校学生思想道德教育的意见》········

十五、《大中小学劳动教育指导纲要（试行）》（节录）

为深入贯彻习近平总书记关于教育的重要论述，全面贯彻党的教育方针，落实《中共中央国务院关于全面加强新时代大中小学劳动教育的意见》，加快构建德智体美劳全面培养的教育体系，制定本指导纲要。

一、劳动教育性质和基本理念

（一）劳动教育性质

劳动是创造物质财富和精神财富的过程，是人类特有的基本社会实践活动。劳动教育是发挥劳动的育人功能，对学生进行热爱劳动、热爱劳动人民的教育活动。当前实施劳动教育的重点是在系统的文化知识学习之外，有目的、有计划地组织学生参加日常生活劳动、生产劳动和服务性劳动，让学生动手实践、出力流汗，接受锻炼、磨炼意志，培养学生正确劳动价值观和良好劳动品质。

劳动教育是新时代党对教育的新要求，是中国特色社会主义教育制度的重要内容，是全面发展教育体系的重要组成部分，是大中小学必须开展的教育活动。它具有鲜明的思想性，必须将马克思主义劳动观贯彻始终，强调劳动是一切财富、价值的源泉，劳动者是国家的主人，一切劳动和劳动者都应该得到鼓励和尊重；倡导通过诚实劳动创造美好生活、实现人生梦想，反对一切不劳而获、崇尚暴富、贪图享乐的错误思想。具有突出的社会性，必须加强学校教育与社会生活、生产实践的直接联系，发挥劳动在个人与社会之间的纽带作用，引导学生认识社会，增强社会责任感；同时注重让学生学会分工合作，体会社会主义社会平等、和谐的新型劳动关系。具有显著的实践性，必须面向真实的生活世界和职业世界，引导学生以动手实践为主要方式，在认识世界的基础上，获得有积极意义的价值体验，学会建设世界，塑造自己，实现树德、增智、强体、育美的目的。

（二）劳动教育基本理念

1. 强化劳动观念，弘扬劳动精神。将劳动观念和劳动精神教育贯穿人才培养全过程，贯穿家庭、学校、社会各方面。注重让学生在学习和掌握基本劳动知识技能的过程中，领悟劳动的意义价值，形成勤俭、奋斗、创新、奉献的劳动精神。

2. 强调身心参与，注重手脑并用。把握劳动教育的根本特征，让学生面对真实的个人生活、生产和社会性服务任务情境，亲历实际的劳动过程，善于观察思考，注重运用所学知识解决实际问题，提高劳动质量和效率。

3. 继承优良传统，彰显时代特征。在充分发挥传统劳动、传统工艺项目育人功能的同时，紧跟科技发展和产业变革，准确把握新时代劳动工具、劳动技术、劳动形态的新变化，创新劳动教育内容、途径、方式，增强劳动教育的时代性。

4. 发挥主体作用，激发创新创造。关注学生劳动过程中的体验和感悟，引导学生感受劳动的艰辛和收获的快乐，增强获得感、成就感、荣誉感。鼓励学生在学习和借鉴他人丰富经验、技艺的基础上，尝试新方法、探索新技术，打破僵化思维方式，推陈出新。

二、劳动教育目标和内容

（一）总体目标

准确把握社会主义建设者和接班人的劳动精神面貌、劳动价值取向和劳动技能水平的培养要求，全面提高学生劳动素养，使学生：

树立正确的劳动观念。正确理解劳动是人类发展和社会进步的根本力量，认识劳动创造人、劳动创造价值、创造财富、创造美好生活的道理，尊重劳动，尊重普通劳动者，牢固树立劳动最光荣、劳动最崇高、劳动最伟大、劳动最美丽的思想观念。

具有必备的劳动能力。掌握基本的劳动知识和技能，正确使用常见劳动工具，增强体力、智力和创造力，具备完成一定劳动任务所需要的设计、操作能力及团队合作能力。

培育积极的劳动精神。领会"幸福是奋斗出来的"内涵与意义，继承中华民族勤俭节约、敬业奉献的优良传统，弘扬开拓创新、砥砺奋进的时代精神。

养成良好的劳动习惯和品质。能够自觉自愿、认真负责、安全规范、坚持不懈地参与劳动，形成诚实守信、吃苦耐劳的品质。珍惜劳动成果，养成良好的消费习惯，杜绝浪费。

（二）主要内容

主要包括日常生活劳动、生产劳动和服务性劳动中的知识、技能与价值观。日常生活劳动教育立足个人生活事务处理，结合开展新时代校园爱国卫生运动，注重生活能力和良好卫生习惯培养，树立自立自强意识。生产劳动教育要让学生在工农业生产过程中直接经历物质财富的创造过程，体验从简单劳动、原始劳动向复杂劳动、创造性劳动的发展过程，学会使用工具，掌握相关技术，感受劳动创造价值，增强产品质量意识，体会平凡劳动中的伟大。服务性劳动教育让学生利用知识、技能等为他人和社会提供服务，在服务性岗位上见习实习，树立服务意识，实践服务技能；在公益劳动、志愿服务中强化社会责任感。

（三）学段要求

4. 职业院校

重点结合专业特点，增强职业荣誉感和责任感，提高职业劳动技能水平，培育积极向上的劳动精神和认真负责的劳动态度。组织学生：（1）持续开展日常生活劳动，自我管理生活，提高劳动自立自强的意识和能力；（2）定期开展校内外公益服务性劳动，做好校园环境秩序维护，运用专业技能为社会、为他人提供相关公益服务，培育社会公德，厚植爱国爱民的情怀；（3）依托实习实训，参与真实的生产劳动和服务性劳动，增强职业认同感和劳动自豪感，提升创意物化能力，培育不断探索、精益求精、追求卓越的工匠精神和爱岗敬业的劳动态度，坚信"三百六十行，行行出状元"，体认劳动不分贵贱，任何职业都很光荣，都能出彩。

三、劳动教育途径、关键环节和评价

2. 在学科专业中有机渗透劳动教育

职业院校要将劳动教育全面融入公共基础课，要强化马克思主义劳动观、劳动安全、劳动法规教育。专业课在进行职业劳动知识技能教学的同时，注重培养"干一行爱一行"的敬业精神，吃苦耐劳、团结合作、严谨细致的工作态度。

4. 在校园文化建设中强化劳动文化

学校要将劳动习惯、劳动品质的养成教育融入校园文化建设之中。要通过制定劳动公约、每日劳动常规、学期劳动任务单，采取与劳动教育有关的兴趣小组、社团等组织形式，结合植树节、学雷锋纪念日、五一劳动节、农民丰收节、志愿者日等，开展丰富的劳动主题教育活动，营造劳动光荣、创造伟大的校园文化。

要举办"劳模大讲堂""大国工匠进校园"、优秀毕业生报告会等劳动榜样人物进校园活动，组织劳动技能和劳动成果展示，综合运用讲座、宣传栏、新媒体等，广泛宣传劳动榜样人物事迹，特别是身边的普通劳动者事迹，让师生在校园里近距离接触劳动模范，聆听劳模故事，观摩精湛技艺，感受并领悟勤勉敬业的劳动精神，争做新时代的奋斗者。

（二）劳动教育关键环节

各地和学校要注重围绕劳动教育的目标和内容要求，从提高劳动教育的效果出发，把握劳动教育任务的特点，抓住关键环节，选择适宜的劳动教育方式。

1. 讲解说明。围绕劳动为什么、是什么问题，有重点地进行讲解，让学生懂得劳动的意义和价值。加强劳动观念、劳动纪律、劳动相关法律法规的正面引导，指明轻视劳动特别是轻视普通劳动的危害，让学生明辨是非。加强劳动知识技能的讲解，让学生认清事理，掌握实践操作的基本原理、程序、规则，正确使用工具的方法和技术。讲解要与启发思考、示范、练习等结合起来。

2. 淬炼操作。围绕如何做的问题，注重示范与练习，让学生会劳动。强化规范意识，注重从最基本的程序学起，严守规则，避免主观随意。强化质量意识，注重引导学生关注细节，每个步骤、环节都要精准到位。强化专注品质，注重引导学生对操作行为的评估与监控，做到眼到手到心到，有始有终。

3. 项目实践。围绕劳动能力的培养，让学生完成真实、综合任务，经历完整劳动过程。注重劳动价值体认，引导学生从现实生活中发现需求，选择和确定劳动项目。强化规划设计意识，充分发挥学生的主动性、积极性、创造性，引导学生对项目实践进行整体构思，综合运用所学知识、技术，不断优化行动方案。强化身体力行，锤炼意志品质，敢于在困难与挑战中完成行动任务。

4. 反思交流。围绕劳动价值意义的建构，引导学生总结、交流，促进学生形成反思交流习惯。指导学生思考劳动过程和结果与社会进步、个体成长的关联，避免停留在简单的苦乐体验上。组织学生交流分享劳动的体验和收获，肯定具有积极意义的认识，纠正观念上的偏差。将反思交流与改进结合起来，使学生在劳动中获得成长。

5. 榜样激励。围绕劳动的精神追求，树立典型，激发劳动热情。注意遴选、树立多类型榜样，不仅要有大国工匠、劳动模范，还要有身边劳动表现优异的普通劳动者和同学。指导学生从榜样的具体事迹中领悟他们的高尚精神和优良品质。明确要求学生在日常劳动实践中努力向榜样看齐。

全文链接《大中小学劳动教育指导纲要（试行）》……………………

十六、习近平同志用"四有"标准定义"好老师"

1. 做好老师，要有理想信念。

广大教师要始终同党和人民站在一起，自觉做中国特色社会主义的坚定信仰者和忠实实践者，忠诚于党和人民的教育事业。要用好课堂讲坛，用好校园阵地，用自己的行动倡导社会主义核心价值观，用自己的学识、阅历、经验点燃学生对真善美的向往。

2. 做好老师，要有道德情操。

老师对学生的影响，离不开老师的学识和能力，更离不开老师为人处世、于国于民、于公于私所持的价值观。老师是学生道德修养的镜子。好老师应该取法乎上、见贤思齐，不断提高道德修养，提升人格品质，并把正确的道德观传授给学生。

3. 做好老师，要有扎实学识。

扎实的知识功底、过硬的教学能力、勤勉的教学态度、科学的教学方法是老师的基本素质，其中知识是根本基础。好老师还应该是智慧型的老师，具备学习、处世、生活、育人的智慧，能够在各个方面给学生以帮助和指导。

4. 做好老师，要有仁爱之心。

爱是教育的灵魂，没有爱就没有教育。好老师要用爱培育爱、激发爱、传播爱，通过真情、真心、真诚拉近同学生的距离，滋润学生的心田。好老师应该把自己的温暖和情感倾注到每一个学生身上，用欣赏增强学生的信心，用信任树立学生的自尊，让每一个学生都健康成长，让每一个学生都享受成功的喜悦。

十七、《中等职业学校德育大纲（2014年修订）》

德育对学生健康成长和学校工作具有重要的导向、动力和保证作用。中等职业学校德育要以马克思列宁主义、毛泽东思想、邓小平理论、"三个代表"重要思想、科学发展观为指导，深入贯彻习近平总书记系列重要讲话精神，全面贯彻党的教育方针，紧密联系实现"两个一百年"奋斗目标和中国梦的实际，遵循学生身心发展的特点和规律，按照培育和践行社会主义核心价值观的要求，坚持以人为本、德育为先、能力为重、全面发展，努力培养德智体美全面发展的社会主义建设者和接班人。

本大纲规定了国家对中等职业学校德育工作和学生德育的基本要求，是中等职业学校开展德育工作的基本规范，是各级教育部门对中等职业学校德育工作实行科学管理和督导评估的基本标准，也是社会和家庭紧密配合学校对学生进行教育的基本依据。

一、德育目标

中等职业学校德育目标是：把学生培养成为爱党爱国、拥有梦想、遵纪守法、具有良好道德品质和文明行为习惯的社会主义合格公民，成为敬业爱岗、诚信友善，具有社会责任感、创新精神和实践能力的高素质劳动者和技术技能人才，成为中国特色社会主义事业合格建设者和可靠接班人。

具体要求如下：

1. 树立实现中国梦的远大理想，牢固树立中国特色社会主义道路自信、理论自信、制度自信，热爱祖国，热爱人民，热爱中国共产党，拥护党的领导。

2. 培育和践行社会主义核心价值观，勤学、修德、明辨、笃实，使社会主义核心价值观成为自己的基本遵循，内化于心，外化于行。养成科学的思想方法。

3. 养成良好的法治意识和文明行为习惯，提高道德素质和法律素质，增强公民意识，依法办事，待人友善。

4. 树立正确的职业观和职业理想，提高综合职业素质和能力，热爱劳动，崇尚实践，奉献社会。

5. 养成自尊、自信、自强、乐群的心理品质，提高心理健康水平和职业心理素质，人格健全，乐观向上。

6. 树立安全意识、环保意识、节俭意识、廉洁意识，珍爱生命，尊重自然。

二、德育内容

以中国特色社会主义理论体系为统领，科学设置教育教学内容。

1. 理想信念教育

中国特色社会主义和中国梦教育；倡导"富强、民主、文明、和谐，自由、平等、公正、法治，爱国、敬业、诚信、友善"的社会主义核心价值观教育；马克思主义哲学教育；立足岗位、奉献社会的职业理想教育。

2. 中国精神教育

以爱国主义为核心的民族精神教育；以改革创新为核心的时代精神教育；中华优秀传统文化教育；中共党史与国情教育。

3. 道德品行教育

社会公德、职业道德、家庭美德、个人品德教育；学生日常行为规范、文明礼仪教育与训练；生命安全、艾滋病预防、毒品预防、环境保护等专题教育。

4. 法治知识教育

宪法法律基础知识教育；职业纪律和岗位规范教育；校纪校规教育。

5. 职业生涯教育

职业精神教育；就业创业准备教育；终身学习和职业生涯可持续发展教育。

6. 心理健康教育

心理健康基本知识和方法教育；青春期心理健康教育；职业心理素质教育；心理咨询、辅导和援助。

除以上各系列教育内容外，学校还要根据国家形势发展需要进行时事政策教育。

三、德育原则

中等职业学校德育要遵循以下基本原则：

1. 方向性和时代性相结合原则。要坚持正确的政治方向和育人导向，紧密结合社会需要和时代发展的要求，增强针对性和实效性。

2. 贴近实际、贴近生活、贴近学生原则。要遵循思想道德教育的普遍规律，尊重学生自我教育的主体性，适应学生身心成长的特点，开展富有成效的教育和引导活动，提高吸引力和感染力。

3. 知行统一原则。要重视知识传授、观念树立，重视情感体验和行为养成，引导学生形成知行统一、言行一致的优良品质。

4. 教育与管理相结合原则。要进行深入细致的思想教育，同时要加强科学严格的管理，增强学生接受教育的主动性，实现教育与自我教育、自律与他律、激励与约束有机结合。

5. 解决思想问题与解决实际问题相结合原则。既要做到以理服人、以情感人，又要切实帮助学生解决学习、生活中遇到的实际困难和问题，增强教育的实际效果。

四、德育途径

学校要充分发挥主导作用，与家庭、社会密切配合，拓宽德育途径，实现全员、全程、全方位育人。

1. 课程教学

德育课是各专业学生必修的公共基础课，是学校德育的主渠道。德育课教学应充分体现社会主义教育的方向和本质要求，充分反映马克思主义中国化的最新成果，全面反映中国特色社会主义理论体系的基本内容、社会主义核心价值观的基本要求。要紧密联系实际，坚持以价值观教育引领知识教育，改进教育教学方法，注重实践教育、体验教育、养成教育，做到知识学习、情感培养和行为养成相统一，切实增强针对性、实效性和时代感。

其他公共基础课和专业技能课等课程教学要结合课程特点，充分挖掘德育因素，有机渗透德育内容，结合专业特点和岗位工作要求，寓德育于教学内容和教学过程之中。

2. 实训实习

实训实习是学校教育教学的基本环节。学校要结合实训实习的特点和内容，抓住中职学生与社会实际、生产实际、岗位实际以及一线劳动者密切接触的时机，进行以敬业爱岗、诚实守信为重点的职业道德教育，进行职业纪律和安全生产教育，培养学生爱劳动、爱劳动人民的情感，增强学生讲安全、守纪律、重质量、求效率的意识。学校和企业要共同组织开展实训实习期间的德育工作，学校要安排专人负责实训实习期间的教学管理和德育工作。学生要撰写实习日记和实习报告。

3. 学校管理

班级是学校德育工作的基层单位，班主任是组织班级管理和德育的直接实施者。班主任应结合专业特点和学生实际，充分利用家长、用人单位、行业及社区等资源，开展学生思想教育、班级管理、班级活动组织、职业指导、沟通协调工作，发挥学生的主动性创造性，培养良好的班风学风。

学校要加强党组织、共青团工作，举办业余党校、团校，组织学生特别是入党、入团积极分子学习党的基本理论和基本知识以及团的基本知识，发展符合条件的优秀学生入党、入团。充分发挥团组织团结青年、组织青年、引导青年、服务青年和维护青少年合法权益的职能。要加强学生会和学生社团的管理与服务工作，指导建立各类社团和课外兴趣小组，积极开展各种有益学生身心健康的活动，充分发挥学生自我服务、自我管理、自我教育的作用。

学校各项管理和服务工作都要发挥德育功能，促进学生良好行为习惯的养成。学校要按照有关法律法规，建立健全学校班级管理、课堂教学、实训实习、社团活动、校园安全、后勤服务、突发事件应急等管理制度并严格执行。要强化全员育人理念，充分调动全体教职工言传身教、教书育人的自觉性，以良好的思想政治素质和道德风范影响教育学生。

4. 校园文化

校园文化具有重要的育人功能。学校要凝练具有职教特色的办学理念和学校精神，建设体现学校特色的校园文化，形成优良的校风、教风和学风。要结合开学及毕业典礼、升旗仪式、成人仪式、入党入团仪式以及民族传统节日、重要节庆日、纪念日等，开展礼节礼仪教育，开展特色鲜明的主题教育活动；结合技能竞赛、创新创业创意创效竞赛、"文明风采"竞赛等开展丰富多彩的校园文化活动。要积极推进优秀企业文化进校园，通过宣传学习行业劳动模范、学校优秀毕业生事迹等，培养学生职业兴趣和职业精神，增强就业创业信心。培育和弘扬劳动光荣、技能宝贵、创造伟大的时代风尚。

要加强互联网等新媒体的建设与管理，优化校园网络环境，建设校园网络宣传队伍，加强正面信息的网络传播，杜绝不良信息在校园网上传播，重点加强对校园网公告栏、留言板、贴吧等交互栏目的管理，发挥社交网站、微博、微信等对学生的教育引导作用。要培养学生良好的网络道德，帮助学生做到文明上网、依法上网，及时发现并主动帮助网络成瘾学生。

5. 志愿服务

志愿服务是德育的重要载体。学校要把志愿服务纳入教育计划，要依托各类青少年爱国主义教育基地、科技场馆等课外活动阵地，发挥学生专业技能特长，组织学生深入城乡社区、厂矿企业等，广泛开展各类志愿服务和社会实践活动。要把学雷锋活动和志愿服务结合起来，建立完善志愿服务长效工作机制和活动运行机制，弘扬"奉献、友爱、互助、进步"的志愿精神，推动志愿服务活动广泛深入开展，把志愿服务活动做到社区、做进家庭。大力组织学生向道德模范、劳动模范、最美人物、身边好人等先进典型学习。

6. 职业指导

学校要在职业指导工作中全面渗透德育内容，加强职业意识、职业理想、职业道德和创业教育，引导学生树立正确的择业观，养成良好的职业道德行为，提高就业创业能力。加强就业服务，提高就业服务的水平和质量。

7. 心理辅导

学校要根据学生生理、心理特点，合理设置心理健康教育内容，针对学生在学习、生活和求职就业等方面可能遇到的心理问题，开展心理辅导或援助，加强人文关怀和心理疏导，培养学生良好的心理素质，促进学生身心健康发展。要配置必要的心理健康教育专业人员以及心理健康教育和服务设施。

8. 家庭和社会

家庭和社会在德育中具有特殊重要作用。学校要通过家长委员会、家长学校、家长接待日、家访等，密切与家长联系，指导和改进家庭教育，促使家长协助配合学校开展德育工作。要特别关心单亲家庭、经济困难家庭、留守儿童家庭、流动人口家庭的子女教育。

教育部门和学校应采取积极措施，充分依靠共青团、妇联、关工委、社区以及各种社会团体，并同所在地的党政机关、企事业单位、部队等建立固定联系，发动、协调社会力量支持和参与德育工作，建立完善学校与社会相互协作的社会教育网络。要主动会同有关部门重点加强校园周边环境治理，为学生健康成长创造良好的文化环境、治安环境和社会环境。

五、德育评价

中等职业学校德育评价由学校工作评价和学生品德评定两方面组成。

1. 学校工作评价

各地教育部门应结合本地区教育实际情况，科学制订德育工作评价指标体系，建立健全行业企业、用人单位、学生家长等深度参与的德育评价机制，定期对学校德育工作进行评价。德育工作评价的主要内容包括：工作机构和队伍建设情况、规章制度建设及执行情况、德育课开设情况及课程教学情况、党团组织和学生会工作情况、社会实践活动开展情况、校园文化建设情况、实训实习期间的德育工作情况等。学校实施本大纲的情况应作为考核校长和学校工作的重要依据。

学校要加强对德育课教学质量、其他课程德育渗透、班级德育工作、部门及教职工育人质量的考核评价，把德育工作实绩作为对部门及教职工考核、职务聘任、表彰奖励的重要内容。

评价与创建相结合。通过创建先进学校、文明班级和评选优秀学生、优秀学生干部等活动，形成有效的竞争激励机制。对成绩突出的学校、班级和个人要及时给予表彰奖励。

2. 学生品德评定

要结合学生思想实际和行为表现，对每个学生做出客观公正的品德评定。学校要把学生品德的评定情况作为学生综合素质评价的重要内容，作为学生评优评奖等的重要依据，发挥品德评定对学生成长成才的积极引导作用。学校要结合行业和用人单位对从业者的职业素养要求，在德育方面提出明确要求，制定具体评定办法。对实训实习学生的品德评定应由学校和实训实习单位共同完成。

六、德育实施

1. 组织管理

各地教育部门应有明确的机构负责中等职业学校德育工作。应根据本大纲规定，结合本地区和不同类型学校的实际，制定本大纲实施细则，定期对本大纲的实施情况进行检查。

中等职业学校实行校长负责的德育工作管理体制。学校党组织要发挥政治核心和监督保证作用，支持和协助校长做好德育工作。校长要把德育与其他各项工作结合起来，同部署、同检查、同评估。要有一名校级领导分管德育工作。学校要建立贯彻实施本大纲的岗位责任制及考核奖励办法，明确各部门的育人责任，形成全员、全程、全方位育人格局。

2. 队伍建设

各地教育部门和学校要严格队伍选拔标准，优化队伍结构，制订班主任、德育课教师及其他德育工作者的培养培训规划，切实采取措施解决德育工作者在工作、生活等方面的实际问题，建设一支政治坚定、业务精湛、功能互补的德育工作队伍。要加强班主任队伍建设，选聘好班主任，每班应至少配备一名班主任，可根据需要配备班主任助理，班主任工作计入教师基本工作量，学校绩效工资分配要适当向班主任倾斜，教师高级岗位聘任应向优秀班主任倾斜。要充分发挥学校团组织和团干部在德育工作中的作用。

3. 经费保障

德育经费要列入预算。学校德育经费包括德育教学、管理和学生日常德育活动方面的经费。教学、管理经费包括德育课教学、德育课教师和德育工作者培训、社会考察与调研、有关教研室的业务条件建设和图书资料购置、德育科研经费等。日常德育活动经费包括对学生的日常思想道德教育、学生社会实践、大型德育活动以及表彰奖励等所需经费。要把德育活动场所、基地建设和德育设施、设备购置维修纳入学校总体建设规划，并从基本建设费和设备费中给予保证。

4. 德育科研

各地教育部门和学校要把德育研究项目列入科研规划，加强课题研究，定期开展学生思想道德状况和德育工作调研，交流德育工作经验，不断提高研究和实际工作水平。要发挥教育科研机构和学术团体的作用，加强中等职业学校德育研究。各地教育部门和学校应建立和完善德育研究成果的鉴定、奖励、推广机制。

十八、《中等职业学校职业指导工作规定》

第一章　总　　则

第一条　为规范和加强中等职业学校职业指导工作，不断提高人才培养质量，扩大优质职业教育资源供给，依据《中华人民共和国职业教育法》等法律法规，制订本规定。

第二条　职业指导是职业教育的重要内容，是职业学校的基础性工作。在中等职业学校开展职业指导工作，主要是通过学业辅导、职业指导教育、职业生涯咨询、创新创业教育和就业服务等，培养学生规划管理学业、职业生涯的意识和能力，培育学生的工匠精神和质量意识，为适应融入社会、就业创业和职业生涯可持续发展做好准备。

第三条　中等职业学校职业指导工作应深入贯彻习近平新时代中国特色社会主义思想，坚持立德树人、育人为本，遵循职业教育规律和学生成长规律，适应经济社会发展需求，完善机制、整合资源，构建全方位职业指导工作体系，动员学校全员参与、全程服务，持续提升职业指导工作水平。

第四条　中等职业学校职业指导工作应坚持以下原则：

（一）以学生为本原则。通过开展生动活泼的教学与实践活动，充分调动学生的积极性、主动性，引导学生参与体验，激发职业兴趣，增强职业认同，帮助学生形成职业生涯决策和规划能力。

（二）循序渐进原则。坚持从经济社会发展、学校办学水平以及学生自身实际出发，遵循学生身心发展和职业生涯发展规律，循序渐进开展有针对性的职业指导。

（三）教育与服务相结合原则。面向全体学生开展职业生涯教育，帮助学生树立正确的职业理想，学会职业选择。根据学生个体差异，开展有针对性的职业指导服务，为学生就业、择业、创业提供帮助，促进学生顺利就业创业和可持续发展。

（四）协同推进原则。职业指导工作应贯穿学校教育教学和管理服务的全过程，融入课程教学、实训实习、校企合作、校园文化活动和学生日常管理中，全员全程协同推进。

第二章　主要任务

第五条　开展学业辅导。激发学生的学习兴趣，帮助学生结合自身特点及专业，进行学业规划与管理，养成良好的学习习惯和行为，培养学生终身学习的意识与能力。

第六条　开展职业指导教育。帮助学生认识自我，了解社会，了解专业和职业，增强职业意识，树立正确的职业观和职业理想，增强学生提高职业素养的自觉性，培育职业精神；引导学生选择职业、规划职业，提高求职择业过程中的抗挫折能力和职业转换的适应能力，更好地适应和融入社会。

第七条　提供就业服务。帮助学生了解就业信息、就业有关法律法规，掌握求职技巧，疏导求职心理，促进顺利就业。鼓励开展就业后的跟踪指导。

第八条　开展职业生涯咨询。通过面谈或小组辅导，开展有针对性的职业咨询辅导，满足学生的个性化需求。鼓励有条件的学校面向社会开展职业生涯咨询服务和面向中小学生开展职业启蒙教育。

第九条　开展创新创业教育。帮助学生学习创新创业知识，了解创新创业的途径和方法，树立创新创业意识，提高创新创业能力。

第三章　主　要　途　径

第十条　课程教学是职业指导的主渠道。中等职业学校应根据学生认知规律和身心特点，在开设应有的职业生涯规划课程基础上，采取必修、选修相结合的方式开设就业指导、创新创业等课程。持续改进教学方式方法，注重采用案例教学、情景模拟、行动教学等，提高教学效果。

第十一条　实践活动是职业指导的重要载体。中等职业学校可通过开展实训实习以及组织学生参加校内外拓展活动、企业现场参观培训、观摩人才招聘会等活动，强化学生的职业体验，提升职业素养。

第十二条　中等职业学校可通过职业心理倾向测评、创新创业能力测评、自我分析、角色扮演等个性化服务，帮助学生正确认识自我和社会，解决在择业和成长中的问题。

第十三条　中等职业学校应主动加强与行业、企业的合作，提供有效就业信息。组织供需见面会等，帮助学生推荐实习和就业单位。

第十四条　中等职业学校应充分利用各种优质网络资源，运用信息化手段开展职业指导服务。鼓励有条件的地区建立适合本地区需要的人才就业网络平台，发布毕业生信息和社会人才需求信息，为学生就业提供高效便捷的服务。

第四章　师　资　队　伍

第十五条　中等职业学校应在核定的编制内至少配备1名具有一定专业水准的专兼职教师从事职业指导。鼓励选聘行业、企业优秀人员担任兼职职业指导教师。

第十六条　中等职业学校职业指导教师负责课程教学、活动组织、咨询服务等，其主要职责如下：

（一）了解学生的职业心理和职业认知情况，建立学生职业生涯档案，跟踪指导学生成长。

（二）根据学生职业认知水平，开展职业生涯规划、就业指导、创新创业等课程教学。

（三）策划和组织开展就业讲座、供需见面会、职业访谈等活动。

（四）结合学生个性化需要，提供有针对性的咨询服务或小组辅导。

（五）积极参加职业指导相关业务培训、教研活动、企业实践等，及时更新职业指导信息，提高职业指导的专业能力和教学科研水平。

（六）跟踪调查毕业生就业状况，做好总结分析反馈，为专业设置、招生、课程改革等提供合理化建议。

（七）配合做好其他职业指导相关工作。

第十七条 中等职业学校应加强职业指导教师的业务培训和考核。对职业指导教师的考核，注重过程性评价。

第五章 工作机制

第十八条 中等职业学校职业指导工作实行校长负责制。学校应建立专门工作机构，形成以专兼职职业指导教师为主体，班主任、思想政治课教师、学生管理人员等为辅助的职业指导工作体系。

第十九条 中等职业学校职业指导涉及教学管理、学生管理等工作领域，相关部门应积极配合支持。学校应主动对接行业组织、企业、家长委员会等，协同推进职业指导工作。

第二十条 中等职业学校应建立职业指导考核评价体系，定期开展职业指导工作评价，对在职业指导工作中做出突出贡献的，应予以相应激励。

第二十一条 中等职业学校应建立毕业生就业统计公告制度，按规定向上级主管部门报送并及时向社会发布毕业生就业情况。

第二十二条 中等职业学校应结合举办"职业教育活动周"等活动，积极展示优秀毕业生风采，广泛宣传高素质劳动者和技术技能人才先进事迹，大力弘扬劳模精神和工匠精神，营造劳动光荣的社会风尚和精益求精的敬业风气。

第六章 实施保障

第二十三条 各地教育行政部门和中等职业学校应为职业指导工作提供必要的人力、物力和经费保障，确保职业指导工作有序开展。

第二十四条 各地教育行政部门应加强对中等职业学校校长、职业指导教师、其他管理人员的职业指导业务培训，将职业指导纳入教师培训的必修内容。

第二十五条 各地教育行政部门应当积极协调人社、税务、金融等部门，为中等职业学校毕业生就业创业创造良好的政策环境。

第二十六条 中等职业学校应拓展和用足用好校内外职业指导场所、机构等资源。有条件的学校可建立学生创新创业孵化基地。

第二十七条 中等职业学校应将职业指导信息化建设统筹纳入学校整体信息化建设中，建立健全职业指导信息服务平台。

第二十八条 中等职业学校应加强职业指导的教学科研工作，与相关专业机构合作开展职业指导研究和课程建设，不断提高职业指导工作专业化水平。

第七章 附 则

第二十九条 各省、自治区、直辖市教育行政部门可依据本规定制订实施细则。

第三十条 本规定由教育部负责解释，自发布之日起施行。

十九、《中等职业学校教师职业道德规范》

一、坚持正确方向。学习、宣传马列主义、毛泽东思想和邓小平理论，拥护党的路线、方针、政策，自觉遵守《教育法》《教师法》《职业教育法》等法律法规。全面贯彻党和国家的教育方针，积极实施素质教育，促进学生在德、智、体、美等方面全面主动地发展。

二、热爱职业教育。忠诚于职业教育事业，爱岗敬业，教书育人。树立正确教育思想，全面履行教师职责。自觉遵守学校规章制度，认真完成教育教学任务，积极参与教育教学改革。

三、关心爱护学生。热爱全体学生，尊重学生人格，公正对待学生，维护学生合法权益与身心健康。深入了解学生，严格要求学生，实行因材施教，实现教学相长。

四、刻苦钻研业务。树立优良学风，坚持终身学习。不断更新知识结构，努力增强实践能力。积极开展教育教学研究，努力改进教育教学方法，不断提高教育教学水平。探索职业教育教学规律，掌握现代教育教学手段，积极开拓，勇于创新。

五、善于团结协作。尊重同志，胸襟开阔，相互学习，相互帮助，正确处理竞争与合作的关系。维护集体荣誉，创建文明校风，优化育人环境。

六、自觉为人师表。注重言表风范，加强人格修养，维护教师形象，坚持以身作则。廉洁从教，作风正派，严于律己，乐于奉献。

二十、《中等职业学校学生学籍管理办法》（节录）

第五条 学校应当从学生入学之日起建立学生学籍档案，学生学籍档案内容包括：

1. 基本信息；

2. 思想品德评价材料；

3. 公共基础课程和专业技能课程成绩；

4. 享受国家助学金和学费减免的信息；

5. 在校期间的奖惩材料；

6. 毕业生信息登记表。

学籍档案由专人管理，学生离校时，由学校归档保存或移交相关部门。

第十一条 东部、中部和西部联合招生合作办学招收的学生，注册及学籍管理由学生当前就读学校按学校所在省（区、市）有关规定执行，不得重复注册学籍。

学校不得以虚假学生信息注册学生学籍，不得为同一学生以不同类型的高中阶段教育学校身份分别注册学籍，不得以不同类型职业学校身份分别向教育部门和人力资源社会保障部门申报学生学籍。

第十四条　学生学籍变动包括转学、转专业、留级、休学、注销、复学及退学。采用弹性学习形式的学生，原则上不予转学、转专业或休学。

第二十七条　学生顶岗实习和工学交替阶段结束后，应当由企业和学校共同完成学生实习鉴定。学校应当将学生实习单位、岗位、鉴定结果等情况记入学籍档案。

第三十条　学校对于有不良行为的学生，可以视其情节和态度分别给予警告、严重警告、记过、留校察看、开除学籍等处分。

学校做出开除学籍决定，应当报教育主管部门核准。

受警告、严重警告、记过、留校察看处分的学生，经过一段时间的教育，能深刻认识错误、确有改正进步的，应当撤销其处分。

全文链接《中等职业学校学生学籍管理办法》⋯⋯⋯⋯⋯⋯⋯⋯

全文链接《中等职业学历教育学生学籍电子注册办法（试行）》⋯⋯

二十一、《职业学校学生实习管理规定》（节录）

教职成〔2021〕4号

第一章　总　　则

第三条　学生实习的本质是教学活动，是实践教学的重要环节。组织开展学生实习应当坚持立德树人、德技并修，遵循学生成长规律和职业能力形成规律，理论与实践相结合，提升学生技能水平，锤炼学生意志品质，服务学生全面发展；应当纳入人才培养方案，科学组织，依法依规实施，切实保护学生合法权益，促进学生高质量就业创业。

第二章　实习组织

第六条　职业学校应当选择符合以下条件的企（事）业单位作为实习单位：

（一）合法经营，无违法失信记录；

（二）管理规范，近3年无违反安全生产相关法律法规记录；

（三）实习条件完备，符合专业培养要求，符合产业发展实际；

（四）与学校有稳定合作关系的企（事）业单位优先。

第七条　职业学校在确定新增实习单位前，应当实地考察评估形成书面报告。考察内容应当包括：单位资质、诚信状况、管理水平、实习岗位性质和内容、工作时间、工作环境、生活环境以及健康保障、安全防护等。实习单位名单须经校级党组织会议研究确定后对外公开。

第八条　职业学校应当加强对实习学生的指导，会同实习单位共同组织实施学生实习，在实习开始前，根据人才培养方案共同制订实习方案，明确岗位要求、实习目标、实习任务、实习标准、必要的实习准备和考核要求、实施实习的保障措施等。

职业学校和实习单位应当分别选派经验丰富、综合素质好、责任心强、安全防范意识高的实习指导教师和专门人员全程指导、共同管理学生实习。要加强实习前培训，使学生、实习指导教师和专门人员熟悉各实习阶段的任务和要求。

实习岗位应符合专业培养目标要求，与学生所学专业对口或相近。原则上不得跨专业大类安排实习。

第九条 职业学校安排岗位实习，应当取得学生及其法定监护人（或家长）签字的知情同意书。对学生及其法定监护人（或家长）明确不同意学校实习安排的，可自行选择符合条件的岗位实习单位。

认识实习按照一般校外活动有关规定进行管理，由职业学校安排，学生不得自行选择。

第十条 学生自行选择符合条件的岗位实习单位，应由本人及其法定监护人（或家长）申请，经学校审核同意后实施，实习单位应当安排专门人员指导学生实习，职业学校要安排实习指导教师跟踪了解学生日常实习的情况。

第十一条 实习单位应当合理确定岗位实习学生占在岗人数的比例，岗位实习学生的人数一般不超过实习单位在岗职工总数的10%，在具体岗位实习的学生人数一般不高于同类岗位在岗职工总人数的20%。

任何单位或部门不得干预职业学校正常安排和实施实习方案，不得强制职业学校安排学生到指定单位实习，严禁以营利为目的违规组织实习。

第十二条 学生在实习单位的岗位实习时间一般为6个月，具体实习时间由职业学校根据人才培养方案安排，应基本覆盖专业所对应岗位（群）的典型工作任务，不得仅安排学生从事简单重复劳动。鼓励支持职业学校和实习单位结合学徒制培养、中高职贯通培养等，合作探索工学交替、多学期、分段式等多种形式的实践性教学改革。

第三章 实 习 管 理

第十四条 学生参加岗位实习前，职业学校、实习单位、学生三方必须以有关部门发布的实习协议示范文本为基础签订实习协议，并依法严格履行协议中有关条款。

未按规定签订实习协议的，不得安排学生实习。

第十五条 实习协议应当明确各方的责任、权利和义务，协议约定的内容不得违反相关法律法规。

实习协议应当包括但不限于以下内容：

（一）各方基本信息；

（二）实习的时间、地点、内容、要求与条件保障；

（三）实习期间的食宿、工作时间和休息休假安排；

（四）实习报酬及支付方式；

（五）实习期间劳动保护和劳动安全、卫生、职业病危害防护条件；

（六）责任保险与伤亡事故处理办法；

（七）实习考核方式；

（八）各方违约责任；

（九）三方认为应当明确约定的其他事项。

第十六条 职业学校和实习单位要依法保障实习学生的基本权利，并不得有以下情形：

（一）安排、接收一年级在校学生进行岗位实习；

（二）安排、接收未满16周岁的学生进行岗位实习；

（三）安排未成年学生从事《未成年工特殊保护规定》中禁忌从事的劳动；

（四）安排实习的女学生从事《女职工劳动保护特别规定》中禁忌从事的劳动；

（五）安排学生到酒吧、夜总会、歌厅、洗浴中心、电子游戏厅、网吧等营业性娱乐场所实习；

（六）通过中介机构或有偿代理组织、安排和管理学生实习工作；

（七）安排学生从事III级强度及以上体力劳动或其他有害身心健康的实习。

第十七条 除相关专业和实习岗位有特殊要求，并事先报上级主管部门备案的实习安排外，实习单位应遵守国家关于工作时间和休息休假的规定，并不得有以下情形：

（一）安排学生从事高空、井下、放射性、有毒、易燃易爆，以及其他具有较高安全风险的实习；

（二）安排学生在休息日、法定节假日实习；

（三）安排学生加班和上夜班。

第十八条 接收学生岗位实习的实习单位，应当参考本单位相同岗位的报酬标准和岗位实习学生的工作量、工作强度、工作时间等因素，给予适当的实习报酬。在实习岗位相对独立参与实际工作、初步具备实践岗位独立工作能力的学生，原则上应不低于本单位相同岗位工资标准的80%或最低档工资标准，并按照实习协议约定，以货币形式及时、足额、直接支付给学生，原则上支付周期不得超过1个月，不得以物品或代金券等代替货币支付或经过第三方转发。

第十九条 在遇有自然灾害、事故灾难、公共安全等突发事件或重大风险时，按照属地管理要求，分不同风险等级、实习阶段做好分类管控工作。

第二十条 职业学校和实习单位不得向学生收取实习押金、培训费、实习报酬提成、管理费、实习材料费、就业服务费或者其他形式的实习费用，不得扣押学生的学生证、居民身份证或其他证件，不得要求学生提供担保或者以其他名义收取学生财物。

第二十一条 实习学生应当遵守职业学校的实习要求和实习单位的规章制度、实习纪律及实习协议，爱护实习单位设施设备，完成规定的实习任务，撰写实习日志，并在实习结束时提交实习报告。

第二十二条 职业学校要和实习单位互相配合，在学生实习全过程中，加强思想政治、安全生产、道德法纪、心理健康等方面的教育。

第二十三条 职业学校要和实习单位建立学生实习信息通报制度，职业学校安排的实习指导教师和实习单位指定的专人应当负责学生实习期间的业务指导和日常巡查工作，原则上应当每日检查并向职业学校和实习单位报告学生实习情况。遇有重要情况应当立即报告，不得迟报、瞒报、漏报。

第二十四条 职业学校组织学生到外地实习，应当安排学生统一住宿。具备条件的实习单位应当为实习学生提供统一住宿。职业学校和实习单位要建立实习学生住宿制度和请销假制度。学生申请在统一安排的宿舍以外住宿的，须经学生法定监护人（或家长）签字同意，由职业学校备案后方可办理。

职业学校组织学生跨省实习的，须事先经学校主管部门同意，按程序报省级主管部门备案。实习派出地省级主管部门要同步将实习学校、实习单位、实习指导教师等信息及时提供实习单位所在地省级主管部门。跨省实习数量较大的省份之间，要建立跨省实习常态化协同机制。

实习单位所在地省级教育主管部门牵头，会同省级有关部门，将接收省外实习学生的本省实习单位按职责分工纳入本部门实习日常监管体系，将监管发现的有关问题及时告知实习派出省份省级教育主管部门，并积极协助实习派出省份协调实习所在地有关部门，做好有关事件处置工作。

第二十五条 安排学生赴国（境）外实习的，应当事先经学校主管部门同意，按程序报省级主管部门备案，并通过国家驻外有关机构了解实习环境、实习单位和实习内容等情况，必要时可派人实地考察。要选派指导教师全程参与，做好实习期间的管理和相关服务工作。

第二十六条 各地职业学校主管部门应当建立学生实习管理和综合服务平台，协调相关职能部门、行业企业、有关社会组织，为学生实习提供信息服务。省级教育主管部门要会同有关部门，加强统筹整合，推进信息互通共享。

第四章 实 习 考 核

第二十七条 职业学校要会同实习单位，完善过程性考核与结果性考核有机结合的实习考核制度，根据实习目标、学生实习岗位职责要求制订具体考核方式和标准，共同实施考核。

学生实习考核要纳入学业评价，考核成绩作为毕业的重要依据。不得简单套用实习单位考勤制度，不得对学生简单套用员工标准进行考核。

第二十八条 职业学校应当会同实习单位对违反规章制度、实习纪律、实习考勤考核要求以及实习协议的学生，进行耐心细致的思想教育，对学生违规行为依照校规校纪和有关实习管理规定进行处理。学生违规情节严重的，经双方研究后，由职业学校给予纪律处分；给实习单位造成财产损失的，依法承担相应责任。

对受到处理的学生，要有针对性地做好思想引导和教育管理工作。

第二十九条 职业学校应当组织做好学生实习情况的立卷归档工作。实习材料包括纸质材料和电子文档，具体包括以下内容：

（一）实习三方协议；

（二）实习方案；

（三）学生实习报告；

（四）学生实习考核结果；

（五）学生实习日志；

（六）学生实习检查记录；

（七）学生实习总结；

（八）有关佐证材料（如照片、音视频等）。

第五章　安全职责

第三十条　职业学校和实习单位要确立"安全第一、预防为主"的原则，强化实习单位主要负责人安全生产第一责任人职责，严格执行国家及地方安全生产、职业卫生、人格权保护等有关规定。职业学校主管部门应当会同相关行业主管部门加强实习安全监督检查。

第三十一条　实习单位应当健全本单位安全生产责任制，执行相关安全生产标准，健全安全生产规章制度和操作规程，制定生产安全事故应急救援预案，配备必要的安全保障器材和劳动防护用品，加强对实习学生的安全生产教育培训和管理，保障学生实习期间的人身安全和健康。未经教育培训或未通过考核的学生不得参加实习。

第三十二条　实习学生应遵守国家法律法规、校纪校规和实习单位安全管理规定，认真完成实习方案规定的实习任务，提高自我保护意识。

第三十三条　地方各级负有安全生产监督管理职责的部门要将实习安全责任履行情况作为安全生产检查的重要内容，在各自职责范围内对有关行业、领域实习单位落实安全生产主体责任实施监督管理，依法对实习单位制定并实施本单位实习学生教育培训计划落实情况进行监督检查。

第六章　保障措施

第三十四条　加快发展职业学校学生实习责任保险和适应职业学校学生实习需求的意外伤害保险产品，提高职业学校学生实习期间的风险保障水平。鼓励保险公司对学徒制保险专门确定费率，实现学生实习保险全覆盖。积极探索职业学校实习学生参加工伤保险办法。

第三十五条　职业学校和实习单位应当根据法律、行政法规，为实习学生投保实习责任保险。责任保险范围应当覆盖实习活动的全过程，包括学生实习期间遭受意外事故及由于被保险人疏忽或过失导致的学生人身伤亡，被保险人依法应当承担的赔偿责任以及相关法律费用等。

学生实习责任保险的费用可按照规定从职业学校学费中列支；免除学费的可从免学费补助资金中列支，不得向学生另行收取或从学生实习报酬中抵扣。职业学校与实习单位达成协议由实习单位支付学生实习责任保险投保经费的，实习单位支付的投保经费可从实习单位成本（费用）中列支。

鼓励实习单位为实习学生购买意外伤害险，投保费用可从实习单位成本（费用）中列支。

第三十六条　学生在实习期间受到人身伤害，属于保险赔付范围的，由承保保险公司按保险合同赔付标准进行赔付；不属于保险赔付范围或者超出保险赔付额度的部分，由实习单位、职业学校、学生依法承担相应责任；职业学校和实习单位应当及时采取救治措施，并妥善做好善后工作和心理抚慰。

二十二、《学生伤害事故处理办法》

第一章　总　则

第一条　为积极预防、妥善处理在校学生伤害事故，保护学生、学校的合法权益，根据《中华人民共和国教育法》《中华人民共和国未成年人保护法》和其他相关法律、行政法规及有关规定，制定本办法。

第二条　在学校实施的教育教学活动或者学校组织的校外活动中，以及在学校负有管理责任的校舍、场地、其他教育教学设施、生活设施内发生的，造成在校学生人身损害后果的事故的处理，适用本办法。

第三条　学生伤害事故应当遵循依法、客观公正、合理适当的原则，及时、妥善地处理。

第四条　学校的举办者应当提供符合安全标准的校舍、场地、其他教育教学设施和生活设施。

教育行政部门应当加强学校安全工作，指导学校落实预防学生伤害事故的措施，指导、协助学校妥善处理学生伤害事故，维护学校正常的教育教学秩序。

第五条　学校应当对在校学生进行必要的安全教育和自护自救教育；应当按照规定，建立健全安全制度，采取相应的管理措施，预防和消除教育教学环境中存在的安全隐患；当发生伤害事故时，应当及时采取措施救助受伤害学生。

学校对学生进行安全教育、管理和保护，应当针对学生年龄、认知能力和法律行为能力的不同，采用相应的内容和预防措施。

第六条　学生应当遵守学校的规章制度和纪律；在不同的受教育阶段，应当根据自身的年龄、认知能力和法律行为能力，避免和消除相应的危险。

第七条　未成年学生的父母或者其他监护人（以下称为监护人）应当依法履行监护职责，配合学校对学生进行安全教育、管理和保护工作。

学校对未成年学生不承担监护职责，但法律有规定的或者学校依法接受委托承担相应监护职责的情形除外。

第二章　事故责任

第八条　发生学生伤害事故，造成学生人身损害的，学校应当按照《中华人民共和国侵权责任法》（现为《中华人民共和国民法典》中的对应条款）及相关法律、法规的规定，承担相应的事故责任。

第九条　因下列情形之一造成的学生伤害事故，学校应当依法承担相应的责任：

（一）学校的校舍、场地、其他公共设施，以及学校提供给学生使用的学具、教育教学和生活设施、设备不符合国家规定的标准，或者有明显不安全因素的；

（二）学校的安全保卫、消防、设施设备管理等安全管理制度有明显疏漏，或者管理混乱，存在重大安全隐患，而未及时采取措施的；

（三）学校向学生提供的药品、食品、饮用水等不符合国家或者行业的有关标准、要求的；

（四）学校组织学生参加教育教学活动或者校外活动，未对学生进行相应的安全教育，并未在可预见的范围内采取必要的安全措施的；

（五）学校知道教师或者其他工作人员患有不适宜担任教育教学工作的疾病，但未采取必要措施的；

（六）学校违反有关规定，组织或者安排未成年学生从事不宜未成年人参加的劳动、体育运动或者其他活动的；

（七）学生有特异体质或者特定疾病，不宜参加某种教育教学活动，学校知道或者应当知道，但未予以必要的注意的；

（八）学生在校期间突发疾病或者受到伤害，学校发现，但未根据实际情况及时采取相应措施，导致不良后果加重的；

（九）学校教师或者其他工作人员体罚或者变相体罚学生，或者在履行职责过程中违反工作要求、操作规程、职业道德或者其他有关规定的；

（十）学校教师或者其他工作人员在负有组织、管理未成年学生的职责期间，发现学生行为具有危险性，但未进行必要的管理、告诫或者制止的；

（十一）对未成年学生擅自离校等与学生人身安全直接相关的信息，学校发现或者知道，但未及时告知未成年学生的监护人，导致未成年学生因脱离监护人的保护而发生伤害的；

（十二）学校有未依法履行职责的其他情形的。

第十条　学生或者未成年学生监护人由于过错，有下列情形之一，造成学生伤害事故，应当依法承担相应的责任：

（一）学生违反法律法规的规定，违反社会公共行为准则、学校的规章制度或者纪律，实施按其年龄和认知能力应当知道具有危险或者可能危及他人的行为的；

（二）学生行为具有危险性，学校、教师已经告诫、纠正，但学生不听劝阻、拒不改正的；

（三）学生或者其监护人知道学生有特异体质，或者患有特定疾病，但未告知学校的；

（四）未成年学生的身体状况、行为、情绪等有异常情况，监护人知道或者已被学校告知，但未履行相应监护职责的；

（五）学生或者未成年学生监护人有其他过错的。

第十一条　学校安排学生参加活动，因提供场地、设备、交通工具、食品及其他消费与服务的经营者，或者学校以外的活动组织者的过错造成的学生伤害事故，有过错的当事人应当依法承担相应的责任。

第十二条　因下列情形之一造成的学生伤害事故，学校已履行了相应职责，行为并无不当的，无法律责任：

（一）地震、雷击、台风、洪水等不可抗的自然因素造成的；

（二）来自学校外部的突发性、偶发性侵害造成的；

（三）学生有特异体质、特定疾病或者异常心理状态，学校不知道或者难于知道的；

（四）学生自杀、自伤的；

（五）在对抗性或者具有风险性的体育竞赛活动中发生意外伤害的；

（六）其他意外因素造成的。

第十三条　下列情形下发生的造成学生人身损害后果的事故，学校行为并无不当的，不承担事故责任；事故责任应当按有关法律法规或者其他有关规定认定：

（一）在学生自行上学、放学、返校、离校途中发生的；

（二）在学生自行外出或者擅自离校期间发生的；

（三）在放学后、节假日或者假期等学校工作时间以外，学生自行滞留学校或者自行到校发生的；

（四）其他在学校管理职责范围外发生的。

第十四条　因学校教师或者其他工作人员与其职务无关的个人行为，或者因学生、教师及其他个人故意实施的违法犯罪行为，造成学生人身损害的，由致害人依法承担相应的责任。

第三章　事故处理程序

第十五条　发生学生伤害事故，学校应当及时救助受伤害学生，并应当及时告知未成年学生的监护人；有条件的，应当采取紧急救援等方式救助。

第十六条　发生学生伤害事故，情形严重的，学校应当及时向主管教育行政部门及有关部门报告；属于重大伤亡事故的，教育行政部门应当按照有关规定及时向同级人民政府和上一级教育行政部门报告。

第十七条　学校的主管教育行政部门应学校要求或者认为必要，可以指导、协助学校进行事故的处理工作，尽快恢复学校正常的教育教学秩序。

第十八条　发生学生伤害事故，学校与受伤害学生或者学生家长可以通过协商方式解决；双方自愿，可以书面请求主管教育行政部门进行调解。成年学生或者未成年学生的监护人也可以依法直接提起诉讼。

第十九条　教育行政部门收到调解申请，认为必要的，可以指定专门人员进行调解，并应当在受理申请之日起60日内完成调解。

第二十条　经教育行政部门调解，双方就事故处理达成一致意见的，应当在调解人员的见证下签订调解协议，结束调解；在调解期限内，双方不能达成一致意见，或者调解过程中一方提起诉讼，人民法院已经受理的，应当终止调解。调解结束或者终止，教育行政部门应当书面通知当事人。

第二十一条　对经调解达成的协议，一方当事人不履行或者反悔的，双方可以依法提起诉讼。

第二十二条　事故处理结束，学校应当将事故处理结果书面报告主管的教育行政部门；重大伤亡事故的处理结果，学校主管的教育行政部门应当向同级人民政府和上一级教育行政部门报告。

第四章　事故损害的赔偿

第二十三条　对发生学生伤害事故负有责任的组织或者个人，应当按照法律法规的有关规定，承担相应的损害赔偿责任。

第二十四条　学生伤害事故赔偿的范围与标准，按照有关行政法规、地方性法规或者最高人民法院司法解释中的有关规定确定。

教育行政部门进行调解时，认为学校有责任的，可以依照有关法律法规及国家有关规定，提出相应的调解方案。

第二十五条　对受伤害学生的伤残程度存在争议的，可以委托当地具有相应鉴定资格的医院或者有关机构，依据国家规定的人体伤残标准进行鉴定。

第二十六条　学校对学生伤害事故负有责任的，根据责任大小，适当予以经济赔偿，但不承担解决户口、住房、就业等与救助受伤害学生、赔偿相应经济损失无直接关系的其他事项。

学校无责任的，如果有条件，可以根据实际情况，本着自愿和可能的原则，对受伤害学生给予适当的帮助。

第二十七条　因学校教师或者其他工作人员在履行职务中的故意或者重大过失造成的学生伤害事故，学校予以赔偿后，可以向有关责任人员追偿。

第二十八条　未成年学生对学生伤害事故负有责任的，由其监护人依法承担相应的赔偿责任。

学生的行为侵害学校教师及其他工作人员以及其他组织、个人的合法权益，造成损失的，成年学生或者未成年学生的监护人应当依法予以赔偿。

第二十九条　根据双方达成的协议、经调解形成的协议或者人民法院的生效判决，应当由学校负担的赔偿金，学校应当负责筹措；学校无力完全筹措的，由学校的主管部门或者举办者协助筹措。

第三十条　县级以上人民政府教育行政部门或者学校举办者有条件的，可以通过设立学生伤害赔偿准备金等多种形式，依法筹措伤害赔偿金。

第三十一条　学校有条件的，应当依据保险法的有关规定，参加学校责任保险。

教育行政部门可以根据实际情况，鼓励中小学参加学校责任保险。

提倡学生自愿参加意外伤害保险。在尊重学生意愿的前提下，学校可以为学生参加意外伤害保险创造便利条件，但不得从中收取任何费用。

第五章　事故责任者的处理

第三十二条　发生学生伤害事故，学校负有责任且情节严重的，教育行政部门应当根据有关规定，对学校的直接负责的主管人员和其他直接责任人员，分别给予相应的行政处分；有关责任人的行为触犯刑律的，应当移送司法机关依法追究刑事责任。

第三十三条　学校管理混乱，存在重大安全隐患的，主管的教育行政部门或者其他有关部门应当责令其限期整顿；对情节严重或者拒不改正的，应当依据法律法规的有关规定，给予相应的行政处罚。

第三十四条 教育行政部门未履行相应职责，对学生伤害事故的发生负有责任的，由有关部门对直接负责的主管人员和其他直接责任人员分别给予相应的行政处分；有关责任人的行为触犯刑律的，应当移送司法机关依法追究刑事责任。

第三十五条 违反学校纪律，对造成学生伤害事故负有责任的学生，学校可以给予相应的处分；触犯刑律的，由司法机关依法追究刑事责任。

第三十六条 受伤害学生的监护人、亲属或者其他有关人员，在事故处理过程中无理取闹，扰乱学校正常教育教学秩序，或者侵犯学校、学校教师或者其他工作人员的合法权益的，学校应当报告公安机关依法处理；造成损失的，可以依法要求赔偿。

第六章 附 则

第三十七条 本办法所称学校，是指国家或者社会力量举办的全日制的中小学（含特殊教育学校）、各类中等职业学校、高等学校。本办法所称学生是指在上述学校中全日制就读的受教育者。

第三十八条 幼儿园发生的幼儿伤害事故，应当根据幼儿为完全无行为能力人的特点，参照本办法处理。

第三十九条 其他教育机构发生的学生伤害事故，参照本办法处理。

在学校注册的其他受教育者在学校管理范围内发生的伤害事故，参照本办法处理。

第四十条 本办法自2002年9月1日起实施，原国家教委、教育部颁布的与学生人身安全事故处理有关的规定，与本办法不符的，以本办法为准。

在本办法实施之前已处理完毕的学生伤害事故不再重新处理。

二十三、《中等职业学校学生公约》

1. 爱祖国，有梦想。热爱祖国，热爱人民，热爱中国共产党。志存高远，服务人民，奉献社会。

2. 爱学习，有专长。崇尚科学，追求真知；勤学苦练，精益求精；不会就学，不懂就问。

3. 爱劳动，图自强。尊重劳动，勇于创造；艰苦奋斗，勤俭节约；从我做起，脚踏实地。

4. 讲文明，重修养。尊师孝亲，友善待人；诚实守信，言行一致；知错就改，见贤思齐。

5. 遵法纪，守规章。遵守法律，依法做事；遵守校纪，依纪行为；遵守行规，依规行事。

6. 辨美丑，立形象。情趣健康，向善向美；仪容整洁，衣着得体；举止文明，落落大方。

7. 强体魄，保健康。按时作息，坚持锻炼；讲究卫生，保持清洁；珍爱生命，注意安全。

8. 树自信，勇担当。自尊自信，乐观向上；珍惜青春，不怕挫折；敬业乐群，勇担责任。

二十四、《关于加强中等职业学校班主任工作的意见》

为深入贯彻《中共中央国务院关于进一步加强和改进未成年人思想道德建设的若干意见》（中发〔2004〕8号）和《国家中长期教育改革和发展规划纲要（2010—2020年）》精神，落实教育部等六部门《关于加强和改进中等职业学校学生思想道德教育的意见》（教职成〔2009〕11号），现就加强中等职业学校班主任工作提出以下意见。

一、充分认识中等职业学校班主任工作的重要性。中等职业学校班主任是中职学生管理工作的主要实施者，是中职学生思想道德教育的骨干力量，是中职学生健康成长的引领者。中等职业学校班主任工作是重要的育人工作，在学校实施教书育人、管理育人、服务育人，沟通学校、家庭和用人单位等方面发挥着重要的作用。加强中等职业学校班主任工作，对于贯彻落实党的教育方针，提高中职学生管理和德育工作水平，促进中等职业教育科学发展，具有十分重要的意义。

二、进一步明确中等职业学校班主任的工作职责。中等职业学校班主任岗位是重要的专业性岗位，班主任要在学校统一领导下，按照学校相关规章制度和培养目标要求，与任课教师和其他有关人员一道，认真履行以下主要工作职责：

学生思想工作。深入了解分析学生的思想、心理、学习、生活状况，开展思想道德教育，提升学生思想道德品质。针对学生在成长过程中遇到的实际问题，进行教育、引导和援助，帮助学生提高应对挫折、适应岗位、融入社会的能力。

班级管理工作。组建班委会，制定班级公约和学生自律规范，维护良好的教育教学秩序和生活秩序。客观、公正地做好学生的综合素质评价工作，对学生进行表扬和批评教育，向学校提出奖惩建议。加强安全教育，维护班级和学生安全。

组织班级活动。指导班委会、团支部开展工作，引导学生参加有利于健康成长的课外兴趣小组、社团活动、文体活动以及志愿者服务等社会实践活动。根据学校培养目标，针对班级特点，开展形式多样的主题班（团）会活动。

职业指导工作。教育、引导学生树立正确的职业理想和职业观念，形成良好的职业道德，提升职业素养与职业生涯规划能力。指导学生根据社会需要和自身特点选择职业发展方向，顺利实现就业、创业或升学。

沟通协调工作。全面及时了解学生在家庭和社区的表现，帮助、引导家长和社区配合学校做好学生的教育和管理工作。根据学校安排，组织学生参加实习实训活动，并在学生顶岗实习期间，与实习单位共同做好学生的教育和管理工作。

三、认真做好中等职业学校班主任的配备和选聘工作。每个班级必须配备一名班主任，学校根据需要可以配备助理班主任。助理班主任协助班主任工作。班主任应从本校在职教师中选聘，助理班主任可从本校党政干部、共青团干部、教学辅助人员、退休教师和学校外聘教师中选聘。校长负责班主任和助理班主任的选聘工作。班主任和助理班主任的聘期由学校确定。

四、严格中等职业学校班主任任职资格和条件。中等职业学校班主任应由取得教师资格、思想道德素质好、业务水平高、身心健康、经过相关培训的教师担任。班主任要忠诚党的教育事业，热爱学生，乐于奉献，掌握教育学、心理学、职业指导等方面的基本知识和方法，熟悉相关法律法规，具有较强的教育教学能力、组织管理能力、人际沟通能力和职业指导能力。助理班主任任职资格和条件由各地参照班主任任职资格和条件作出具体规定。

五、保障中等职业学校班主任待遇。学校在教育管理工作中应充分发挥班主任的骨干作用，注重听取班主任意见，营造以从事班主任工作为荣的氛围。要合理安排班主任的教学任务，保证班主任有更多的时间和精力做好班主任工作。进一步发挥工资分配的激励作用，学校内部绩效工资分配要适当向班主任倾斜。教师高级岗位聘用应向优秀班主任倾斜。

六、加强中等职业学校班主任培训。各级教育、人力资源社会保障行政部门要将班主任培训纳入教师全员培训计划，组织开展国家级、省级、地（市）级、县级班主任培训，努力提高他们的思想水平和业务能力，建设一支高水平的班主任队伍。教育部负责对全国中等职业学校班主任培训工作进行宏观指导，教育部、人力资源社会保障部负责对全国中等职业学校班主任培训工作进行协调和质量监控。学校要制定本校班主任培训计划，积极组织本校班主任参加各层次的培训活动。初次担任班主任的教师必须进行岗前培训，做到先培训后上岗。认真执行职业教育教师到企业实践制度，把班主任到企业实践或考察纳入计划，与专业教师到企业实践有机结合，与学生到企业实习有机结合。班主任培训所需经费在教师培训专项经费中列支。

七、加强中等职业学校班主任表彰奖励工作。各级教育行政部门、人力资源社会保障行政部门和中等职业学校要将班主任的表彰奖励纳入教师、教育工作者的表彰奖励体系，对长期从事班主任工作或在班主任工作岗位上做出突出贡献的教师按照国家有关规定予以奖励。

八、加强中等职业学校班主任管理。学校应完善班主任日常管理制度，建立班主任工作档案和考核机制，定期组织对班主任的考核工作。班主任工作考核结果作为教师聘用（聘任）、奖励、工资发放的重要依据。学校选拔管理干部应优先考虑长期从事班主任工作的优秀班主任。对不能履行班主任职责的，应调整其岗位。

九、加强对中等职业学校班主任工作的领导。各地教育行政部门、人力资源社会保障部门落实有关班主任工作的政策保障措施，履行班主任管理工作职责，定期检查学校班主任管理工作，切实维护班主任的合法权益。学校要建立健全班主任工作管理体制和运行机制，学校领导和有关方面负责人要将班主任工作管理纳入职责范围，定期听取班主任工作汇报，研究班主任工作中遇到的新情况、新问题，及时指导班主任工作。要建立健全校园突发事件应急预案，妥善处理班主任在工作中遇到的困难，支持班主任工作。

十、加强中等职业学校班主任工作的科学研究。教育科研机构和学校要加强班主任工作理论研究，提供经费、条件保障，积极探索班主任工作的规律，创新班主任工作方法，提高班主任工作的实效。

各地、各学校可根据本意见，结合本地实际，积极探索班主任工作的新途径、新方式和新方法，制定加强中等职业学校班主任工作的具体实施意见或细则。

第二章

教育理论

第一节　教育学、心理学的基本理论及应用

一、德育原则

德育原则是根据德育目的、德育目标和德育过程的规律提出的指导德育工作的基本要求，它是班主任开展德育工作必然遵循的原则。德育的基本原则包括方向性和时代性相结合原则，贴近实际、贴近生活、贴近学生原则，知行统一原则，教育与管理相结合原则，解决思想问题与解决实际问题相结合原则。

二、德育方法

德育方法是教师为实现德育目标，依据德育原则而采取的方式和手段，大体包括情境体验、说服教育、榜样示范、情感陶冶、自我教育、评比竞赛和品德评价等。

三、自我效能感理论

1. 理论内容

美国心理学家阿尔伯特·班杜拉（Albert Bandura）认为，自我效能感是人们对自身能否利用所拥有的技能去完成某项工作行为的自信程度。自我效能感的高低是工作行为的决定因素。影响自我效能感的因素有：①直接经验。个人的成功经验会提高效能期望，反复的失败则会降低效能期望。②替代经验。学习者通过观察示范者的行为而获得的间接经验。③言语说服。凭借说服性的建议、劝告、解释和自我引导来改变人们的自我效能感。④情绪唤起。一个人面对任务时的情绪反应直接影响自我效能感。

2. 教育实例

杨老师是2018级导游服务专业的班主任，在酒店教学实习开始之前，学校按照惯例对学生的服务技能进行鉴定，考核项目有西餐摆台和中式做床。班里的同学一开始有点儿信心不足，认为导游专业的学生的酒店服务技能，肯定比不过酒店专业的学生。于是杨老师从以下几步激发学生的自我效能感。

首先，杨老师对学生进行了言语鼓励。其次，杨老师和饭店的老师联系，利用中餐、客房专业课和课余时间，让学生反复练习考核项目，以勤补拙。所谓熟能生巧，学生在不断练习中会切身感受到自己的进步，收获一个个成功的"小确幸"，从而直接提高自我效能感。最后，在技能鉴定前，杨老师特别注意对学生正能量情绪的激发，帮助学生克服焦虑、紧张等消极情绪，让学生树立必胜的信念。最终，在西餐摆台技能鉴定和中式做床技能鉴定中，杨老师班级的成绩在所有服务类班级中名列前茅。

四、成败归因理论

1. 理论内容

美国心理学家伯纳德·韦纳（B.Weiner）提出，归因是指人们对事情成败的原因进行总结和归纳。韦纳认为，对成功和失败的归因会对人以后的行为产生重大的影响。人们

对行为成败原因的分析可归纳为以下6个因素：

（1）能力，个人评估是否胜任工作。

（2）努力，个人反思在工作过程中是否尽力。

（3）工作难度，凭个人经验判定工作的难易程度。

（4）运气，个人判断成败是否与运气有关。

（5）身心状况，在工作过程中个人当时身体及心情状况是否影响工作成效。

（6）其他因素，有其他人与事的影响因素（如别人帮助或评分不公等）。

这6个因素又可以纳入3个维度，包括因素来源、稳定性和可控性。

2. 教育实例

快到第一次导游证模拟考试的日子了，导游专业的小夏因为基础知识掌握不牢，所以临时抱佛脚，每天学习到深夜。结果几天的挑灯夜读让她考试时状态欠佳，导致四门专业课中两门不及格。

小夏失望极了，认为这么努力都不能通过模拟考试，导游证考试是肯定通过不了的。杨老师把小夏叫到办公室，问她对于这次考试成绩的看法。小夏说自己已经很努力了，《导游基础》没考及格是因为自己审题粗心，《导游法规》考58分，就差一点儿及格，完全是因为运气不好。

杨老师听后明白了小夏对考试结果的归因出现了问题，就开导她说："老师知道你考前努力过，但是努力的时间还不够，临阵磨枪的结果不可能由量变达成质变。审题粗心说明应试技巧有待提高，更重要的是知识点掌握得不够扎实，而考试差一点儿及格也不是运气问题，而是总体实力存在差距。"小夏慢慢地点了点头，但依旧眉头紧锁。杨老师又继续鼓励她说："其实你应该庆幸，这次只是一次模拟考试，不是一锤定音的正式考试，你还有很多时间准备正式考试，接下来还有第二次模拟考试，你要吸取这次的教训，确定目标，合理安排时间，只要你以后每天都像考前那几天这样努力，老师相信你下次一定会成功。"小夏听完后舒展了眉头，坚定地点点头。两个月后，小夏如愿地通过了导游证考试。

五、习得性无助理论

1. 理论内容

习得性无助理论由美国心理学家塞利格曼（Martin E.P. Seligman）提出，是指因为重复的失败或惩罚，形成了一种对现实的无望和无可奈何的行为、心理状态，从而听任摆布。他用狗做了一项经典实验，起初他把狗关在笼子里，只要蜂鸣器一响，就对狗施以电击。狗被关在笼子里逃避不了电击，于是在笼子里狂奔、惊恐、哀叫。多次实验后，蜂鸣器一响，狗就趴在地上，哀叫连连，却再也不四处狂奔。再后来实验者在电击前，先把笼门打开，此时狗不但不逃，反而怪异地出现了倒地呻吟和颤抖的情况，尽管它本来有条件逃避电击，但在多次失败经验的诱导下，它却绝望地等待痛苦的来临，这就是习得性无助。

2. 教育实例

很多中职学校的学生在初中时曾经努力过，只是成绩仍然不太好，他们很少得到班主任老师的表扬，长期被忽视，很少甚至从未体验过成功的欢乐。一次次的失败，让他们认为自己天生愚笨，能力不强，智力低下，不是学习的料，因而主动放弃了努力，甚至是自暴自弃。在厌学群体中，此类学生占了很大的比重，这就是"习得性无助"的学生群体。对这类学生，可以采取元认知、问题解决、示范、自我谈话、自我控制和自我评价的正确使用等解决策略。

六、加德纳多元智能理论

1. 理论内容

智能是人在特定情景中解决问题并有所创造的能力，多元智能理论的提出者是美国心理学家加德纳（Howard Gardner），他认为每个人都拥有8种主要智能：语言智能、数理逻辑智能、视觉空间智能、肢体运动智能、音乐智能、人际交往智能、内省智能和自然观察智能。加德纳多元智能理论是对传统"一元智能观"的强力挑战，他认为几乎所有人都是聪明的，只是聪明的范畴和性质存在差异而已。

2. 教育实例

（1）视觉空间智能　拥有视觉空间智能优势的人，对色彩、线条、形状、形式、空间的敏感性很高，一般表达思想和情感的能力较强。班主任可以发挥此类同学的特长，来帮助班级搞文化建设，如墙面的装饰、板报的设计、班徽和班旗的设计等。

（2）语言智能　那些能够顺利而高效地利用语言描述事件、表达思想的人，一般语言智能较强。这类学生通常会管不住自己，说起来没完没了，往往会成为扰乱课堂纪律、课下多嘴的学生。班主任可让他们发挥语言智能优势，担任语文、英语课代表，以他们为核心开展每日读书活动，通过领读、领诵、演讲展示他们的优势，引导他们成为班级正能量的传播者。

（3）音乐智能　音乐智能主要是指人敏感地感知音调、旋律、节奏和音色的能力。具有这种智能优势的学生多数是班里的文艺骨干，歌唱比赛、才艺大赛和各种联欢晚会都是他们绝佳的表现机会。但有些音乐智能强的同学，可能不太爱说话，也不太会说话，在生活中缺乏自信，就像电影《欢乐好声音》中那头大象米娜。这时，班主任要像电影中的剧场经纪人月伯乐一样，为他们提供展示自己的舞台，不断地鼓励他们利用自身优势树立自信。

（4）数理逻辑智能　数理逻辑智能是指有效地运用数字和推理的能力。对于这样的同学，可以安排他们负责管理班级量化考评，让他们从大量的数据中总结规律，协助班主任通过量化发现问题，及时调整管理方式。

（5）肢体运动智能　肢体运动智能是指善于运用整个身体来表达思想和情感，并灵巧地运用双手制作或操作物体的能力。这项智能包括特殊的身体技巧，如平衡、协调、敏捷、力量、弹性、速度以及由触觉所引起的能力。中职学生拥有此项智能的大有人在，班主任可以通过体育竞赛、舞台剧表演、技能大比拼等活动展示他们的优势。

（6）内省智能　这种智能主要是指认识自己的能力，正确把握自己的长处和短处，把握自己的情绪和控制欲望，对自己的生活有规划。在班集体团队建设中，班主任要把拥有这种智能的人培养成中坚力量，尽管他们可能不善言谈，但在集体遇到问题时，往往能把握正确的方向，不受不良言论的影响，是学生完成自我教育有影响力的关键人物。

（7）人际交往智能 拥有这种智能优势的人有很强的组织能力和协调能力，善解人意，易与他人建立密切关系，是一个团队中必不可少的黏合剂。班主任要及时将他们吸纳为班委会成员。对内，他们可以促进班级团结合作，及时调节同学之间的关系，化解矛盾；对外，他们可以利用自己广泛的人际交往、人脉关系，促进集体发展，加强对外交流。

（8）自然探索智能 这种智能又叫自然观察智能，拥有这种智能的人有明显的好奇心和探索欲望，敢于冒险尝试。对于这类学生，班主任要防止他们无边界的探索，主动为其提供正确的探索渠道，满足他们的探索欲望。

正如习近平总书记所说"人人皆可成才，人人尽展其才"，我们不该用一把尺子去衡量学生，要正视每一个学生的客观差异，利用多元智能理论发掘学生的优势智能，并为他们提供合适的发展机会，使他们茁壮成长。

七、马斯洛需求层次理论

1. 理论内容

马斯洛需求层次理论是行为科学的理论之一，由美国心理学家亚伯拉罕·马斯洛（Abraham Harold Maslow）提出。他将人类需求按阶梯状从低到高分为5个层次，分别是生理需求、安全需求、社交需求、尊重需求和自我实现需求。

2. 教育实例

（1）生理需求 生理需求属于第一层次也是最需要优先满足的需求，如人们对食物、水、空气等的需求。当生理需求得不到满足时，人的思考能力和道德观会明显变得脆弱。

班主任和学校要关注学生的穿衣、吃饭、住宿、洗浴和健康等生理需求，把学生穿得暖不暖、吃得可口不可口、住得满意不满意、洗澡是否方便和身体是否舒适当成头等大事，这既需要观察，也需要调查，发现问题及时解决，力有不逮地上报有关部门并督促落实。一个班级和一所学校是否有正确的学生观，往往体现在是否能关注到学生的生理需求。

（2）安全需求 安全需求属于第二层次的需求，其中包括人身安全、财产安全以及免遭痛苦、威胁或疾病等需求。当学生感到自己受到身边事物的威胁，他就会觉得这世界是不公平或是危险的，从而变得紧张、彷徨不安、认为一切事物都是"恶"的。例如，一个孩子，在学校被同学欺负、受到老师不公平的对待，而开始变得不相信社会，不敢表现自己，不敢拥有社交生活，借此来保护自身安全。

作为班主任，不仅要了解学生的生活、学习状况，还要了解他们的安全状况，杜绝校园内外的欺凌事件，指导其正常交往和正确处理矛盾，学会保管财物及逃生避险。

（3）社交需求 社交需求属于第三层次的需求，例如对友谊、爱情以及隶属关系的需求。每个人都有强烈的社交需求，有人会因为没有感受到身边人的关怀，而认为活在这世界上毫无价值。

很多班级中都有非正式团体，而多数非正式团体的形成，都是由于学生正常的社交需求得不到满足而产生的。班主任要做好非正式团体的引导和转化，重点是满足这部分学生的正常社交需求。班级可以组织团体拓展活动、文艺联欢、体育比赛、郊游活动，也可以成立各种兴趣小组、学生社团，给学生正常的交往创造平台。

（4）尊重需求　尊重需求属于第四层次的需求，人都希望自己有稳定的社会地位，希望个人的能力和成就得到社会的承认。尊重需求又可分为内部尊重需求和外部尊重需求。马斯洛认为，尊重需求得到满足，能使人对自己充满信心，对社会充满热情，体验到自己活着的价值。

当尊重需求得不到正向满足时，有的学生会利用暴力来证明自己的强悍，利用违纪达到出风头、"刷"存在感的目的，借此引起老师、同学的关注。作为班主任，要为学生发展创设各种情境和平台，让每一个学生都有用武之地，都能在自己所擅长的领域大显身手，从而得到大家的认可和尊重，进而实现自我尊重。

（5）自我实现需求　自我实现需求是最高层次的需求，是指实现个人理想、抱负，发挥个人的能力到最大限度。达到自我实现境界的人，接受自己，也接受他人，解决问题的能力增强，自觉性提高，善于独立处事。

每个中职生都有自我实现的欲望，都希望最大限度地把自己的长处展现在别人面前，虽然他们不一定做得最好，但他们都希望做得更好，在老师、家长面前博得好评，在同学面前拥有自信。作为班主任，可以利用学生的自我实现需要，为学生创造条件、提供平台，让学生在活动中提高自信心，体验成功，实现自我。

八、操作性条件反射理论

1. 理论内容

操作性条件反射由美国心理学家斯金纳（Burrhus Frederic Skinner）命名，是一种由刺激引起的行为改变。斯金纳关于操作性条件反射作用的实验，是在他设计的一种动物实验仪器即著名的斯金纳箱中进行的。箱内放进一只白鼠或鸽子，并设一杠杆或按键，箱子的构造尽可能排除一切外部刺激。动物在箱内可自由活动，当它压杠杆或啄键时，就会有一团食物掉进箱子下方的盘中，动物就能吃到食物。斯金纳通过实验发现，动物的学习行为是随着一个起强化作用的刺激而发生的，当动物获得食物以后，按压杠杆的次数大大增加。

2. 教育实例

有一所寄宿制学校，不允许学生随意外出。张老师接手新生班级之初，各宿舍内务水平在平行班中总是处于下游，多次强调也不见效果。经考虑，张老师决定采取激励措施改变处境。他规定在每周6天的宿舍内务评比中，有4天在"良"以上且没有"差"出现，在宿舍协商并且家长同意的前提下，可以有两个周日休息时外出的名额。同学们的积极性一下子就被调动起来了，舍友之间相互督促、相互帮助，宿舍内务整体水平显著提升。一个月后张老师又提升了标准，达到4个"优"和两个"合格"以上才会获得之前定的两个外出名额。到了学期末，张老师已将外出标准提升到6天全优的水平了。这种激励，成功变学生"要我做"为"我要做"，实现了正向行为的强化。

九、平行教育理论

1. 理论内容

平行教育理论由苏联教育家马卡连柯提出，要求班主任在教育中要处理好集体与个人的关系，坚持两者教育相结合，通过教育集体影响个人，通过教育个人影响集体。马卡连柯认为，全部的教育过程都应该是在"通过集体""在集体中"和"为了集体"的原则下进行的。组建班级的目的是让学生在集体这个"小社会"中获得个人的成长。

2. 教育实例

一次升旗仪式后，班级队伍所在的地面留下了一片垃圾。大多数同学视而不见，唯独小杜同学走过去把垃圾捡了起来，李老师看见后随手拍下了照片。回班后，李老师立刻组织召开了"发现身边的美"主题班会，展示了拍到的图片，对小杜同学进行了大张旗鼓地表扬，强调"举手之劳成就一种美德"，取得了很好的效果，同学们纷纷效仿小杜同学，教室的地面干净了，弯腰捡拾垃圾的背影变多了，个体的正能量成为教育集体、影响集体的素材和契机。

十、21天理论

1. 理论内容

行为主义心理学认为，一种行为重复21天就会变为习惯，90天的重复会形成稳定的习惯。早在1961年，美国的凯尔曼就提出了习惯的形成要经过3个阶段：第一阶段，顺从；第二阶段，认同；第三阶段，内化。我国的相关人员研究发现，习惯的形成大致可分为3个阶段：第一阶段：1~7天。此阶段表现为"刻意，不自然"，需要十分刻意地提醒自己。第二阶段：7~21天。此阶段表现为"刻意，自然"，但还需要意识控制。第三阶段：21~90天，此阶段表现为"不经意，自然"，不需要意识控制。

2. 教育实例

赵老师是烹饪专业课的老师，他深知让学生树立安全意识，养成良好的职业习惯是非常重要的。烹饪专业的学生需要和各种刀具、厨具、炊具、制作机器等打交道，如不按照安全使用规范的要求操作，很容易出现学生受伤等严重后果。以看似简单的"带刀行走"为例，如果拿刀姿势不对或是自然摆臂，很有可能会发生伤人伤己的事件。因此帮助学生形成正确的"带刀行走"习惯尤为重要，于是赵老师运用"21天理论"从以下3个方面来开展教学工作：

（1）树立规范要唯一，严格要求是关键 对学生来说，"带刀行走"的规范要求属于新知识。考虑到用刀可能存在的危险性和中职学生的接受水平，赵老师一开始只讲授了一种"带刀行走"的方法。不让学生因选择困难进而产生理论混淆，从而不便于安全操作。与此同时，一丝不苟地对学生进行严格训练，无论是理论课还是实操课，反复强调带刀行走的要求。在学生拿、放刀具前，要求先大声说出操作要领和注意事项，再进行实际操作。

（2）反复强化不放松，安全组长行在前　每次实操课，在学生接触刀具和放下刀具前，赵老师都要求每一位同学手拿刀具在其面前走过，再逐一进行指导，对存在瑕疵的绝不放过，反复强化直至合格。赵老师还提前将班中学生分成5～7人的小组，每个小组都设立了安全小组长。小组长要带领组员进行烹饪安全知识的学习，在实操训练时，监督同学按照要求使用刀具。

（3）及时肯定来固化，因材施教要耐心　在学生完全掌握"带刀行走"的要领后，赵老师也会时常留意观察学生，在学生按照要求操作时及时给予肯定。因为学生的水平层次不一，有些接受较慢的学生，在拿刀后不会摆动另一只胳膊自然行走了，还有一些学生总是反复出现不按要求操作的情况，这就需要老师对学生多一分耐心与信心，因材施教，针对学生的不同特点，采用适合的教学方法。作为学生人生的导师，要坚信没有改变不了的理念与习惯，只要对学生有爱心和耐心，持之以恒地严格要求，好习惯终会养成，并让学生终身受益。

第二节　教育中常见的心理效应及应用

一、罗森塔尔效应（皮格马利翁效应）

【理论再现】

罗森塔尔效应指的是一个积极的期望往往会带来积极的结果。美国心理学家罗森塔尔考查某校时，随意从每班抽出3名学生共18人写在一张表格上，交给校长，极为认真地说："这18名学生经过科学测定全都是智商型人才。"事过半年，罗森又来到该校，发现这18名学生的确超过一般同学，进步很大，再后来这18人全都在不同的岗位上干出了非凡的成绩。这告诉我们，赞美、信任和期待具有一种能量，它能改变人的行为，当一个人获得另一个人的信任、赞美时，他便感觉获得了社会支持，从而增强了自我价值，变得自信、自尊，获得一种积极向上的动力，并尽力达到对方的期待，以避免对方失望，从而维持这种社会支持的连续性。

【实践应用】

导游班的孙磊是一个瘦弱且有些内向的孩子，当初选择导游专业，是因为他想遍览祖国的名山大川。但进入专业学习，他发现自己的性格不适合做导游，从而产生了自卑心理，变得越来越沉默。班主任发现了这种情况，在讲授导游类型时，介绍了主播型、趣味型和学识型，并明确指出孙磊同学具备成为学识型导游的潜质。孙磊有点儿惊讶，不好意思地低头笑了，班主任知道自己种下了一颗希望的种子。在接下来举行的班级导游知识竞赛中，知识面开阔的孙磊拔得头筹，老师授予他"智慧之星"的称号。不久，恰逢学校举行一年一度的家校联谊会，需要各班选派校园讲解员，为参观的家长做引领和介绍，班主任推荐了孙磊。刚开始接受任务的孙磊有点儿忐忑，班主任看出了他的顾虑，把他叫到一边说："这次选拔的校园讲解员都是班中的佼佼者，代表着班级的形象，老师相信你的水平和能力。"孙磊听了以后充满自信，竭尽全力地积极准备，功夫不负有心人，他在接下来的校园讲解中脱颖而出，得到了家长和学校领导的交口称赞，并被评为学校优秀讲解员。后来孙磊还进入了学生会，因为表现突出，当上了学生会主席。

二、淬火效应

〔理论再现〕

淬火效应，原意是指金属工件加热到一定温度后，浸入冷却剂（油、水等）中，经过冷却处理，使工件的性能更好、更稳定，心理学把这定义为"淬火效应"。教育上也会有类似的现象，被称为"冷处理"。对于那些长期受表扬头脑有些发热的学生，不妨设置一点儿小小的障碍，施以"挫折教育"，几经锻炼，其心理会更趋成熟，心理承受能力会更强；对于麻烦事或者已经激化的矛盾，不妨采用"冷处理"，放一段时间，思考会更周全，办法会更稳妥。

〔实践应用〕

2020级汽修班的王亮和李磊打起来了，班主任刘老师赶忙来到事发现场，发现强壮的王亮骑在李磊身上正要挥拳，在这千钧一发之际，"住手！"刘老师大声呵斥道，脑海里第一个想法就是要将这两个人分开进行冷处理。刘老师让班长先带李磊去医务室检查，自己则带着王亮来到了办公室。刘老师没有劈头盖脸地训斥王亮，而是给了他一把椅子，端上了一杯热茶，然后平静地询问打架的原因。刚刚还怒气冲冲的王亮，此时像泄了气的皮球，满腹牢骚地说，上汽车拆装实践课的时候，他发现自己的水管钳不见了，李磊听见后不但不帮着找而且还说风凉话。王亮和李磊就此争执起来，逐渐演变成对骂，最后王亮头脑一热，动起手来，冷静一想，非常后悔。后来刘老师又单独找李磊谈话，还没开口李磊就哭了，说自己不应该对同学如此，其实当时只是开玩笑，没想到王亮当真了，碍于面子和他吵了几句，才导致打架事件发生……冷处理后，两个同学相互致歉，和好如初。

三、南风效应

〔理论再现〕

南风效应也称南风法则或温暖法则，它源于法国作家拉·封丹写的寓言。北风和南风比威力，看谁能把行人身上的大衣脱掉。北风凛冽，寒冷刺骨，结果行人把大衣裹得紧紧的。南风则徐徐吹动，行人因为觉得暖意融融，开始解开纽扣，继而脱掉大衣，南风获得胜利。它告诉我们，温暖胜于严寒，这种以启发自我反省、满足自我需要而产生的心理反应，称为"南风效应"。

【实践应用】

作为应试教育"弱势群体"的中职生，常常对老师的批评教育"刀枪不入"。一些刚刚入职的青年教师，希望用自己严格规范的管理和动之以情、晓之以理的方法去感化他们，可当这些工作无任何效果时，很快就失去了信心和耐心，继而火气上升，工作方法也变得简单粗糙，甚至出现一种讨厌心理。南风效应运用到中职生管理中，要求教师尊重和关心中职生，多点儿人情味，多注意解决中职生学习生活中的实际困难，使中职生真正感受到老师给予的温暖和关爱。"冰冻三尺非一日之寒"，对于一些中职生身上的不良习惯，"三板斧"式的整治办法是行不通的，要有足够的耐心和一种平常的心态，保持"南风"长吹不停，让学生通过自省实现自我成长。

四、自己人效应

【理论再现】

所谓"自己人"，是指对方把你与他归于同一类型的人。"自己人效应"是指对"自己人"所说的话更信赖、更容易接受。在人际交往中，如果双方关系良好，一方就更容易接受另一方的某些观点、立场，甚至对另一方提出的较高要求，也不太容易拒绝。

【实践应用】

那天中午天阴沉沉的，王老师下午上班后按照惯例去宿舍检查卫生。推开门，整齐的床铺、干净的地面映入眼帘，但当王老师的目光落到靠近门口的下铺的时候，看到一个叠得不是很规整的被子，与其他的方块被子形成了鲜明的对比。王老师当时气不打一处来，因为这个床位的主人是一名班干部——陈××。于是王老师就把被子抱到了自己的宿舍，把陈××叫了过来，"你的被子怎么回事？""老师我出来的时候叠得好好的啊。""叠得好好的？你看看你的被子。"王老师让他看了看自己被子的照片。"你在这好好练习，什么时候叠好了再去上课，被子就放我这里。"王老师转身走出了宿舍。10min以后，王老师再回到宿舍，心想陈××一定已经把被子叠好了，教育一下就行了，结果出乎意料——陈××已经擅自把被子抱回了宿舍。王老师顿时火冒三丈："谁让你把被子抱回去了？"他满不在乎地回答："我自己。"王老师更加高声命令道："现在你必须把被子抱过来！"陈××站在那里低着头，也不说话，也不去抱被子，就这样僵持着。

出于经验，王老师马上反思自己刚刚是不是被怒气冲昏了头脑，他为什么没有把自己的话听进去。于是决定换一种方式，说道："××，你是咱们班的学生干部，有什么事交给你，老师很是放心。你无论能力还是觉悟一直以来都很高，你知道一直以来我把你看成我的什么人吗？"陈××这时慢慢地抬起头，有点儿疑惑地看着王老师。王老师和缓了声音继续说："一直以来老师把你当成我的左膀右臂，就像咱们在搭班子管理这个班级。我不在的时候，宿舍里有你在，卫生就没问题。可万万没想到，你自己的被子叠成这样，你知道老师多伤心吗？就像是被自己最好的朋友出卖了……"王老师还没说完，陈××说道："老师您别说了，我知道错了，我太对不起您了，您别生气了，我马上去把被子抱过来，把被子叠得好好的。"说完他转身要往外走，王老师叫住他说道："算了，既然你知道自己错了，就不用去抱了。"王老师靠近他，悄悄地说，"但是我告诉你，今天也就是你，如果换一个人，我一定要让他把被子抱过来。"此话一出陈××又低下了头，惭愧地说："老师您放心，以后宿舍卫生我帮您查，我的床位以后会是宿舍的标杆。"王老师赞许地用手拍了拍他的肩膀："说话算数，老师相信你！"从那以后陈××的内务不仅仅成了宿舍的标杆，同时他成了王老师真正的"左膀右臂"。

五、标签效应

[理论再现]

一个人被别人下某种结论，就像商品被贴上了某种标签，他自己就会做出印象管理，使自己的行为与所贴的标签内容相一致，这种现象是由于贴上标签而引起的，所以称为"标签效应"。心理学认为，之所以会出现"标签效应"，主要是因为"标签"具有定性导向的作用，无论是"好"是"坏"，它对一个人的"个性意识的自我认同"都有强烈的影响作用。给一个人"贴标签"的结果，往往是使其向"标签"所喻示的方向发展。

[实践应用]

2019年，兰老师接手了一个新生班。开学之初，兰老师带着学生在充分讨论后给班级命名为"习优班"，意思是让优秀成为一种习惯，同时强调："我带班有一个特点，比较好强，所以我带的每一个班都是全校最优秀的班集体，而你们更应该成为全校最优秀的学生，这样才能够配得起习优班这个名字。""习优班"这个标签，对学生起到了积极暗示的作用，使班级形成一种无形的约束力。之后，又制订了几条与众不同的班规，例如比其他班级早到5min，目的是强化标签效应，让学生不用普通标准来要求自己。标签就是号角，标签就是方向，标签成就了学生向上的自觉。

六、威尔德效应

[理论再现]

威尔德效应由英国管理学家威尔德提出，他认为有效的沟通始于倾听，终于回答，说的功夫有一半在听上，一个人只有认真倾听别人的话，才可以实现有效沟通。

[实践应用]

在班级管理中，很多时候倾听胜于口吐"莲花"的说教。一次，于老师查看学生的上课情况，看见王同学趴在桌上睡觉。下课后于老师找任课老师了解情况，才知道这段时间王同学上课状态都不是很好。于老师找到王同学，问他为什么上课总是睡觉？他的回答简单明了——心情不好！当时于老师本想对他好好训斥一番，但正好那天嗓子很不舒服，想索性就让他说，于是追问了一句"为什么心情不好？"他欲言又止，好像受了天大的委屈，于老师没有急于批评他，而是慢慢引导、倾听。他终于哽咽着道出实情，这段时间父母感情不和，总是吵架，爸爸还动手打了妈妈，已经开始闹离婚了。他这几天晚上经常失眠，所以上课状态很差。一个孩子心中承受了那么多痛苦，如果老师再恶语相向，只会引发他的逆反和对抗。

教师要实现教育的理想目标，就必须学会倾听，不仅要做一个忠实的听众，更要做一个仁者，要拥有宽广的胸襟，倾听学生的心声，找到问题的症结才会有的放矢。同时，学生的倾诉也是其宣泄情绪的途径，老师的倾听能够让他们敞开封闭的心，取得意想不到的教育效果。

七、刻板效应

【理论再现】

刻板效应，又称刻板印象，它是指对某个群体产生一种固定的看法和评价，并对属于该群体的个人也给予这一看法和评价。刻板印象虽然可以在一定范围内进行判断，不用探索信息，迅速洞悉概况，节省时间与精力，但是往往会形成偏见，忽略个体差异性。人们往往把某个具体的人或事看作某类人或事的典型代表，把对某类人或事的评价视为对某个人或事的评价，因而影响正确的判断，若不及时纠正，进一步发展有可能变为歧视。

【实践应用】

学前教育班的于同学，家庭条件比较特殊，生活略显拮据。平时除了用于学习的时间以外，她都参加学校勤工俭学活动，基本上不与班里的同学接触。她给同学留下了自卑、孤僻、不合群的印象，因此大家也总忽视她的存在。直到讲故事比赛的专业考核，于同学的表现让人刮目相看，她流畅、自然、声情并茂地把幼儿故事进行了完美演绎，这次惊艳的亮相一下颠覆了所有人对她的认识。借此机会，班主任组织了班级读书交流活动，于同学分享了高尔基的《母亲》，她谈到自己的家庭以及自己成长的辛苦，她的分享获得了同学们热烈真挚的掌声。这给我们的启示是，不要因为某些因素就对一个人、一个群体下定义，这是非常草率的。

八、酸葡萄效应

【理论再现】

在《伊索寓言》里有一个《狐狸与葡萄》的故事，说的是狐狸本来很想得到已经熟透了的葡萄，它跳起来，没够到，又跳起来，再跳起来……想吃葡萄而又跳得不够高，于是，那狐狸说："反正这葡萄是酸的。"言外之意是反正那葡萄也不能吃，即使跳得够高，摘得到也还是"不能吃"。这样，狐狸也就"心安理得"地走开，去寻找其他好吃的食物去了。心理学上以此为例，把个体在追求某一目标失败时，为了冲淡自己内心的不安常将目标贬低说"不值得"追求，聊以自慰，这一现象被称为"酸葡萄"机制或"酸葡萄"效应。

【实践应用】

王同学是学前教育班的班长，同时又是校学生会组宣部部长，在半年以来的工作中都比较积极。由于专业优势，无论是活动策划、宣传、组织还是舞台表演，她都得到了老师和同学们的肯定。在学生会换届选举的过程当中，王同学的目标是学生会主席一职。但因为家里有事，她请了一段时间的假，恰巧错过了学生会主席的竞选。考虑到这些，在结果公布之前班主任杨老师与王同学进行了一次长谈，肯定了学生会主席一职给个人成长的磨砺，但是自身的发展有好多与之相冲突的地方，如时间、精力的分配等。其实就是对于这个职务进行可有可无意识的强化，并列举了可替代的方案：如拿出更多的精力争取奖学金，争取尽快修够学分挑选好的单位提前实习……就这样，杨老师充分发挥了"酸葡萄"效应的心理防卫功能，帮助王同学更好地适应生活、适应社会，尽管王同学错失了学生会主席一职，但她体现出了应有的风度，一如既往地对学生工作和学习充满了热情。

九、禁果效应

【理论再现】

"禁果"一词源于《圣经》，它讲的是夏娃被神秘智慧树上的禁果所吸引去偷吃，因而被贬到人间。这种被禁果所吸引的逆反心理现象，称为"禁果效应"。在古希腊神话故事中，也有类似的案例：有位叫潘多拉的姑娘从万神之神宙斯那里，得到一个神秘的小匣子，宙斯严令禁止她打开，这却激发了姑娘的猎奇和冒险心理，使她终于将它打开，于是灾祸由此飞出，布满人间。"禁果效应"存在的心理学依据在于，无法知晓的"神秘"事物，比能接触到的事物对人们具有更大的诱惑力，也更能促进和强化人们渴望接近和了解的诉求。

【实践应用】

为了更好地促进学前专业学生键盘技能的发展，学校每天下午从4:00～6:00对全体学前专业的学生开放琴房。琴房开放一段时间后，老师们发现练琴的同学寥寥无几，各班班主任和专业课任课老师多次宣传和引导都没有明显的效果。经实习实训部与系部沟通决定改变引导策略，每个班只有10个使用名额，而且固定名单，不允许其他同学在课上以外的时间进入此琴房。这一决定引起了很多同学的强烈反对，大家都觉得不公平，议论纷纷，"凭什么她能去，我不能去""我也想去""我弹琴比她好"……被选中的同学分外积极，每天坚持琴房开门就去，不到清人的时候不出门，没被选中的同学看着别人每天那么认真练琴，每天都在进步，羡慕得不得了。就这样在限制使用琴房一周之后，在征询了所有同学的意见之后，学校将琴房全部开放，而且制订了明确的琴房使用制度，重点强调了一个月缺勤超过三天的同学，将取消一个月的琴房自由练习时间。经此，学生们的积极性提高了许多。

由于青少年处在特殊的发育期，好奇心强，逆反心理重，因此常出现禁果效应。它给我们的启示有两个：①不要把不好的东西当成禁果，人为地增加对学生的吸引力；②要把学生不喜欢而又有价值的事情人为地变成禁果以提高其吸引力。

十、首因效应

【理论再现】

首因效应是指人际交往中给人留下的第一印象至关重要，对整体印象的形成影响很大。第一印象作用强，比以后得到的信息对于事物整体印象产生的作用更强，而且持续时间长。

【实践应用】

开学迎接新生就是运用首因效应的好机会。我们要在新生报到之前，精心设计，给他们留下好的第一印象。教室要打扫得干干净净，在此基础上，还要花一些心思来布置教室。班主任兰老师的具体做法是：

首先，在前后门都贴了班牌——"2019旅游一班 大学梦开始的地方"。红色字体，醒目明亮，背景是蓝天绿草，给人一种欣欣向荣之感，草间上下翻飞的蝴蝶，象征着即将融入集体的新生充满活力，那句"大学梦开始的地方"，给刚刚中考失利的孩子们带来新的希望，重燃斗志。

班牌只是"餐前的开胃菜"，进入教室才是"主菜"。黑板左侧的幕布上播放着热烈欢迎新同学的动态图片，让家长和新生体会到学校的热情；黑板右侧"欢迎加入2019旅游一班——志远班"几个大字庄重大气，下面又配了一句"弃燕雀之小志，慕鸿鹄之高远"，带入感很强，会传递给家长和新生这样一个信息——这可不是混日子的去处，而是帮助孩子重新扬帆起航的学校。

兰老师自己也精心打扮了一番，把长长的头发高高地扎起，还特意穿了一件蓝色短袖，让学生和家长因为蓝色的衣服，迅速和班主任"兰"老师建立形象连接，加深记忆，为以后实施有效教育奠定基础。

就这样，当我们抓住了第一印象，就能有效地利用首因效应，将更多积极的信息传递给学生，继而潜移默化地影响他们的整个高中生活。

十一、配套效应

【理论再现】

配套效应又叫作狄德罗效应，是指人们拥有一件物品后，不断配置与其相适应的物品，以达到心理上平衡的现象。我们要从18世纪法国哲学家狄德罗的故事讲起。一天，朋友送给狄德罗一件质地精良、做工考究的酒红色睡袍。狄德罗非常喜欢，可他穿着华贵的睡袍在家里转悠时，就发现他的床太旧了，于是换了高档的新床。接着又感觉家具颜色不对，于是又换了配套的家具。后来又发现地毯的针脚也粗得吓人，于是又换了地毯。为了与睡袍配套，家里的东西先后更新，以至于整个卧室、书房都跟上了睡袍的档次。

【实践应用】

兰老师第一次当班主任时，开学不久，她先开了个班会征集班名，经过一周的商议，最后定下了"致远"两个字。当时班长说，致远就是致远方的自己，让我们的中职不留遗憾。大家觉得太俗，便以"致远"为关键词在网上进行了搜索，既查到了诸葛亮《诫子书》中的名句"非淡泊无以明志，非宁静无以致远"，了解了"致远"之"实现远大理想，成就事业抱负"的含义，还查到了邓世昌的致远号是当时航速最快的舰船，于是他们开始叫兰老师"船长"，接着就有了与船有关的班徽、班歌、班训……不知不觉间形成了班级的致远文化："致远勋章"是他们至高无上的荣耀；"致远笑脸"和"致远之星"让他们有了更多提升的空间；"致远周刊"记录了那些属于他们自己的日子；"致远签名诗"是他们独一无二的合影；"致远善行树"上每一片叶子都是他们行善的见证；在"致远大卖场"里，同学们用自己一个学期获得的勋章开心地换礼物；三年级了，他们还有"致远梦"，来践行中国梦、民族梦……

班名"致远"就是他们那件珍贵的睡袍，整个中职三年，他们都在完成这件睡袍的配套工作。而在不断配套的过程中，班级成长了，学生进步了。

从学生的成长过程看，无论是好的行为还是不良的习惯，都可以找到引起这一行为的一件"睡袍"，这就需要我们潜心为学生准备几件有价值的"睡袍"。

十二、门槛效应

【理论再现】

门槛效应又叫登门槛效应，是指一个人一旦接受了他人一个微不足道的要求，为了避免认知上的不协调，或想给他人前后一致的印象，就有可能接受更高的要求。这种现象，犹如登门槛时要一级台阶接着一级台阶地登，这样能更容易更顺利地登上高处。

【实践应用】

每个班级都会有几个比较懒而不爱值日的同学，对此班主任感到很头疼。杨老师在实践中尝试使用了登门槛效应，收到了不错的效果。

在2019旅游一班，男生小王不爱劳动，一到他们组打扫卫生区，就会有人举报他，要么不按时到位，要么到了也是只看手机不干活。一天，杨老师把小王叫到办公室，说："我这里有个活，8个男生里，我最先想到了你，麻烦你帮我把办公室脸盆里的水换一下吧。"他开始还以为老师要批评他呢，一听这个就爽快地答应了，等把水换好了，杨老师双手接过脸盆，连连说谢谢，还加了一句："班里有男生就是好！"小王不好意思地笑了。第二天，杨老师又请小王帮忙换水，他从教室"跳着"就来了，等他把脏水盆端起来准备出门时，杨老师只轻轻说了一句："把脸盆洗洗再接干净水吧。"他顺口就说"好嘞！"等他端着干净的脸盆接水回来时，杨老师又迎上去，一边和他放好脸盆，一边说："谢谢！有你真好！"杨老师赶紧趁热打铁，在班上表扬了小王，说他不怕脏不怕累，有绅士风度，勇于担当，办公室女老师都很感谢他帮忙换水。他挠着头不好意思地笑了。恰好，卫生区成绩出来了，61名，杨老师认为这是一个非常好的整顿契机，就把做室外卫生的同学聚到办公室，一起商量整改的措施。有人说值日晚是因为大家都不愿意到四楼教室去拿工具下来，相互推诿耽误时间。杨老师就把这项工作交给了小王，让他只负责早点儿出来拿工具，不用干活。大家想，反正他平时也不干活，能给拿工具也不错，就都同意了。小王一看就是个拿工具的活，很好干，拍着胸脯保证不耽误大家值日。果真，他拿工具从来没有迟到过，尽职尽责，还受到了女生的表扬，杨老师又夸赞了一句："有你真好！"

故事还没有结束，技能小组开始组队了，杨老师的班有7个女生参加，为了保证她们的训练，杨老师和值日生商量不让她们做值日了，人手少了，每个人肩上的担子就重了。杨老师找来小王商量："你现在每天早早地拿工具，做得很好，现在我们人手少了，落叶却多了，大家需要你啊！希望你拿下来工具再和小张一起，用大扫帚把落叶堆堆，堆好就走，剩下的细致活交给女生，怎么样？"他毫不犹豫地答应了，而且坚持做得很好。杨老师班级的卫生成绩从61名提到了20名，杨老师告诉小王，他功不可没。一次，杨老师路过卫生区，竟然看到小王在倒垃圾，杨老师问："你把落叶堆好就赶紧去吃饭，怎么又去倒垃圾了？"他说："老师，我吃过饭了，快上课了，我帮帮忙能快点儿干完！"杨老师还是那句："咱们班有你真好！"

故事很长，但小王的变化，都是登门槛效应的功劳。所以，我们在转化学生的时候，不妨先提一个他可以接受的小要求，等他们按照要求落实了，再及时给予肯定、表扬乃至奖励，然后逐渐提高要求，促使学生百尺竿头更进一步。

十三、蝴蝶效应

【理论再现】

蝴蝶效应是指在一个动力系统中，初始条件下微小的变化能带动整个系统长期的巨大连锁反应。

这要先从美国麻省理工学院气象学家洛伦兹（Lorenz）的发现谈起。为了预报天气，他用计算机求解仿真地球大气的13个方程式。为了更细致地考察结果，他把一个中间解取出，提高精度再送回。当他喝了杯咖啡以后回来再看时竟大吃一惊：本来很小的差异，结果却偏离了十万八千里！1979年12月，洛伦兹在一次演讲中提出：一只蝴蝶在巴西扇动翅膀，有可能会在美国的德克萨斯引起一场龙卷风。他的演讲和结论给人们留下了极其深刻的印象。从此，"蝴蝶效应"之说就不胫而走，名声远扬。

【实践应用】

"蝴蝶效应"在教育学生的阵地上同样具有神奇的魔力。作为班主任，教育无小事，教师无小节，课堂无戏言。往往老师不经意的一句话，甚至是一个眼神就很有可能改变学生的一生，对其今后的发展产生不可估量的作用。积极的、正确的引导，可能会让学生终身受益；消极的、错误的引导，可能贻误学生一辈子。

1. 善于发现学生的优点，放大蝴蝶翅膀扇动的正能量

美国德克萨斯的龙卷风之所以会出现，是因为有南美那只蝴蝶在扇动翅膀。在这个过程中，蝴蝶很偶然地成了第一块倒下的多米诺骨牌，从而发生了连锁反应。在教育教学中，有心的班主任要努力寻找那只扇动翅膀的蝴蝶，抓住那稍纵即逝的教育契机。

新生入学，有两个同学最先来到教室。看到班主任在打扫教室，立即和班主任一起把教室打扫得窗明几净、一尘不染。在班会上，班主任表扬了那两个学生。在以后的学习生活中，班主任又不时地鼓励与肯定，直到毕业那两个学生都品学兼优。善于发现学生的优点，并给予肯定和鼓励，这种正能量会放大到学生学习生活的各个方面。

2. 及时纠正学生的缺点，消除蝴蝶翅膀扇动的负能量

事物都具有两面性，蝴蝶效应也有其不好的一面。那就是负能量也可能被放大，所

谓"千里长堤，溃于蚁穴"。小问题如果一开始不被重视，会演变为大问题，也就是产生了消极的蝴蝶效应。学生身上出现的小毛病，班主任如果敏锐地观察到，并及时纠正和制止，就可以防患于未然。

学生随手丢在地上一片纸，随地吐了一口痰，对同学说了一句脏话，未经允许拿了别人的物品，穿走了别人的校服等。这些时候，班主任老师要采用恰当的教育方式，使学生意识到这些言行不加以改正，可能带来的严重后果，并制订相应措施，督促学生改正。

总之，班主任要善于观察，帮助校园中的一只只"蝴蝶"弘扬"真善美"，消除"假恶丑"，让蝴蝶翅膀每一次的扇动都化成一种动人的美丽。

十四、破窗效应

【理论再现】

破窗效应是犯罪学中的一个理论，由詹姆士·威尔逊（James Q. Wilson）及乔治·凯林（George L. Kelling）提出，此理论认为环境中的不良现象如果被放任存在，会诱使人们效仿，甚至变本加厉。

【实践应用】

美国斯坦福大学的心理学家菲利普·辛巴杜（Philip Zimbardo）于1969年进行了一项实验，他找来两辆一模一样的汽车，把其中的一辆停在加州帕洛阿尔托的中产阶级社区，而另一辆停在相对杂乱的纽约布朗克斯区。停在布朗克斯的那辆，他把车牌摘掉，把顶棚打开，结果当天就被偷走了。放在帕洛阿尔托的那一辆，一个星期也无人理睬。后来，辛巴杜用锤子把那辆车的玻璃敲了个大洞。结果，仅仅过了几个小时，汽车就不见了。在日常管理中，班主任也要防止班级出现第一扇"破窗"。可以说，学生管理工作环环相扣，班主任不要有抓大放小的意识，要做到"心中有尺，眼里有事"，从卫生、考勤、仪表、言行、纪律等细节入手，心明眼亮，不放过每一个问题，抓住第一扇"破窗"，及时修缮，避免班级管理造成滑坡、雪崩。

第三节　教育警句

1. 你无法给学生自己所没有的东西。

2. 当人溺水时，不是教他游泳的好时机。

3. 文化不是一堆办学理念，也不是挂在墙上，文化应写在学生的脸上，融在学生的心里，落实在学生的行动上。

4. 德育低效的原因：警察式的管、灌、罚，重正确性、忽视可接受性。

5. 灌输式的德育不行，单说道理也不行，要让学生参与、体验。

6. 叶圣陶先生曾经说过："教是为了不需要教。"对学生进行教育的最终目标应该是实现学生的自我教育、自我管理。自律的前提是自我意识、自我了解、自我醒悟。

7. 教育家苏霍姆林斯基曾说过："真正的教育是自我教育。"教育的起点和终点都是自我教育。

8. 尊重是教育的第一原则，没有尊重就没有教育。

9. 师生之间的最佳距离不是"零距离"，师生之间保持适度的距离才能达到最佳的教育效果。

10. 夫孝，德之本也，教之所由生也。——孔子

11. 教育的本质意味着：一棵树摇动另一棵树，一朵云牵引另一朵云，一个灵魂唤醒另一个灵魂。——雅斯贝尔斯

12. 学生有多可恶，也就有多可怜。

13. 教育无小事，教师无小节。

14. 教育就是为了培养习惯。——陶行知

15. 对于一个在别人眼里不出色的孩子，他更需要的是朋友，是尊重。

16. 不会用十几种几十种声音说"你过来"的老师是没有资格当老师的。—— 马卡连柯

17. 不是锤的打击，而是水的载歌载舞，使鹅卵石日臻完美。 ——泰戈尔

18. 保持关系比教育更重要，关系建立得好，教育自然水到渠成。

19. "寻求关注"是学生各种行为最常见的目标，一般会采用两种方式：①建设性行为——合作、勤奋、守纪，他们对批评和失败较为敏感；②破坏性行为——攻击性较强、鲁莽、挑衅、恃强凌弱、恶作剧等，老师当众批评正中其下怀。

20. 学生可能记不得你教的知识，但会永远记得你给的感受。

21. 教育是农业，不是工业。——叶圣陶

22. 没有活动就没有教育。——苏霍姆林斯基

23. 环境是最好的管理者。——杜威

24. 只有创造一个教育人的环境，教育才能收到预期的效果。——苏霍姆林斯基

25. 好老师一定是有温度的。

26. 教师的威信首先建立在责任心上。——马卡连柯

27. 人类本质中最殷切的需求是渴望被肯定。——威廉·詹姆士

28. 不是孩子可爱了咱才爱他，而是咱爱他了，他才显得可爱！不是从孩子身上看到希望咱才相信孩子，而是相信孩子，咱才能看到希望。不是孩子有责任感了咱才放手，而是咱放手了孩子才有责任感。不是孩子"听话"了，咱才尊重孩子，而是咱尊重孩子，孩子才"听话"。不是孩子长大了咱才任用他，而是咱任用他，他才能长大。不是孩子优秀了咱才接纳孩子，而是咱接纳孩子了，孩子才优秀。

29. 世界上没有才能的人是没有的，问题在于教育者要去发现每一位学生的禀赋、兴趣、爱好和特长，为他们的表现和发展提供充分的条件和正确的引导。——苏霍姆林斯基

30. 播种行为，可以收获习惯；播种习惯，可以收获性格；播种性格，可以收获命运。——萨克雷

31. 一个低水平的教师，只是向学生奉献真理，而一个优秀的教师是让学生自己去发现真理。——第斯多惠

32. 你的教鞭下有瓦特，你的冷眼里有牛顿，你的讥笑中有爱迪生。——陶行知

33. 没有惩戒的教育是不完整的教育。苏联教育家马卡连柯指出："正确地和有目的地使用惩罚是非常重要的。但是笨拙的、不合理的、机械地运用惩罚使我们一切工作受损失。"

34. 南开老校长张伯苓的"三点半"政策：下午三点半后，所有学生不许留在教室里，必须出去运动，出去玩。张伯苓本人就常和学生一起打球。张伯苓常念叨一句话，"孩子们就像一群野马，哪能关在笼子里？"

35. 童话大王郑渊洁说："如果有一天我做了老师，就想干一件事，就是拿着花名册转着圈地表扬班里的孩子。人性最本质的东西就是渴望被欣赏，我认为教育孩子的秘诀就是5个字：往死里夸他！"

36. 做教师的最主要的是不说假话。要求学生做到的，自己要先做到。——叶圣陶

37. 教育没有情感，没有爱，如同池塘里没有水一样。没有水就不成池塘，没有爱，就没有教育。——夏丏尊

38. 学校里不缺乏感动，而是缺少发现。

39. 学校以生活为中心，一天之内，从早到晚莫非生活，即莫非教育之所在。一人之身，从心到手莫非生活，即莫非教育之所在。一校之内，从厨房到厕所莫非生活，即莫非教育之所在。教育的力量无处不在，无时不在。——陶行知

40. 卢梭在《爱弥尔》里说："你要记住，在敢于担当培养一个人的任务以前，自己就必须要造就成一个人，自己就必须是一个值得推崇的模范。"

41. 每个人都想要成功，但没想到成长。——歌德

42. 我不承认有任何"无教育的教学"。——赫尔巴特

43. 要赢得学生，而不是要赢了学生。

44. 对于只有一把锤子的人来说，他遇见的每样东西看起来都像一颗钉子。

45. 学校的第一个坏处，是师生之间没有感情。——毛泽东

46. 一个教师必须好好检点自己，他应该感到，他的一举一动都处于最严格的监督下。——加里宁

47. 不是所有的人都会成为物理学家和数学家，然而所有的人都要成为丈夫和妻子，成为父亲和母亲。——苏霍姆林斯基

48. 不必用堆叠的荣誉来证明班主任的成功，班主任的光荣印刻在历届学生的记忆里。

49. 如果你认识以前的我，那么，你就会原谅现在的我。——张爱玲

50. 我给病人开的第一张处方是关怀。——林巧稚

51. 不是寻找适合教育的学生，而是寻找适合学生的教育。

52. 所有的孩子都是带着经历和故事来到你面前的。

53. 一个什么样的人生了病，比一个人生了什么病更重要。——苏格拉底

54. 孩子最不可爱的时候，也是最需要爱的时候。——萨提亚

55. 教育工作的全部工作就是为人师表。——叶圣陶

56. 要观察行为，而不是言辞。——阿德勒

57. 对孩子的依恋之情，这是教育修养中起决定作用的品质。——苏霍姆林斯基

58. 建立关怀性关系对道德养成以及教育的成功至关重要。——诺丁斯

59. 包容的前提是理解，理解的前提是"不要忘记自己曾经是孩子"。—— 苏霍姆林斯基

60. 道德是教育的最高目的。——赫尔巴特

61. 一个行为不当的孩子，是一个丧失信心的孩子。——德雷克斯

62. 一个孩子终生追求的是归属感和价值感。——阿德勒

63. 把人当作目的，绝不只把人当作工具。——康德

64. 培养人，就是培养他对前途的希望。——马卡连柯

65. 我们要像对待荷叶上的露珠一样，小心翼翼地保护儿童的心灵。—— 苏霍姆林斯基

66. 孩子需要鼓励，就像植物需要水。——德雷克斯

67. 不苛求学生入学什么样，要追求学生毕业什么样。

68. 没有也不可能有抽象的学生，每个孩子都是一个世界—— 完全特殊的、独一无二的世界。——苏霍姆林斯基

69. 让每一个孩子都抬起头走路。——苏霍姆林斯基

70. 教育不是灌溉，而是点燃。——苏格拉底

第三章

班级建设方案

第一节 班级建设方案撰写策略

一、学习教育方针，领悟立德树人，为撰写班级建设方案夯实地基

党的教育方针是各级各类学校和教育培训机构必须遵循的开展一切教育活动的总纲领。班级作为最基本的教育单元，承载着落实立德树人的根本任务。班主任作为班级的领导者、组织者和建设者，必须准确把握立德树人的内涵。

立德树人就是要以学生为中心，将德育贯彻到新时代人才培养的全方位、全过程，把对"德"的培养放在教育的首要位置，真正培养出对国家、对社会、对人民的有用之才。

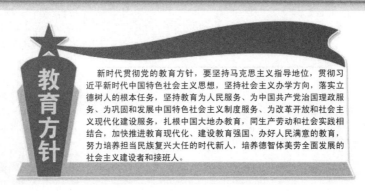

新时代贯彻党的教育方针，要坚持马克思主义指导地位，贯彻习近平新时代中国特色社会主义思想，坚持社会主义办学方向，落实立德树人的根本任务，坚持教育为人民服务、为中国共产党治国理政服务、为巩固和发展中国特色社会主义制度服务、为改革开放和社会主义现代化建设服务，扎根中国大地办教育，同生产劳动和社会实践相结合，加快推进教育现代化、建设教育强国、办好人民满意的教育，努力培养担当民族复兴大任的时代新人，培养德智体美劳全面发展的社会主义建设者和接班人。

五育并举，立德为先，中职学生正处在人生的"拔节孕穗期"，最需要精心引导和栽培，在学生中大力弘扬社会主义核心价值观，让正确的世界观、人生观、价值观成为青年学生的精神底色，教育引导他们"扣好人生第一粒扣子"，真心认同、自觉践行社会主义核心价值观和道德规范，做到明大德、守公德、严私德。

"青年一代有理想、有本领、有担当，国家就有前途，民族就有希望"，习近平总书记对当代青年寄予厚望。

"有理想"是树人的基本要求。理想信念指引着人生的前进方向，决定着事业的兴衰成败。我们培养的人要具有家国情怀，坚持爱国和爱党、爱社会主义相统一，自觉把个人的小我融入国家的大我、人民的大我之中，将个人理想融入国家前途和民族命运之中，在奋进的时代洪流中实现人生价值、升华人生境界，让青春在为国家和人民的奉献中绽放。

"有本领"是树人的重点目标，也是投身强国伟业的时代要求。只有真正掌握现代科学文化知识，才能够为社会为国家贡献更大的力量；也只有以青春之我、奋斗之我，为民族复兴铺路架桥，为祖国建设添砖加瓦，才是新时代青年该有的追求、应有的姿态。引导青年学生把学习作为首要任务，作为一种责任、一种精神追求、一种生活方式，不断增强新时代建设国家的本领。

"有担当"是树人的重要内容。全面建设社会主义现代化国家，青年学子正当其时，

这是新时代赋予的神圣使命，履行使命需要责任担当，历史的重任终将落到当代学生身上，"中华民族伟大复兴的中国梦终将在一代代青年的接力奋斗中变为现实"。培养学生的健康体魄、健全人格、奋斗精神和责任担当，需要我们用中华优秀传统文化、革命文化和社会主义先进文化浸润青年学子的心田，帮助他们正确认识时代责任和历史使命，在国家和民族事业发展的实践中锤炼品格和担当。

二、班级建设方案是什么

班级建设方案是班主任主导制订的自己所带班级的三年规划书，是学生全面发展的路线图，是班主任建班育人的行动纲领。班级建设方案是班主任对班集体和置身其中的每一位学生发展轨迹的有目的的预设，体现班主任建班育人的智慧。

三、为什么要制订班级建设方案

班级建设方案是班主任对班级发展和学生成长的系统性、整体性深入思考的成果，坚持撰写班级建设方案，必然极大地提升班主任的专业素质，提高建班育人的水平，促进班主任专业化成长，促使班主任成长为"教育家"型教师。

当前，中职学校很多老师将班主任看作教书的"副业"，被动接受班主任工作，不注重业务水平的提高，"兼一兼""代一代""熬一熬""帮一帮"的情况还有很多。缺乏建班育人的系统思维、整体规划，带班跟着感觉走，带到哪里算哪里。出了问题，头痛医头，脚痛医脚，经常是"摁下葫芦起来瓢"。说到班级规划最多是学期初有一份班主任工作计划，学期末有一份班主任工作总结。工作计划基本上是配合学校工作计划安排相应的活动，毫无自主性、创新性可言。学期与学期间的计划是相互独立的，甚至是割裂的，这就使得三年的建班育人缺乏系统性、整体性和联系性。

制订班级建设方案，班主任从带班伊始，就依据本班学生的实际情况和学生所学专业的人才培养目标进行系统性、整体性的班级建设"顶层设计"，使班级发展有路可循，学生成长有理可依，班主任治班有章可遵。

制订班级建设方案，可以更好地促进学生德智体美劳全面发展，可以从根本上降低班主任工作的"随意性"，弱化"经验性"，减少"盲目性"，相应地提高工作的目的性、计划性、智慧性。

四、如何撰写班级建设方案

（一）研读大赛文件，领悟文件精神

作为一名考生，要想获得好成绩，必须看清题目，弄懂题意。同理，作为一名参赛教师，首要的任务就是字斟句酌地仔细研读大赛文件，从而深刻领悟文件精神。

通过研读文件，我们可以得到以下信息：

（1）班级建设方案的撰写依据 班级建设方案不是无源之水、无本之木，它必须依据中等职业学校学生思想道德教育、人才培养等有关规定和要求以及班级实际情况。具体来说，这些依据包括《新时代爱国主义教育实施纲要》《新时代公民道德建设纲要》《中国学生发展核心素养》《大中小学劳动教育指导纲要（试行）》《中等职业学校德育大纲（2014年修订）》《中等职业学校职业指导工作规定》《教育部办公厅关于加强和改进新时代中等职业学校德育工作的意见》、职业教育国家教学标准、学校专业人才培养方案和行业企业人才需求实际等。还要依据中职班主任的五大职责——学生思想工作、班级管理工作、组织班级活动、职业指导工作和沟通协调工作，同时要考虑中职学生思想、行为特点和班级实际情况。

（2）班级建设方案的建设时间 大赛文件中明确班级建设方案是从学生入学组建班级到毕业班级解体的三年完整中职阶段（中职班为入学到毕业全过程，五年制高职为前三年）的班级规划设计。

（3）班级建设方案的构成要件 班级建设方案具体包括班级情况分析、班级建设目标、建设内容、主要措施、活动安排等。

（4）班级情况分析 班级情况分析包括了解每一名学生入学时的家庭情况、身心状况、个性特点、学业基础、爱好特长、发展诉求等，并提供学生基本情况表。在了解每一名成员的基础上，结合所属专业，简要分析班级特点，提出建班育人实践中需要重点关注的工作领域、学生个体，可能面临的困难和需要重点解决的问题。

班级情况分析的各要素及其关系，我们可以用下图表示，称之为班情分析"非常6+1"。当然，在实际操作中，班情分析包括并不限于"非常6+1"，可以有自己的创新和特色。

班级情况分析"非常6+1"如下图所示。

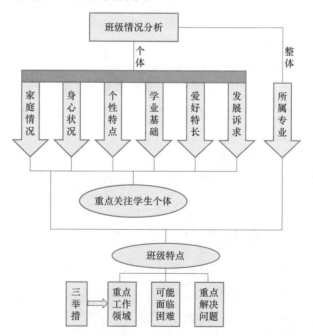

（5）班级建设内容 班级建设内容包含但不限于理想信念教育、中华优秀传统文化传承与创新、劳动教育、心理健康教育、学习兴趣培养、学生思想工作、职业指导、家校

共育、校企共育等方面。具体有深入开展习近平新时代中国特色社会主义思想教育，培育和践行社会主义核心价值观，坚持爱国和爱党、爱社会主义高度统一，加强党史、新中国史、改革开放史、社会主义发展史教育和爱国主义、集体主义、社会主义教育，传承中华优秀传统文化，着力开展劳动教育，突出劳动精神、劳模精神、工匠精神培育，培养学生的创新精神和实践能力，注重调动各方协同育人，整合运用有关资源，形成育人合力。

（6）班级建设方案的重点 班级建设方案的重点是具体的班级建设内容和过程安排。通俗地说就是教会了学生什么，以及我们是怎么做到的。

（7）班级建设方案的整体要求 班级建设方案的整体要求是设计合理、重点突出、规范完整、详略得当，能够有效指导建班育人工作，字数不超过5000字（不含《班级学生基本情况表》）。

（8）班级建设方案要有特色创新 班级建设方案的要件及班级建设内容两次提到"包括但不限于"，明确了该有的要有，你认为该有的也可以有。你的独具特色的建班育人的内容或形式可能是一大亮点，可能有推广价值，可以让全国中职班主任学习借鉴。

（二）遵循发展规律，把握八大原则

建班育人是专业性的工作，必须有科学的态度，必须遵循教育教学规律、思想政治工作规律和技术技能人才成长规律，遵循中职生身心成长规律。坚持班级整体建设与学生个体培养有机统一，注重发挥学生的主体作用。

在撰写班级建设方案的过程中，要注意把握以下八大原则：

1. 时代性

党的十八大以来，中国特色社会主义进入了新时代。中职班主任的建班育人工作必须与时俱进，具有鲜明的时代性特征。在班级建设方案的撰写过程中要充分运用新时代党和国家与教育有关的理论、方针、政策，充分体现习近平新时代中国特色社会主义思想，充分展示新时期涌现的英模人物的先进事迹，充分研究新青年的思想和特质。

2. 教育性

班级建设的目的是育人，就是我们常说的建班育人，因此，班级建设方案最重要的是它的教育属性。务必把立德树人放在首要位置，体现在班级建设方案中，学生德智体美劳全面发展过程中立德居于统帅地位和优先地位。

3. 思想性

有思想的人最富有魅力，行动一定是在思想的指引下，班级建设同样如此。班级建设方案要体现班主任的教育思想和理念，体现撰写者的教育观、学生观。通常来说，一篇好的班级建设方案要通篇贯彻班主任的建班育人的指导思想和理念。

4. 逻辑性

一颗颗珍珠只有用线串起来，才能显出夺目的光彩。一份优秀的班级建设方案，首先，大赛要求的各个环节要齐全，不能缺项，包括班级情况分析、班级建设目标、班级建设内容、主要措施、活动安排等。其次，各个环节之间有着一生二、二生三的内在逻辑关系，千万不要看似各环节内容都有，但环节之间却相互割裂，没有内在逻辑关系。这几个环节的关系为：依据班级实际情况确定班级建设目标，依据这样的班级目标确定所需的内容，依据内容选取最有力的措施、最适合的活动，同时这些措施和活动又必须符合班级情况，达到班级建设目标。5个环节之间有着清晰的内在逻辑联系，环环相扣，层层递进（参见左图）。乍一看环节齐全，细一看存在各自为战的现象（参见右图）。

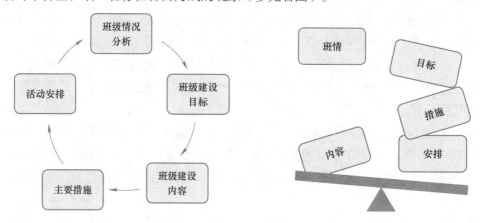

5. 针对性

我们伟大的祖国幅员辽阔，从南到北、从东到西，绵延数千公里，各地区情况千差万别。即使同一地区不同学校之间，由于历史沿革、育人理念、师资水平等的不同，实际情况也不一样。每一个班级，由于学生的特点各不相同，也情况各异。所以班级建设方案一定是因班而异的，不可能有一个放之诸班皆精彩的"完美"的班级建设方案。适合自己的才是最好的，班级建设方案是针对本班的实际情况，学生的个性特点，结合本专业人才培养目标，为本班量身定做的，具有不可替代性。

6. 实效性

按照班级建设方案实施建班育人，结果应是可量化、可评估、可比较的，能够确保班级建设收到实效，达到既定的班级建设目标。

7. 可行性

班级建设方案要考虑目标是否切合实际，措施是否科学，活动是否能够顺利组织，整个方案是否具备可操作性。一定要杜绝那种写起来浓墨重彩，听起来振奋人心，但纸上谈兵型班建方案。实践是检验真理的标准，班级建设方案要禁得起实践检验。

8. 创新性

班主任能力大赛是中职班主任追求梦想、展示风采的舞台，每一名参赛者都想成为最亮的星。所以班级建设方案要有特色，有新意，忌千人一面，千篇一律。大赛是鼓励创新的，班主任也有条件创新。专业不一样，培养目标不同，班情学情不同，这就给创新留下了空间。同时，我们处在新时代，运用新媒体，教育新青年，怎能不推陈出新，须知"古调虽自爱，今人多不弹"，面对新时期学生出现的新问题，班级建设方案必须给出新答案。

（三）落实立德树人，精心设计环节

1. 关于方案题目——点睛之笔，一见倾心

"题目"中有个"目"字，顾名思义，好的题目犹如文章之眼，是点睛之笔，让人一见倾心。给班级建设方案起一个让人眼前一亮的名字，会起到事半功倍的效果。如果所有的班级建设方案的题目都是"2019计算机二班班级建设方案""2020机电三班班级建设方案"，等等，看过几十个之后，估计评委们该一见闹心了。所以，题目宜采用主标题和副标题相结合的方式，如"稳扎根系·快速拔节·充分灌浆——像禾苗一样生长""打造奋进班级，培育六有学子——2020空调制冷一班班级建设方案""'丑小鸭'的完美逆袭——2018学二班班级建设方案"等，主标题提炼建设方案的主旨，让评委和读者读了一目了然。

2. 关于班情分析——从特殊到一般，从点到面

既深入了解每个人的情况，又能提炼共性问题。共性问题放在班级中解决，个性问题单独解决。

大多数老师会从问题取向进行班情分析，重点分析学生存在什么问题，并据此确立目标、采取措施。班情分析既要有问题取向，又要有资源取向，即既考虑学生的缺点，又考虑学生的优点（如报汽修专业或农学农机专业的学生，较其他专业的学生更能吃苦），可以从学生的优势、劣势、机遇和挑战等方面进行详尽分析，让学生的特点优势成为班级建设的资源，这样就有了新意。建议采用图表方式呈现班级情况，这样更形象直观，令人一目了然。

3. 关于班级建设目标——科学务实，引领成长

基于班情分析而确立的班级建设目标要紧紧围绕人才培养方案。这就需要参赛选手熟悉所教班级专业的人才培养方案，能用简短的语言概括本专业人才培养方向，与班级建设目标有机结合。同时，需要注意班级建设目标不能完全与专业人才培养目标重合。专业人才培养目标强调的是"能"，属于"树人"的范畴，班级建设目标强调"立德"在前，"树人"并重，我们祖国需要的是"德能兼备"的社会主义事业建设者和接班人。

4. 关于班级建设内容——全面有序，详略得当

撰写班级建设内容时，结构可以采取以下几种中的一种。

1）按《教育部 人力资源和社会保障部 关于加强中等职业学校班主任工作的意见》中提及的中职班主任五大职责分类表述：①学生思想工作；②班级管理工作；③组织班级活动；④职业指导工作；⑤沟通协调工作。

2）按《中等职业学校德育大纲（2014年修订）》中提及的六大德育工作内容表述：①理想信念教育；②中国精神教育；③道德品行教育；④法治知识教育；⑤职业生涯教育；⑥心理健康教育。

3）按比赛文件中提及的九大方面内容来分类：①理想信念教育；②中华优秀传统文化传承与创新；③劳动教育；④心理健康教育；⑤学习兴趣培养；⑥学生思想工作；⑦职

业指导；⑧家校共育；⑨校企共育。

4）按班级文化建设的内容来分类：①三分法：班级精神文化建设、班级制度文化建设、班级物质文化建设；②四分法：班级精神文化建设、班级制度文化建设、班级物质文化建设、班级行为（活动）文化建设。

5）别出心裁，自成一体：打破条条框框，不在上述各个方面平均分配笔墨，不写流水账，用独具班级特色的主线，把相关内容措施串在一起，并且突出重点，详略得当，给人从逻辑到形式上的美感。

5. 关于措施与活动——有理有据，确有实效

所采取的措施和选择的活动，一定是为班级建设内容服务的，是最适合承载这些班级建设内容的。这些措施的实施和活动的安排，一定是符合中职生认知和成长规律的。开展这些活动必须有充足的理论和实践依据，能够收到切实的教育效果，最终达到班级建设目标。

第二节　班级建设方案示例

◆ 班级建设方案示例1

"机电天马班"班级建设方案

根据《中等职业学校德育大纲（2014年修订）》规定、学校专业人才培养方案和行业企业人才需求实际，结合本班学生思想、行为特点和班级实际情况，遵循教育教学规律、思想政治工作规律和技术技能人才成长规律，制订本班级建设方案。

一、指导思想

以习近平新时代中国特色社会主义思想为指导，全面贯彻党的教育方针，以社会主义核心价值观为引领，以立德树人为根本任务，以"三全育人"为基本途径，以本班级建设方案为行动指南，建设以明德、忠职、笃学、精技为核心的班级德育特色品牌。坚持方向性与时代性相结合，教育与管理相结合，解决思想问题与解决实际问题相结合；坚持贴近实际、贴近生活、贴近学生，知行统一；坚持以人为本、德育为先、能力为重、全面发展；坚持班级整体建设与学生个体培养有机统一，整体建设重落实，个体培养重转变，建设质量重成果，建设评价重诊改，不断提高学生管理和德育工作水平，努力培养德智体美劳全面发展的社会主义建设者和接班人。

二、班级情况分析

2019级中级机电技术应用专业"天马班"共32人，其中男生27人，女生5人，全部为汉族，无宗教信仰，均为本市生源，具备一般沟通、读写能力。无特异体质学生，1名单

亲学生，7名留守学生，无少孤学生，无建档立卡学生，家庭较困难的学生有9人。全班有21人参加过中考，成绩集中在300～400分（附班级基本学生情况表）。

共性：学习基础较薄弱、学习兴趣不强烈；自律意识不强，纪律意识欠缺；缺乏情绪控制力，逆反情绪多；对所学专业不了解、无明确的人生规划；过度依赖手机、兴趣爱好匮乏；活泼好动，喜欢新鲜事物；自尊心强，渴望改变自我，渴望被尊重。

个性：××同学单亲家庭，幼年母亲去世，父亲长期在外打工，缺少家庭关爱，需注意照顾个人生活问题，使其感受到集体温暖；××同学家庭困难，父亲长期卧病，母亲基本无劳动能力，需注意帮助其申领各级资助、勤工俭学以完成学业；××同学很内向，需注意心理辅导，平行教育集体感化。

重点关注领域：学习兴趣培养、行为习惯养成、情绪控制、职业生涯规划、自律意识和合理使用手机。运用多元智能理论发现学生的闪光点，及时鼓励，健全学生人格，丰富班级活动，让学生在活动中成长。

三、班级建设目标

班级总体目标：高举中国特色社会主义伟大旗帜，践行社会主义核心价值观，爱国爱党爱校。建设积极进取，团结友善，具有强烈集体责任感和集体荣誉感的班级精神风貌，能够实现自我服务、自我管理、自我教育。形成"明德、忠职、笃学、精技"的班级德育建设品牌及"忠诚、团结、奋进、昂扬"班风和"敬业、精益、专注、创新"的学风。

学生个体目标：理想信念坚定，德、智、体、美、劳全面发展，具有一定的科学文化水平、良好的文化素养，具有较好的职业素养和创新意识、精益求精的工匠精神、较强的就业能力和可持续发展能力，掌握本专业知识和技术技能，面向加工制造行业，能够在生产、服务第一线从事机电设备应用、安装、调试、维护、维修与管理等工作的高素质劳动者和技术技能人才。

阶段性班级建设目标如下图所示：

| 第三学年 提升期 |
| 1. 对企业生产实际有深入的了解 |
| 2. 具有成熟的公民意识和工匠精神 |
| 3. 有终身学习的理念 |

| 第二学年 成长期 |
| 1. 对专业有深刻的理解，理论技能融合发展 |
| 2. 有强烈的集体意识和班级荣誉感 |
| 3. 能够独立自主地学习和生活 |

| 第一学年 适应期 |
| 1. 能正确描述所学专业、热爱未来职业 |
| 2. 有较强的专业学习兴趣和班级认同感 |
| 3. 成为合格的中职在校生 |

天马 千里马 骏马

四、建设内容

以"明德、忠职、笃学、精技"品牌化班级德育建设为引领，以一体化班级文化建设、企业化班级制度建设、系统化班级活动建设和个性化学生成长建设"四化建设"为班级特色日常建设的4个方向。

一体化班级文化建设：将班名、班徽、班歌、班风、学风建设、星级班集体建设、家文化宿舍建设一体化统筹规划，创建"天马班"特色班级文化。

企业化班级制度建设：实行企业化班级组织，全员定岗定责，实施以学分制为基础的工作绩效考评体系。

系统化班级活动建设：以项目管理模式系统化班级活动建设，实行主管班委负责制、活动预案总结存档制。

个性化学生成长建设：建立学生成长档案制度、特殊学生及贫困学生追踪制度，实施学生"八个一"成才工程。

具体关系如下图所示：

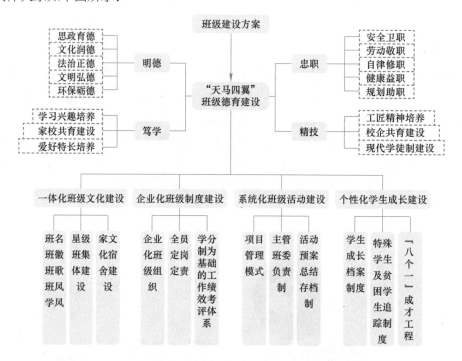

五、主要措施

（一）德育品牌建设

以"天马四翼：明德、忠职、笃学、精技"德育品牌建设为引领，实现德育工作的高标准开展。

1. 明德

明德内容包括思政育德、文化润德、法治正德、文明弘德、环保砺德五部分。

（1）深入开展社会主义核心价值观和中国梦教育，坚定"四个自信"，做到"两个维护" 发挥好共青团组织战斗力,利用共青团团课、"文明风采"活动和"青年大学习"等融媒体平台及"两微一端"网络育人素材,以学生喜闻乐见的形式,加强理想信念教育;定期进行"红色中国"班课,讲党史、新中国史、改革开放史、社会主义发展史、国内外形势与政策,引导学生坚定中国特色社会主义共同理想。

(2)传承和创新中华优秀传统文化 落实"传统文化进校园"活动,开展中华经典文化诵读;定期进行"弟子规新讲"班课;打造宣传委员具体负责的班级融媒体中心全媒体链矩阵,基于班级群全面整合校园广播、微信公众号、微博、官网等各类资源,以"线上+线下"的方式形成联动宣传机制,创新学生喜闻乐见的文化宣传新路径。

(3)培养公民意识、加强普法教育 每年组织一次模拟法庭活动,使学生能亲身感受到法庭的氛围;杜绝校园欺凌,认真排查、化解学生之间的矛盾纠纷,杜绝恃强凌弱、以大欺小、聚众斗殴现象。

(4)"文明风采"展文明 清洁素雅的仪容仪表、文明慎独的言谈举止、和谐友好的交往礼仪全方位提升;结合"文明风采"活动,活动育人、实践育人、文明化人;参加文明城市创建活动,在培养公民意识的同时使文明礼仪内化于心,外化于行。

(5)重视生态文明建设 利用蚂蚁森林合种班级树,养成厉行节约、反对浪费、绿色低碳的环境保护意识。

2. 忠职

忠职内容包括安全卫职、劳动敬职、自律修职、健康益职、规划助职五部分。

(1)重视安全教育 普及安全、防疫知识教育;建立班级疫情常态化防控预案;每周三进行一次全面安全隐患排查;健全班级突发事件应急处理预案;进行防疫、消防等安全突发事件处理演练。

(2)培养劳动观念,磨砺意志品质 要求寒暑假假期必须参与劳动实践并提交劳动实践报告。

(3)树立自律意识,提高个人修养 班级管理制度化,帮助学生建立自我服务、自我管理、自我教育的班级管理制度。

(4)注重学生身心健康发展 落实"每天运动1小时",开展丰富多彩的"第二课堂",定期组织心理健康咨询辅导,建立健全重点学生心理健康辅导及追踪机制。

(5)帮助学生做好人生发展规划 做好升学辅导工作,树立创新意识,进行职业生涯规划教育,提高就业创业能力。

3. 笃学

全班划分学习兴趣小组,组内帮扶、组间赶超,引导学生想学、能学、会学,培养终身学习理念;丰富家校沟通方式,召开网上家长会,开设家长课堂,形成家校共育合力;鼓励学生参加学校、院系各级社团活动,发挥学生的特长,鼓励其参加文化艺术汇演、展示等。

4. 精技

建设以工匠精神"敬业、精益、专注、创新"为核心的班级学风;聘请一位企业劳模任校外辅导员；实施企业管理模式，进行班级8S管理；帮助学生在跟岗实习和顶岗实习期间拜师结对，真正实现知识与技能对接、技能与标准对接、标准与生产对接、职业教育与终身学习对接。

（二）一体化班级文化建设

"一体化班级文化建设"为班级营造环境，实现文化育人、润物无声。

班名：天马班（学生自取班名，取意天马行空，才思敏捷，大气豪放）

班徽：如下图所示。

班歌：《追梦赤子心》。

班风："忠诚、团结、奋进、昂扬"（马的精神品质）。

学风："敬业、精益、专注、创新"（工匠精神内涵）。

以星级班级建设和宿舍"家文化"建设为抓手，教室文化求卓越，宿舍文化要温馨。以"书香、墨香、花香"为班级文化特色，阐释"天马班"天马行空，忠诚、团结、奋进、昂扬的班级风气，教室文化、宿舍文化建设统筹规划，充分利用班级积累的近千册图书，做到人人阅读、擅做笔记、全员练字和提升修养。班级文化建设注重坚持和及时更新。

（三）企业化班级制度建设

将企业化管理制度创新运用于班级制度建设中。班级就是团队，人人都是"股东"。建立班费保管权、使用权、采购权"三权分立"的财务制度，学期初制订班级规划、财务预算，学期末做工作报告、财务决算，定期公开班务财务。班级事务细化到桌椅、书本摆放有序，专人负责，全员定岗定责，人人班级分工。建立以"学分制"为依托的全员"工作绩效"考核评价体系，既提高了班级工作全方位育人水平，又锻炼了应用文写作、行政管理、财务管理能力。

（四）系统化班级活动建设

班级活动建设以班主任为主导，发挥学生主体地位，按照班情特点、学期阶段、重大节日、纪念日统筹规划。本着问题导向、文体结合、注重参与、注重教育系统化开展活动。班级活动以企业项目管理模式运作，主管班委为项目经理，班主任为监理；活动前有预案，活动后有总结反思，存入班级日志归档。

（五）个性化学生成长建设

为每个学生设立学生成长档案，内容包括学生基本信息、"工作绩效"考核评价、考试成绩、取得的荣誉、谈话记录等一系列反映学生成长历程的材料，以此为依据为学生个性化定制成长规划；建立特殊学生、贫困学生追踪帮扶台账，务求问题得到实质性的解决；实施"八个一"天马成才工程（读一本好书、参加一次社会实践、加入一个社团、表演一次节目、有一项好运动、有一门好才艺、有一手好书法、有一副好口才），挖掘学生的多元智能、淬炼学生走向社会的必备技能。

六、活动安排

（一）入学教育活动安排（见下表）

天马班入学教育班级建设项目规划表					
时间	地点	项目名称	项目目的	项目内容	项目准备
军训期间 2课时	教室	自我介绍	学生破冰，掌握学生情况，摸底问题学生、特长学生	全班学生每人上讲台做3min演讲式自我介绍	每人准备不少于600字的演讲稿
军训期间 2课时	运动场	钢珠接龙	学生破冰，培养学生团队意识、动手能力、组织能力、发现问题解决问题的能力	用废旧报纸制作好的纸筒连续依次接龙钢珠，运抵终点速度最快的团队获胜	提前分组，废旧报纸、胶水、10～20mm钢珠
军训期间 2课时	教室	教育影片	计算机、多媒体使用能力，爱国、励志培养	观看近期爱国励志大片，写一篇观后感，字数不限	下载影片，调试设备
军训期间 2课时	教室	王者荣耀大赛	学生破冰，拉近师生距离，培养学生团队意识，合理使用手机	王者荣耀团队赛，讨论手机对于中职生的正反面影响，制订班级手机使用公约	分组及赛程图，奖品若干（手机支架、奖杯）
军训期间 2课时	合堂教室	叠被子大赛	学生破冰，拉近师生距离，培养集体荣誉感和个人荣誉感，明确宿舍内务要求	5min内务整理计时赛，以学校内务标准为评分标准，设一个内务优秀宿舍和3个内务优秀个人奖	7套床上用品，打印学院内务管理制度、评分打分表，奖品若干
第一周 2课时	教室	学生管理制度大赛	培养学生纪律意识、集体荣誉感、个人荣誉感	笔试和现场答辩环节，设优胜团队奖、纪律之星个人奖、优秀组织奖	准备违纪、一日常规、宿舍、评选题、奖品
9月18日 2课时	教室	勿忘国耻强我中华经典诵读	培养爱国意识，自强意识，普通话能力，组织能力	以宿舍为单位进行自由编排、自由展示，可以使用背景、音乐、道具、服装、辅助伴舞及情景剧等形式	场地布置，设备调试，邀请任课教师做评委，奖杯、自选奖品一件

（二）班级品牌特色活动安排（见下表）

"天马四翼：明德、忠职、笃学、精技"德育品牌活动				
时间	主题	德育主题	活动安排示例	活动目的
第一学年	适应职业学校	明德之思政育德 明德之文化润德 明德之法治正德 明德之文明弘德 忠职之安全卫职 忠职之自律修职 忠职之健康益职 笃学之家校共育建设	为谁而军训 如果鲁班大师学机电 民警进校园 义务交通执勤 防疫突发演练 班级民主生活会 心理健康测评 网上家长学堂	帮助学生尽快适应校园生活，具备合格中职生基本素质，为今后校园学习生活打下坚实基础学习
第二学年	砥砺职业品格	明德之思政育德 明德之文化润德 明德之环保砺德 忠职之劳动敬职 笃学之学习兴趣培养 笃学之爱好、特长培养	《红色中国》班级系列讲堂 《弟子规新讲》班级系列讲堂 蚂蚁森林合种班级树 寒暑期社会劳动实践 学习兴趣小组大赛 班级元旦、中秋晚会	健全班级日常管理制度，培养班风学风，学习、生活、工作习惯养成
第三学年	铸就职业精神	明德之思政育德 明德之文化润德 忠职之规划助职 精技之工匠精神培养 精技之校企共育建设 精技之现代学徒制建设	中国梦、职业梦、人生梦主题班会 班级文化融媒体中心运作 创新创业培训 定岗能力大比拼 8S管理能力擂台赛 现代学徒制拜师仪式	沟通校园与社会，培养大国工匠基本素质，养成自理自律、终身学习习惯

（三）常规教育活动安排（见下表）

2019—2020学年天马班常规教育班级建设项目规划表					
时间	活动安排示例	重要节日纪念日	时间	活动安排示例	重要节日纪念日
9月	校园安全 一日常规 感恩教育	9.3　抗战胜利纪念日 9.10　教师节 9.18　九一八事变纪念日	3月	助人为乐 植树活动 疫情防控系列微课	3.5　学雷锋日 3.12　植树节 3.15　消费者权益日
10月	现场直播看阅兵 勤俭节约 心理健康	10.1　国庆节 10.10　世界精神卫生日 10.16　世界粮食日	4月	卫生健康 法制教育 停课不停学总动员	4.7　世界卫生日 4.22　世界法律日
11月	消防演练	11.9　消防宣传日	5月	劳动教育 自律教育 常态化防疫	5.1　国际劳动节 5.4　青年节 5.31　世界无烟日
12月	志愿服务	12.5　国际志愿者日	6月	走向操场	6.23　国际奥林匹克日
1月	假期安全	1.1　元旦 腊八节	7月	"三下乡"志愿服务	7.1　党的生日 7.7　抗战纪念日
2月	中华传统文化 抗击新冠肺炎科普	春节 元宵节	8月	社会实践活动	8.1　建军节 8.6　国际电影节

七、总结与反思

（一）班级建设成绩

过去的一学年无重大违纪、安全事故；学生理想信念坚定；热爱集体，较快适应了职校生活；普遍热爱本专业，认为今后职业前景广阔；班级气氛团结融洽、无校园欺凌现象；班委成员想做事、会干事、做成事，班级制度建设已经成熟，班级文化建设初见成效，学生自律意识有了明显提高；重点学生综合素养提升快；学生学习成绩明显优于其他班级，5名学生获得学校奖学金，3名学生荣获校级技能大赛一等奖，12名学生入选学校国旗护卫队，5名学生入选学校学生会，其中部长2名。学生在学校活动和志愿服务活动中荣获"优秀团支部""最美志愿者""星类学生""文明宿舍"奖若干。"天马班"月考成绩见下图：

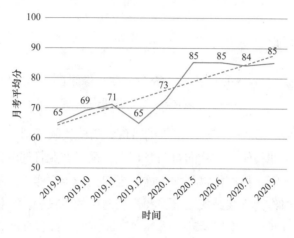

"天马班"月考成绩折线图

（二）班级建设方案调整

在第一学年班级建设过程中，根据国家重大事件和社会时政热点，对学生进行及时的思想政治教育，及时调整和完善班级活动建设，如：

1）庆祝新中国成立70周年，我和同学们排练大型话剧《红色家书》，登上学校舞台，扮演赵一曼、方志敏、夏明翰等革命先烈及其子女们，感受先烈们在国难当头时"舍小家顾大家"的革命英雄主义精神，给同学们上了一堂生动的红色教育主题实践课。

2）国庆大阅兵期间，为了与同学们一起感受新中国成立70周年大阅兵的现场恢宏气势和热烈气氛，我在北京距离长安街仅30m的现场进行了"现场直播看阅兵"的班级直播活动。钢铁洪流近在眼前的参与感带给学生极大的心灵震撼。

3）疫情期间，及时进行防疫知识科普等线上主题班会；建设基于钉钉、学习通等平台的网上班级平台，保障停课不停学；开展"居家锻炼不能停"每日体育打卡活动；成立强国工作室，拍摄制作了"口罩自由梦""铭记历史 培育家国情怀""最美逆行者"等7个微视频，被我校微信公众号刊发转载；班级团支部书记郑勇杰同学开展"赞抗疫英雄，讲感人故事"线上主题团课，学生从抗疫英雄身上学到了"不畏艰险、逆行而上"的奉献精神；全班累计抗疫捐款1000余元，有5名学生在社区一线参加志愿服务活动。

（三）不足及改进

学生喜欢实训操作、劳动实践类课程，不喜欢理论学习的局面未得到彻底改善，需进一步加强学习兴趣培养，加强理论课学习情况督查。手机依赖症和健康作息习惯还需要定期督促检查，后期仍需加强自律教育，加强体育锻炼，提升班级活动趣味性。

编者按："机电天马班"班级建设方案的作者是山东省滨州航空中等职业学校的郭海滨老师，2020年全国中等职业学校班主任能力比赛一等奖获得者。本方案从一般到特殊，从共性到个性，既有理论高度，又有实践的深度。郭海滨老师不仅具有识别"千里马"的伯乐眼光，而且具备将骏马培养训练成"千里马""天马"的专业能力，其正是中职学校班主任队伍中的一匹"天马"！

班级建设方案示例2

稳扎根系·快速拔节·充分灌浆：像禾苗一样生长
——2020级农学1班建设方案

我所带的班级为2020级农学1班，多年的带班经历使我领悟到，班级建设和学生自身成长与农作物的生长规律很像，故我向育苗学育人，采用农业管理的方式开展班级建设。结合专业特点和学生实际，根据作物与学生成长规律把一年级作为扎根墩苗期，二年级作为拔节孕穗期，三年级作为灌浆结实期。按照不同时期的生长规律，依据专业人才培养方案与行业标准开展有针对性的班级活动，最终实现既定的班级目标。

一、班级情况介绍

1. 学生整体情况分析

知己知彼方能百战不殆，摸清学生底码是带好班级的开端。2020级农学1班共计60人，其中男生35人，女生25人。首先，入学时与家长积极沟通；其次，通过问卷星制作、发放学生基本情况调查问卷；再次，结合平时观察初步了解学生的基本情况；最后，通过"20-1农学班绝密档案之心灵沟通"（一张包含学生基本信息、家庭状况、初中表现等详细信息的调查表）和"致新班主任的一封信"（包含自我评价、对新班主任工作的希望与建议、班级发展期望与建议）深入了解学生的基本情况。

通过调查分析发现，全班有5名建档立卡户子女，6名单亲家庭子女，7名重组家庭子女，3名残疾家庭子女，4名留守学生，3名特异体质学生，还有3名初中一年级后就辍学在家的学生。绝大多数学生来自农村，87%的学生家长以务农为生，家庭条件一般。选择农学专业的孩子相对憨厚朴实、勤劳踏实，这些孩子均在不同程度上参加过农业生产劳动，对于农学有初步的了解，具备了一定的专业基础。

2. 重点关注的问题

重点关注特殊学生群体（建档立卡户、单亲、重组、留守、残疾家庭、特异体质等）的行为习惯、心理问题、学习问题以及生活问题。

二、班级建设目标

结合班级情况、学生认知特点（大多有农事操作经验）以及专业属性，制订如下图的班级建设目标：

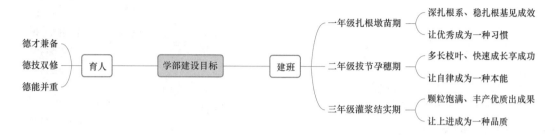

1. 建班

班名定为：禾梦班，寓意"禾下乘凉梦"。这是"杂交水稻之父"袁隆平的中国梦，梦想在禾下乘凉，梦里水稻长得有高粱那么高、籽粒有花生米那么大。禾下乘凉梦是袁隆平对杂交水稻高产的一个理想追求。班徽见左图所示。

袁隆平是世界公认的农学"明星"，以袁老的中国梦制订班名，引导大家正确追星，心有榜样、热爱专业、敢想敢干。

根据农学专业人才培养方案，结合学生行为特点确定建班目标（见右图）：

一年级扎根墩苗期见成效，学生普遍文化基础较差，行为习惯有待提升，所以一年级主要目标：深扎根系、稳扎根基，让优秀成为一种习惯。二年级拔节孕穗期享成功，多长枝叶、快速成长，让自律成为一种本能。三年级灌浆结实期出成果，颗粒饱满、丰产优质，让上进成为一种品质。

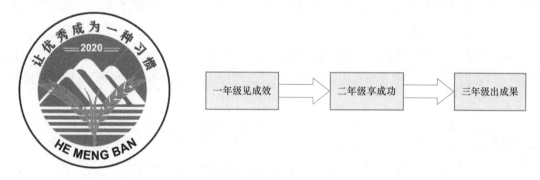

2. 育人

培养拥护党的基本路线，具备通用知识、专业知识与技能，热爱农业，适应农业一线需要，乐于助人、乐于奉献、乐于劳动、乐于吃苦、乐于钻研，德、智、体、美、劳全面发展的技术技能型人才。

一年级德才兼备，规范行为习惯，人人尽展其才，树立专业信心。

二年级德技双修，培养专业精神，坚定理想信念，稳增专业技能。

三年级德能并重，培养职业素养，提升就业能力，拔高专业技能。

三、班级建设内容

围绕班级建设目标，班级建设内容如下图所示：

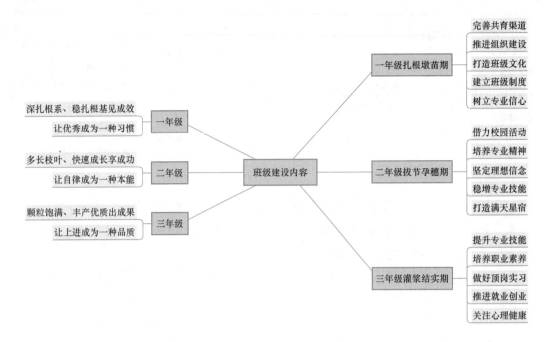

四、班级建设措施及活动

（一）一年级扎根墩苗期

一年级主要为深扎根系、稳扎根基，为实现既定的建班育人目标，规范和养成良好的行为习惯，树立专业信心，最终使人尽其才、物尽其用，人人尽展其才。

1. 完善共育渠道

摸清底码，了解学生的基本情况。通过20-1农学班绝密档案之心灵沟通，以及问卷星家长问卷调查报告详细了解每一位学生的家庭与个人的基本情况，为以后有针对性地开展学生工作做好准备。

建立家长微信群，借力学校晓黑板软件等建立家校信息化沟通平台，邀请家长定期来校进班开展"家长有话说"活动。

组织好家长会，与家长深入沟通，制订策略，共同教育好学生。

做好家访工作。利用假期，结合学校"百名教师进千家"的活动做好家访工作，尤其是对于重点家庭的家访，对于深度贫困家庭的学生，向学校提出适度的资助申请。

2. 推进组织建设

组建班委会是推进班级组织建设的重要环节。班委会组建要经过临时班委—班委会竞选—确定正式班委3个步骤。班委会成立后要定期召开学生干部会议，统一思想，了解班级动态。

将宿舍舍长归为生活委员统一管理，课代表归为学习委员管理，板报组归为宣传委员管理，确定班刊编辑部成员，下发班委工作职责及分工。根据学生自身特点和爱好布置各项任务和工作，争取实现人人有事做，进而实现人人皆可成才，人人尽展其才。

定期组织齐眉棍、信任背摔、过电网等素质拓展游戏，召开规则意识、责任担当、文明礼仪、行为规范等系列主题班会。巩固学生行为习惯,提升班级凝聚力,同时起到历练班委的作用。

定期给班委会成员压担子,结合节日和每周学校工作安排轮流策划组织班级活动。定期组织"学生有话说"交流活动。

3. 打造班级文化

组织学生分组设计班徽、班旗,制订班级口号、班歌、班训。

组织"我的目标""你的目标""我们的目标"。确定班级工作目标,其中"我的目标"是班主任自己的目标,"你的目标"是学生自己的目标,"我们的目标"是班级目标。开展"我的宿舍我的家""我的班级我爱它"等系列主题班会,提升班级凝聚力以及营造文化氛围。

设立班级小药箱,储备常用的药物,如感冒药、碘伏、酒精、棉签等。建立班级文化空间——班级微博、班级图书角、班级周刊,打造温馨、高雅的班级环境。

4. 建立班级制度

无规矩不成方圆,为了让学生快速养成良好的行为习惯,制度建设是必不可少的。首先结合学校学生管理制度,经大家集体商议确定班级管理制度。然后根据班级实际情况制订班级奖惩制度、学生干部评价制度、宿舍公约、班级公约等。

班级各项制度施行一段时间后,通过"班级管理之我见"征文活动,了解学生的心声,征求学生对班级管理的意见,不断修订、完善班级管理制度。

对于个人量化排名在前的学生给予相应的奖励,创新奖励方法,如可以享受班主任自己下厨的家庭套餐一次。

5. 树立专业信心

邀请本专业优秀毕业生进班讲座,借力优秀学长及专业人士,树立学生的专业信心,同时结合"致三年后的自己""我的专业梦""专业明星大侦探""专业前景大剖析"等主题活动帮助学生编织专业梦想,确立目标,培养专业兴趣。

带领学生参观学校农业科技示范园及农业气象设备,参与示范园农事劳动,体验收获的喜悦,促使学生认识专业,热爱专业,体验吃苦耐劳的专业精神,带领学生参观华中采薇园,树立专业信心,初步形成职业理想。

(二)二年级拔节孕穗期

按照生物学发展规律,营养临界期和水分临界期均出现在孕穗期,足以凸显该时期的重要性,为实现中期目标采取以下措施。

1. 借力校园活动

借力校园活动,深入开展班级主题教育,进一步提升活动效果。例如,借力学校成人礼活动开展法制、感恩和责任担当等主题教育,借力诗词大赛开展传统文化、气质源于知识等主题教育。积极鼓励、引导、指导学生参加学校,以及省市的文明风采大赛。

2. 培养专业精神

二年级学生已经掌握了部分基本专业技能，利用学校科技示范园带领学生参与播种，每月从事一次农事劳动。

帮助绿化工人维护修剪校园绿化树木，划分绿化责任区，领养责任树。开展职业能力教育和劳动教育，培养吃苦耐劳的专业精神。

利用农学专业自己的节日——每年秋分的"中国农民丰收节"，开展宣传和庆祝活动，进一步培养学生热爱专业的精神。

3. 坚定理想信念

青少年作为国防建设的接班人，必须有志在报国的崇高理想。涞源县作为革命老区有着丰富的红色教育资源，借助本土红色教育资源开展唱响红色歌曲、重走红色遗迹（涞源县抗战纪念馆，黄土岭战役遗址，驿马岭阻击战遗址、王二小纪念馆、东团堡大战遗址等）、举办红色影展、聆听红色故事等一系列红色教育活动，使理想信念与中国精神教育能够贴近学生、贴近生活、贴近实际，真正落到实处。

4. 稳增专业技能

组建校内专业兴趣小组。例如，植物修剪、花卉种植、种子品质检测、蔬菜嫁接等小组，定期开展活动，从而逐步提升学生的技能水平。组织校内学生专业技能竞赛，以赛促学，同时择优参加省市级的中等职业学校农学类技能大赛。

开展"我们来种菜"活动。收集废弃的纸杯和餐盒作为种菜的容器，每人最少一盆，并自主设计菜盆上的文化。最终看看谁的菜结果最多、最大。这既可以培养学生的专业兴趣，又可以树立低碳环保的意识。

5. 打造满天星宿

自信和勇气是构建人生大厦的基石，而自信和勇气则来自成功。开展"班级满天星"活动，发现学生闪光点，培养学生闪光点，成就学生闪光点。对学生进行成功教育，帮他们重塑自信，找回勇气。活动的口号：我努力，我成功，我喜悦，我是星。活动涌现出了大批"学习之星""技能之星""礼仪之星""劳动之星""纪律之星"，使每个学生都享受到了成功的乐趣。

除常规奖励之外，继续创新奖励手段。比如赠送有校长亲笔签名和赠言的纪念本等。

（三）三年级灌浆结实期

1. 提升职业技能

经过一年级、二年级的学习，学生对专业已经非常了解了，对于一般专业技能也基本掌握，三年级作为提升专业技能的关键一年，重在提升质量，重在提升细节，重在提升标准。所以三年级要进一步对接行业标准提升职业技能，将企业工作岗位标准作为衡量学生技能水平的标准。

为进一步强化规范意识，培养学生精益求精的态度，将岗位关键技术环节凝练成竞赛项目，制订竞赛评分标准，开展校园农业工匠大赛。对于获奖的选手还要进一步选拔，表现突出的学生授予"农学工匠师"称号。

分配责任田，给学生按照小组分配责任田，让学生研究、实验、创新农田经营管理，同时提高学生的实际操作技能水平。

2. 培养职业素养

在开展"专业明星大侦探"活动的基础上，继续开展寻找专业明星，剖析"明星"特质，寻找"明星"亮点，设想自己的"明星之路"等系列活动，帮助学生从现实人物和现实情境中挖掘农学专业人才应具备的专业素养。

学习专业法律规范，如《中华人民共和国农业法》《农药管理条例》《中华人民共和国种子法》等，熟知业内法律规范有利于学生更好更快发展。学习《中华人民共和国劳动法》，熟知作为一个劳动者应有的权利和应尽的义务。

为强化和提升学生职业道德，聘请业内人士分享个人职场成长案例，结合岗位上发生的感人事迹，开展爱岗敬业、乐于奉献、精益求精、劳动光荣等主题教育，引导学生提升自身职业素养。

3. 做好顶岗实习

做好实习动员，强调顶岗实习与社会过渡的重要环节。创造良好的顶岗实习氛围，强调顶岗实习应知应会的知识要点。提前召开家长会，形成家校合力，配合学校、企业做好认知实习、跟岗实习、顶岗实习工作。

落实好学生顶岗实习前的所有手续环节，如签订三方协议等。

与实习指导老师及时进行沟通，了解学生实习、心理动态，便于及时采取措施。做好跟踪，定期通过电话、微信、实地查看等方式关注学生，鼓励学生，帮助学生解决问题。

联合企业召开顶岗实习总结表扬大会，对在顶岗实习过程中表现优秀的同学予以表彰。

4. 推进就业创业

每日关注行业动态，关注行业就业岗位和招聘要求等资讯，便于加深学生对行业的了解、对岗位的认知，便于学生按照招聘要求提升自己的综合实力。

模拟企业招聘活动，让学生熟悉招聘流程，知晓招聘岗位及其内涵，同时提高学生的面试能力，掌握面试技巧，从而提升学生的优质就业率。

举行"农业类创业金点子大赛"，学生可以借助互联网查阅相关内容，引导学生创新创业，对知识活学活用，树立利用知识搞农业科技创新的意识，同时可以拓展学生的视野。

做好职业生涯规划，农学专业的就业看似单一，实则有很多就业方向和岗位，结合专业实际，教会学生用SWOT和5W分析法帮助自己明确职业生涯规划，制订职业规划书。

5. 关注心理健康

结合三年级阶段容易出现的心理问题，开展实习前、就业前团体心理辅导和个别心理辅导，为学生减压，使学生从心理、身体、知识等多方面做好就业准备。

五、突发事件处理流程

（一）学生冲突处理流程

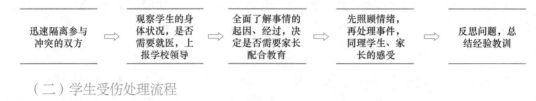

迅速隔离参与冲突的双方 ⇒ 观察学生的身体状况，是否需要就医，上报学校领导 ⇒ 全面了解事情的起因、经过，决定是否需要家长配合教育 ⇒ 先照顾情绪，再处理事件，同理学生、家长的感受 ⇒ 反思问题，总结经验教训

（二）学生受伤处理流程

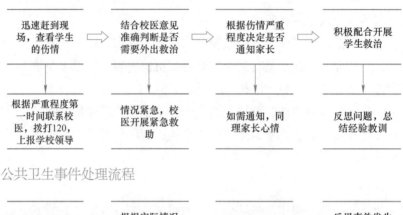

迅速赶到现场，查看学生的伤情 ⇒ 结合校医意见准确判断是否需要外出救治 ⇒ 根据伤情严重程度决定是否通知家长 ⇒ 积极配合开展学生救治

根据严重程度第一时间联系校医，拨打120，上报学校领导 | 情况紧急，校医开展紧急救助 | 如需通知，同理家长心情 | 反思问题，总结经验教训

（三）公共卫生事件处理流程

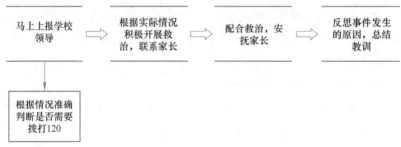

马上上报学校领导 ⇒ 根据实际情况积极开展救治，联系家长 ⇒ 配合救治，安抚家长 ⇒ 反思事件发生的原因，总结教训

根据情况准确判断是否需要拨打120

不管是什么突发事件首先考虑的应该是学生的生命安全，其次是家长和学校领导具有知情权，根据事情严重程度决定是否需要通知家长和上报学校领导。积极处理，事后反思事件，总结经验教训。对于学生要把握先照顾情绪再处理事件的原则。

六、实施成效及反思

本班级建设方案优点有三：①紧密结合专业，方案整体贯穿农业发展规律，使学生容易理解，乐于接受；②从班情分析到目标制订，再到班级建设内容，最后到具体举措，环环相扣，相互联系，前者为后者的制订提供依据，后者为解决前者问题而量身定做，整体相辅相成，形成体系；③班级具体举措中很多环节都是多年实践总结而来的，如素质拓展游戏、满天星、农业明星大侦探、班刊以及班级网络文化空间等，均取得过很好的效果。同时借力涞源当地红色教育资源开展红色教育，对当代学生来讲无疑是一场精神的洗礼。不足之处在于心理健康教育方面主要依托学校专业心理教师的配合，在时间上不能保证。我会努力学习心理学知识，争取早日具备心理咨询师资格，为学生的心理健康保驾护航。

七、学生基本情况表（略）

> 编者按：《2020级农学1班建设方案》的作者是河北省涞源县职教中心的苑新新老师，2016年全国中职学校班主任基本功大赛二等奖获得者，河北省优秀班主任。首先，农学专业的班级建设方案以农作物的生长时段来比喻学生的成长阶段，以"稳扎根系·快速拔节·充分灌浆——像禾苗一样生长"作为主题，何其妙哉！其次，在当下价值观多元化，娱乐明星充斥青少年眼球的情况下，旗帜鲜明地号召农学专业的学子要以"共和国勋章"获得者，"杂交水稻之父"袁隆平院士为楷模，以身许国，以身报国，何其快哉！

◆ 班级建设方案示例3

在这里遇见更好的自己

——"3+4"建筑工程施工贯通培养班

一、班级情况分析

本专业是与省内某大学本科联办的，通过中职3年的文化知识和专业基础知识的学习，为高校输送德智体美劳全面发展，掌握土木工程学科的基本原理和基本知识，具备一定专业理论基础和实操能力、创新务实的技能应用型人才。该班的班级情况分析见下表：

具体班情分析	优 势	需要特别关注点
家庭情况	家长素质普遍较高，并有部分家长从事教育工作 家长受教育程度 ■机关事业 ■企业 ■个体 ■务农 ■其他 高等教育50%，中等教育35%，初等教育15% 45%，30%，12%，8%，5%	"望子成龙"心切；严管之中缺乏对学生独立处理事务能力的培养
身心健康	普遍状况良好	1人患过骨癌，需要长期做复健；1人医学诊断有轻度抑郁倾向
个性特征	同一性形成阶段，独立意识增强，希望得到他人的认可和尊重 第3题：报考这个专业的原因是什么［单选题］ 选项／小计／比例 喜欢专业和学校 6 15% 高考压力小 26 65% 离家近 3 7.5% 有认识的人推荐 2 5% 其他 3 7.5% 本题有效填写人次 40	有个性化发展需求，需要提供足够的展现平台和表现机会

（续）

具体班情分析	优　　势	需要特别关注点
学业基础	有一定的学业基础 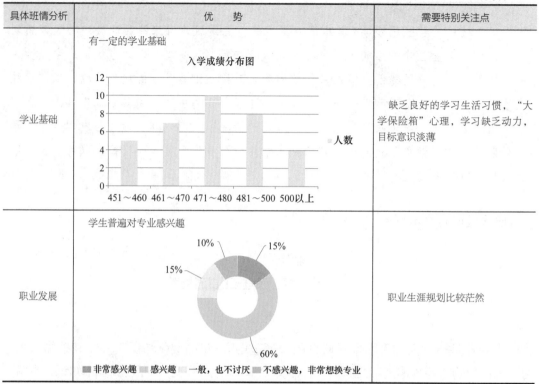	缺乏良好的学习生活习惯，"大学保险箱"心理，学习缺乏动力，目标意识淡薄
职业发展	学生普遍对专业感兴趣 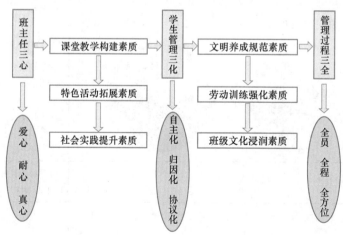	职业生涯规划比较茫然

二、班级管理理念

"三心　三化　三全"班级管理理念如下图所示。

三、班级建设目标

总目标：以专业人才培养目标为导向，依托"理想信念"和"职业规划"两大支撑，对接高校贯通培养要求，提升学生文化素养和专业技能水平，用"金石精神"构建班级生态文化，培养具有"阳光自信"道德"金名片"，"坚毅刚强"技能"金刚钻"，"精益求精"精神"金钥匙"的"三金"学生。

班级建设总规划如下图所示：

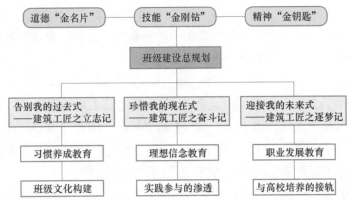

各阶段具体目标：

一年级，"告别我的过去式"建筑工匠之立志记——习惯养成教育，重在班级文化的构建，引导学生认知自我、重塑自我、悦纳自我；强化规则意识，依规办事。

二年级，"珍惜我的现在式"建筑工匠之奋斗记——理想信念教育，重在实践参与的渗透，引导学生形成正确的三观和劳动价值观，将"我的梦"与"中国梦"相结合，强化责任意识。

三年级，"迎接我的未来式"建筑工匠之逐梦记——职业发展教育，重在与高校培养的接轨，顺利实现全员转段，强化目标导向和合理规划意识。

四、班级建设内容

（一）学生思想建设

思想教育建设似一个盘旋上升的螺旋体，贯穿始终，各有侧重，环环相扣。班级建设以社会主义核心价值观为指导，进行爱国主义教育，增强学生的民族自信心。进行道德与法制教育，帮助学生树立社会荣辱观。进行理想信念教育，道德理想、个人理想和社会理想层层递进，引导学生树立正确的三观。进行劳动精神、"大国工匠"精神教育，指导学生进行合理的职业生涯规划，培养职业精神，树立正确的职业观。

（二）班级管理建设

班级管理建设主要包括班规、班级公约、班训等无形文化建设，以及成立班级管理机构——核心班委会。坚持自主化管理，人人参与，建立班级德育共同体；培养归因意识，提高管理水平；遵守契约精神，依规办事。

（三）活动阵地建设

活动阵地建设依托多样的德育活动阵地，课内包括晨会、班会课、礼仪课、思想政治课四课建设，课外包括社团活动、各级各类比赛、艺术节、开学和毕业典礼、成人礼等。

（四）心理健康建设

心理健康建设一是发挥班主任作用，以积极的情绪感染学生、以健全的人格影响学生；二是构建立体式、多渠道、多方位的心理教育体系，定期开展专项心理健康教育、知识讲座，对于有心理困惑的学生开展一对一心理咨询，提供及时、有效的情绪疏导。如果情况较为严重，需立刻联系家长，获得专业的心理帮助。

（五）职业指导建设

联合专业课老师、建筑业一线工作者和优秀毕业生，认清行业发展方向和市场人才需求，指导学生合理定位，科学做好职业生涯规划。

（六）教育合力建设

成立"家长委员会"，促进家校共育。"3+4"建筑工程施工专业外地学生占80%，且大多数孩子都是第一次到外地上学，儿行千里母担忧，因此利用多种方式定期分享孩子们各方面的表现尤为重要。良好的家校沟通不仅为班级管理工作争取到家长的支持和理解，而且可以迅速了解到学生的个性特征，便于管理有的放矢。

利用好大学的教育资源，"走进去""请进来"相结合，明确大学对于该专业学生知识水平和专业技能的要求，做好中职高校贯通培养衔接，培养应用型本科人才。

（七）学生评价建设

基于中职生核心素养，多维度、多元化评价学生个人成长发展。评价体系包括学生学业发展、自主发展、社会参与和职业发展4个方面，结合形成性评价和终结性评价，对学生全面认识自我、职业生涯规划都有指导性意义。

五、班级建设主要措施和活动安排

（一）第一阶段：告别我的过去式——建筑工匠之立志记（见下图）

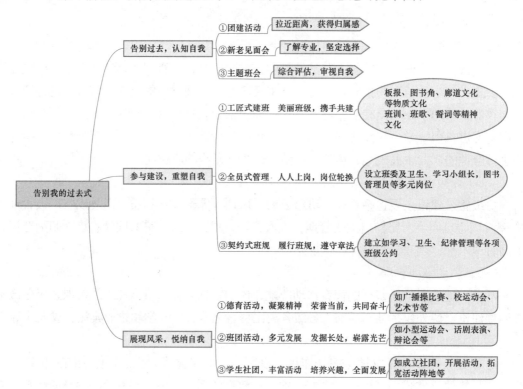

实施阶段：一年级

具体措施：

1. 告别过去，认知自我

（1）团建活动 班中40个学生来自省内各地，绝大多数学生第一次到全然陌生的地方上学，通过破冰班会、团建活动等，逐渐增进师生、生生的了解，学生在班级中找到自己的位置和同伴，获得归属感和安全感。

（2）新老见面会 报考"3+4"建筑工程施工专业时，大部分学生和家长看中的是上本科容易这个优势，部分学生仍觉得应该选择普高，较为犹豫，通过上届学姐学长的经验介绍，一是对自己的选择更加坚定，二是对专业和学校管理初步建立感性认识。

（3）主题班会 通过三个方式对自己进行综合评估，一是他人眼中的自己，二是客观审视自己，三是比较中认识自我，纵向与过去的自己进行比较、横向与同龄人进行比较，认识自己的优缺点，正视过去的问题，面对未来的自己。

2. 参与建设，重塑自我

（1）工匠式建班 充分发挥每一个学生的创造力，建设"美丽班级"。一是积极参与到班级环境的布置中去，包括板报、班级专栏设计、卫生角、图书角、廊道文化等内容，形成班级良好的物质文化环境。二是制订富有特色的班训、班歌和誓词，征集班徽设计（见下图），还可以设立班刊，努力营造阳光向上、团结奋进的精神文化氛围。

（2）全员式管理 据调查，大部分学生在初中属于"小透明"角色，对于班级管理的参与度非常低，学生渴望表现、受到关注，但不敢尝试、缺乏勇气。因此班级管理采用人人上岗，岗位轮换制，除了必备的班委岗位，设立卫生小组组长、学习小组组长、图书管理员等，为更多的学生提供承担班级责任和获得锻炼的机会。

（3）契约式班规 结合学校各项学生管理制度和班级学生的具体特点，建立班级各项制度，包括班级公约、奖惩制度、卫生管理、考勤管理、学习管理、纪律管理等。通过一段时间的具体实施，及时进行完善和健全。全班学生签订协议，自觉遵守契约精神，事事行班规，件件有章法。

3. 展现风采, 悦纳自我

（1）德育活动, 凝聚精神　除了共同的班级目标, 学生参加学校德育活动时, 在团体竞争中为班级荣誉而战, 这是班级凝聚力形成的催化剂, 例如广播操比赛、唱歌比赛、校运动会、艺术节等。

（2）班团活动, 多元发展　大多数学生在初中学习成绩属于中等, 学习成就感较低。通过开展丰富的班、团活动, 例如每周例行的主题班会、社会某种热点问题的辩论会、班级小型运动会、话剧表演、读书会, 学生在活动中张扬个性, 发掘闪光点, 展现未来多元发展的可能性。

（3）学生社团, 丰富活动　根据学生的兴趣爱好, 成立各种社团, 并在每周二下午的第七、第八节自习课开展社团活动, 拓宽德育活动阵地。人各有所长, 在感兴趣的事情上学生能够不断放大自己的优势, 悦纳自我。

（二）第二阶段: 珍惜我的现在式——建筑工匠之奋斗记（见下图）

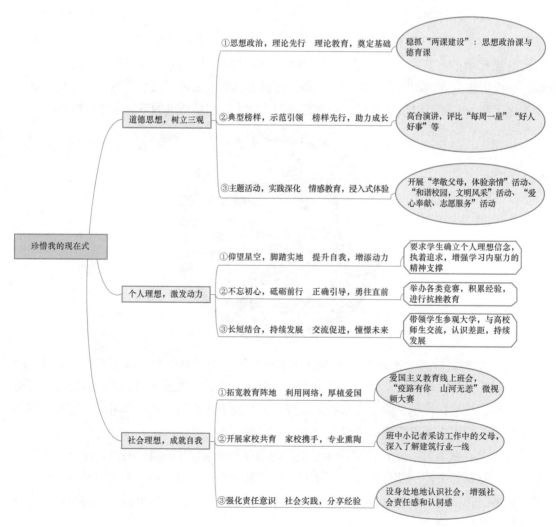

实施阶段：二年级

具体措施：

1. 道德理想，树立三观

（1）思想政治，理论先行　依托思想政治课和德育课：一是以中国特色社会主义理论体系为重点，开展哲学与人生教育、经济政治与社会教育，二是以公民道德与法制教育为重点，开展集体主义精神和社会主义人道主义精神教育，引导学生形成良好的道德品质和文明行为，逐步确立正确的三观。

（2）典型榜样，示范引领　利用晨会时间，学生以"时代楷模"为主题进行高台演讲，这既是对学生追星的正向引导，又有助于唤起学生的责任意识，追求真善美。班内"每周一星"的评比，"每日好人好事"的记录，挖掘、培养和宣传优秀学生，让正确价值观占领班级思想阵地。

（3）主题活动，实践深化　在家庭开展"孝敬父母、体验亲情"活动；在学校开展"和谐校园，文明风采"活动；在社会开展"爱心奉献、志愿服务"活动。通过情感教育和实践体验，将道德理想内化于心，外化于行。

2. 个人理想，激发动力

（1）仰望星空，脚踏实地　"3+4"学生多抱以"不用高考就可以上大学"的思想，面对着和普高一样的课程设置与学业压力，不少学生在二年级出现学业倦怠，甚至出现厌学情绪，基于对自己的客观评价和对专业的了解，个人理想信念的确立，是提升自我、增强学习内驱力的精神支撑，对学生的成长成才有着重大的意义。

（2）不忘初心，砥砺前行　学生心理抗挫折能力普遍较弱，遇到困难易退缩不前。一是需坚定个人理想信念；二是通过举办各类竞赛，给学生创设挫折情境，不断积累挫折经验，引导学生正确归因挫折，并学会利用转移、补偿、升华等防卫机制来消除挫折后的不良情绪，让学生在逆境中奋进，在挫折中成长。

（3）长短结合，持续发展　在二年级理想信念塑造期，通过带领学生参观大学、与高校师生交谈，使学生憧憬大学生活，增强了学习动力，更重要的是，使学生认识到目前自己与大学要求、社会发展需求的差距，绝不能把目标止步于通过转段考试，个人的未来发展需要将短期个人目标和长期理想信念相结合。

3. 社会理想，成就自我

（1）拓宽教育阵地　发挥网络的正向引导作用，在疫情期间，以"疫路有你，山河无恙"为主题开展线上班会，全班录制手指舞，利用学校公众号平台以"舞"致敬最美逆行者。

（2）开展家校共育　安排班中小记者采访工作中的父母，尤其是采访了几位处在建筑行业一线的家长，学生们不仅体会到父母工作的不易，而且结合行业发展，自觉地把个人理想与社会理想相结合。

（3）强化责任意识　学生参加假期社会实践并进行经验分享，在实践过程中，学生学到了许多书本以外的知识，锻炼了毅力，磨炼了品格，同时更加设身处地地认识社会，增强了社会责任感和认同感。

（三）第三阶段：迎接我的未来式——建筑工匠之逐梦记（见下图）

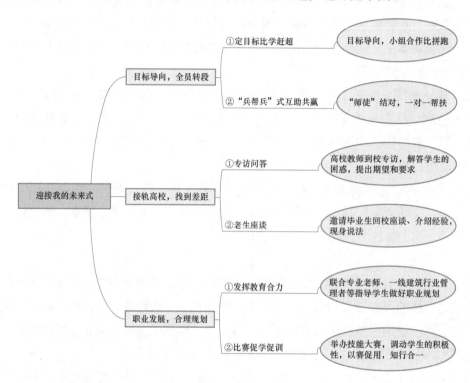

实施阶段：三年级

1. 目标导向，全员转段

（1）定目标比学赶超　学期初，个人制定具体的学习目标，每次考试后，各组进行考试分析，并根据组内成员实情，为下次考试制订目标平均分、进步分数。各组比学赶超，每次考试过后，班中分别对先进小组、组长进行表彰，对落后小组、组长进行相应的惩罚。

（2）"兵帮兵"式互助共赢　根据"3+4"专业特色，其实班级学习目标并不是定位于培养尖子生，而是依据"木桶式短板"原理，不能让一个学生掉队。因而根据学生的个人情况，对班中后进生和尖子生进行"一对一"结对子互助，让学生利用宿舍、座位的便利，相互督促学习，考试后对成绩进步明显的组进行班内表彰。

2. 接轨高校，找到差距

（1）专访问答　邀请高校教师到校做专访，一要解答学生即将步入大学生活的困惑，二要提出大学对学生知识水平和专业技能的期望和要求。

（2）老生座谈　邀请前几届优秀毕业生回校，与学生进行座谈，介绍转段考试复习经验，进行现身说法。例如，大学高数、物理跟不上，引导学生找到自身差距，努力学习，查漏补缺。

3. 职业发展，合理规划

（1）发挥教育合力 联合专业教师，帮助学生认清行业形势，指导学生做好职业生涯规划。联合一线建筑行业管理者，介绍行业发展方向和市场人才需求，并组织学生去一线参观，引导学生合理定位，科学树立职业目标，提前做好行业技能准备，提升职业竞争力以更好地适应社会的发展。

（2）以赛促学促训 举办技能大赛，鼓励学生积极参赛，通过大赛了解学生专业实操的掌握情况，以赛促学促训，赛训结合；同时调动了学生专业技能训练的积极性和主动性，以赛促用，知行合一。

六、活动实施成效

通过一年级的各项主题活动，实现了"金石"精神的第一层级建设。上学期，我班获得校级"优秀班集体"等十几项荣誉。学生们在校级各项活动中尽显风采，更加阳光自信。下学期利用疫情契机，孩子们通过线上学习的形式，不仅增强了生命教育、爱国主义教育等，也锻炼了在困境之中坚强刚毅的品性。

七、反思与改进

班级建设是一个动态可持续的过程，对于中职高校贯通培养更是如此。从已毕业的学生情况来看，在高等教育阶段，他们乐于参加各类活动，敢于表现自我，张扬个性。然而，学生普遍反映了两大问题：一是部分学生理科学习吃力，尤其是中职阶段中等生的学习动机不强，"大学保险箱"心理作祟，理化基础不牢；二是学生对自己要求不高，绝大部分学生止步于本科教育，没有继续深造学习的计划。

在这届班级建设的实施过程中，强化学生成长过程性考察比重，模拟大学多元考核学分体制，打破学生"保险箱"心理。通过"毕业老生回校经验分享""建筑行业管理者进学校"和"专业教师谈未来发展"等多种形式，从学生的中职阶段就渗透考证、考研思想，引导学生提高自我要求标准，以更好地适应未来专业化发展之路。

编者按：《在这里遇见更好的自己》的作者是张家口市职教中心的刘蕾老师，2020年全国中等职业学校班主任能力比赛二等奖获得者。教育不是把篮子装满，而是把灯点亮。教育给予学生最重要的不是知识，而是对知识的热情、对成长的信心、对生命的敬畏、对美好生活的向往。每一名中职班主任老师最大的成功就是点亮孩子们的心灯，陪他们遇见更好的自己。

班级建设方案示例4

打造奋进班级，培育"六有"学子

——2017级智能冷暖五年一贯制班建设方案

在全社会学习践行习近平新时代中国特色社会主义思想和社会主义核心价值观的背

景下，贯彻全国教育大会精神和《国家职业教育改革实施方案》的精神，立足中国学生发展核心素养，结合《中等职业学校德育大纲（2014年修订）》和本专业人才培养方案，笔者提炼出以奋发进取为基调的班级建设方案，作为我班建班育人的工作指南。

该方案以班级精神文化、物质文化、制度文化、活动文化为抓手，落实习近平总书记在全国教育大会上提出的"六个下功夫"。通过"三轮驱动""六措并举"，打造奋发进取型班级，培育"六有"学子，为学生的积极人格赋能，为专业人才培养的服务。

一、班级情况分析：学生普遍纯朴本分，但消极人格倾向不容回避

本班是2017级智能冷暖五年一贯制班，这是笔者所带的第二届供热通风与空调工程专业班级。根据培养方案，该专业着力培养理想信念坚定，能适应社会主义现代化建设需要、德智体美劳诸方面全面发展的，掌握空调工程技术专业的基本理论与职业技能，具备工匠精神和较强的创新意识、创业能力的复合型、高素质技术技能人才。该专业学生前三年在我校就读，后两年就读浙江商业职业技术学院应用工程学院。

本班总计31人，其中男生28人，住宿生3人，共青团员5人。学生生理心理发育正常，师生和生生之间能够保持正常交流。绝大多数学生集体荣誉感较强，对良好班风有很强的期待，参与班级活动的热情很高涨。在学习方面，学生入学分数的两极分化现象比较严重，尤其是在数学和英语两科上。一半以上学生没有良好的学习习惯，畏难情绪普遍。

在平时的交流中笔者发现，学生仅仅是因为"填其他专业分数不够"才选择本专业，根本谈不上了解和兴趣。再加上专业比较小众，所以本班实际人数与招生计划相比存在缺口。学生不同程度地表现出"目标迷失、信心丢失、态度缺失"等消极人格倾向。

（1）目标迷失　绝大多数学生"跟着感觉走"。他们不了解本专业的就业方向；对自己要学习哪些课程也不关心。

（2）信心丢失　学生无法正确认识自己的能力，骨子里有自卑感，总感觉自己"低人一等"。他们缺乏自信，安于现状。

（3）态度缺失　部分学生责任意识和团队意识淡漠，低标准宽要求，在做人做事做学问时缺乏必要的态度，重在参与，以"差不多"作为托词。

在这些消极人格的影响下，学生看不到自己的潜能，时不时表现出自卑。因此会出现学习障碍、人际关系、心理障碍等多方面的问题。

结合班情，笔者需要帮助学生明确职业前景、认同班集体、接纳他人，克服学习上和行为上的畏难情绪，并且关心其生活。针对"三失"现象开展"抬头"教育。同时，工作中还要结合其家庭教育资源，促成良好亲子关系，指导和提升家长的育人理念和技巧策略。

二、班级建设目标：打造奋进型班级，培育"六有"学子

1. 集体建设目标

努力营造积极的集体氛围，打造奋发进取型班级，改善"三失"现象。《中等职业学校德育大纲（2014年修订版）》中也明确提到要"养成自尊、自信、自强、乐群"的心理品质，所以笔者把"自信自强"作为班级建设目标的关键词，力求把班集体变成学生成

长的电源、生活的乐园和精神的家园。

2. 个体发展目标

聚焦核心素养，践行习近平总书记"六个下功夫"的指示，依托积极进取的班风，培育"肩上有担、手中有艺、心中有爱、目中有人、腹中有墨、脸上有笑"的"六有"学子，使学生的成长符合身心发展规律，符合专业培养方案，培育现在合格的中职生，三年后优秀的毕业生和未来高素质的社会主义建设者和接班人。

三、班级建设内容："三轮驱动"与"六措并举"，为学生成长赋能

1. "三轮驱动"对接核心素养，打造奋进型班级

（1）精神文化带动 笔者将班级精神文化追求提炼成"自信自强求突破"。鼓励学生的自我突破，再以自我突破为起点，完成"自信自强"的良性循环，以此帮助学生"树目标，添信心，正态度"。在此基础上设计出来的班级名称、班训、班风、班级口号和班歌，都体现着积极进取的精神追求。

（2）物质文化拉动

1）教室布置体现职业学校特色。教室是教学的主要场所，教室的布置要让"每一面墙都要说话"。为了增强使命感，我们从习近平总书记的讲话，以及有关职业教育的各大文件中摘录了一些重要文字，设计成展板粘贴在外墙上。这些主题鲜明的布置体现了社会主义特点、时代特征和职业学校班级特色，有利于学生理想信念的培育和使命责任的确立。

2）班级文化衍生品模仿企业文化特色。笔者从企业文化的各种衍生品中获取灵感，鼓励学生打造"高大上"的班级形象标识系统，设计并制作了班旗、班徽贴纸、班徽钥匙扣等班级文化衍生品，体现班级的与众不同，增强学生的归属感和自信力。

（3）制度文化联动 笔者根据积极心理学原理，尝试创造尊重赏识的班级氛围，让制度不仅起到规范的作用，更带来服务发展的效果。

1）"一规一约"群策群力，民主决策铺垫尊重与赏识。本班以《班级成长建议》（班规）为主体，结合《特殊情况说明表》，制定"同青春"班级制度。在这些制度的制定过程中，笔者尊重学生的主体地位，全班一起出谋划策，尽力寻找"最大公约数"。此举有力地营造了班级的民主氛围，减少了制度推行的阻力，同时也传递着尊重与赏识。

2）重在加分传递肯定，价值取向体现尊重、赏识。笔者引导班规以加分为主，发挥制度文化"赏识肯定"的价值取向，体现了对学生合规行为的赏识，有利于激发他们自信自强。

3）"三奖一罚"四轮驱动，集体评价深化尊重与赏识。为引导学生遵守"一规一约"，学生们群策群力设置了"三奖一罚"的做法，落实激励与约束的有机结合。

每周奖励，抵扣单显赏识本色：每周德育分达标的学生都能得到一张抵扣单。

每月奖励，班级喜报秀成长风采：选举由6位学生组成的"班级之星评价委员会"，每个月2次从全班学生中选举班级之星，按照职业态度、职业素养和职业绩效3个大方向推选6位班级之星（个人或团体）给予奖励。

每学期奖励，"德育拍卖"助反思规划：每学期末开设"德育分拍卖大会"，以每个学生的学期总德育分进行小礼物拍卖。在快乐的气氛中促使学生反思本学期，及早规划下学期。

日常惩罚，促行为合规：对于违反日常规范的行为，学生需要写一份《特殊情况说明表》（简称《特情表》），每周的抵扣单可以抵扣200字。促使学生争取每周抵扣单，关注自己的言行合规。

综上，笔者以"精神文化带动、物质文化拉动、制度文化联动"为抓手，"三轮驱动"对接核心素养，打造奋发进取型班级，帮助学生"抬头"。

2. "六措并举"具体化核心素养，培育"六有"学子

班级活动是重要的育人途径，在班级活动中"六措并举"，培育"肩上有担、手中有艺、心中有爱、目中有人、腹中有墨、脸上有笑"的优秀学生，将核心素养落小、落细、落实，更加明确、更加有效、更系统地服务班级建设目标。

（1）肩上有担　在一年级时介绍本专业方向和中职三年的相关学业要求，帮助学生厘清未来发展路径和必要证书。组织"跟着学长逛大学"活动，利用毕业生优势，拍摄《我在浙商院等你》的大学校园介绍片，尽快激发新生斗志，帮他们确立梦想。根据《职业生涯规划》教材，引导学生结合自身实际进行职业生涯规划，参加全国文明风采大赛，并互相展示作品。

在二年级时结合传统佳节，开展系列纪念活动，通过班级微信公众号进行推送。

在三年级时将全班分为4组，每周朗诵自选的爱国题材诗歌一首；全班每月展示一首规定篇目；每学期利用家长会或街道文艺演出的机会登台至少一次。每周、每月、每学期都评出一批积极分子。通过诗朗诵，锻炼胆魄展示自己，同时培养爱国情怀。

利用疫情期间的感人事件，挖掘爱国元素，开展"我心中的平凡偶像"5min演讲和抗疫诗歌朗诵。结合建军节和国庆节，开展"向军旗致敬"军歌演唱会、"我与国旗合个影"摄影展等活动。

（2）手中有艺　在一年级时，在班级分工中做到"人人有事做"，发给聘书明确学生的任务，在工作中及时提醒和肯定，培育责任心，刷亮存在感，找到人生的新支点。

在二年级时，进一步落实习近平总书记"劳动最光荣、劳动最崇高、劳动最伟大、劳动最美丽"的指示，开垦校园农场。让学生通过农耕实践接受劳动教育，在丰富课余生活的同时感悟天道酬勤。

在三年级时，结合《人才培养方案》专业课全面铺开的现状，积极组织"冷气来袭"志愿者活动。该活动结合专业特色，为社区弱势群体擦洗空调滤网，向幼儿园小朋友普及科学使用空调的知识。活动以"技能点亮人生，专业服务社会"为宗旨，鼓励学生把志愿服务当作提高自己职业技能的第二课堂，鼓励他们提高职业技能，提升自信。

在疫情期间开展"家务吉尼斯"比赛，在洗衣服、扫地拖地、洗碗三个项目中寻找全班的最高完成记录，开展劳动教育。

（3）心中有爱　在一年级时，开展"同舟共济""穿越电网""雷区探宝"等适合在

学校里举行的思维拓展活动。通过这些令人脑洞大开的活动来接纳同学、增进感情，提升班集体意识。

在二年级时，响应习近平总书记在纪念五四运动100周年大会上"面对美好岁月，要有饮水思源、懂得回报的感恩之心"的号召，开展"感恩有您"的活动，在假期前向学校的教职工（任课老师、食堂工作人员、保安、宿管人员）行感谢礼。

在三年级毕业前，发扬制冷专业的传统，资源资助充实"同青春"寒窗基金，关爱专业内的贫困学子。

（4）目中有人 在一年级时，开展法制教育，让学生明确人与人交往的法律红线。每周二、周四两个午自习，电教委员负责播放"今日说法"，尤其关注青少年犯罪、校园欺凌、毒品和交通安全等题材，每月撰写一篇观后感进行交流。

挖掘家庭教育资源，做好家校沟通。保持和家长的日常联系，有意识地发送学生生活学习的照片，以展示学生积极向上的一面；分享高质量的亲子教育推文，指导家庭亲子沟通技巧。在二年级时，评选制冷专业年度"最美家长"，将有良好育人效果的家长请出来，开设家长学校，在家长会上分享经验，传播良好家风家教。

在三年级时，开展新一届"制冷榜样"年度人物评选。通过职业态度、职业素养和职业绩效三个大方向推选本专业内的先进师生。引导学生"目中有人"，寻找发现身边榜样，以扬长教育来激励学生向善向上。颁奖典礼邀请学生家长参加并担任颁奖嘉宾，让家长也感受成长的幸福。

（5）腹中有墨 在一年级时，开展学生自主的"三段式"自学模式，利用早读、午休和课余3个时间段开展自学，营造全班学习氛围。早读需要站着朗读语文，午休时间要默背英语单词和音标，课余时间完成每天3道数学题。相关作业由各学科的学习互助小组长负责批改，以此将学习节奏带起来。

在二年级时，组织社会生存体验，带领学生走出课堂上街摆摊，借国家鼓励"地摊经济"的东风，通过接触社会来体验生存之艰辛，以此来启发学生在校期间好好学习，努力为今后的发展打下扎实的基础。

在三年级时，结合《人才培养方案》的相关学习和考证内容，及时调整互助学习方式，家校联合帮助学生学习考证，并且开展专业课程的班内技能比武活动。

（6）脸上有笑 利用网络素材，积极开展阳光心理系列班会课，一年级从人格品质（诸如感恩、宽容、友善、合作、责任等）、二年级从情感能力（诸如挫折、沟通、态度、赞美、交友等）、三年级从职业态度（敬业、服务、诚信、创业等）等角度切入，让积极向上的阳光照进学生的心里。

3. 其他要点

（1）及时总结改进 以周记为抓手，建立学生成长档案。在周记中把握学生思想动态，跟踪学习、生活的进展；把脉班级成长，找到平时不易发现的细节和问题，及时调整思路和策略。通过周记点评开展师生对话，渗透习近平新时代中国特色社会主义思想教育和社会主义核心价值观教育。同时，利用班级微信公众号，及时发布班级活动和学生风采，帮助学生找回自我、提高自信，传播正能量。

（2）班级突发事件应对　平时做好安全教育，设立班级医疗急救箱，建立以班委为主的应急分队。事件突发时能第一时间控制伤害、简单处理、汇报老师、护送治疗。

四、总结

奋斗不只是响亮的口号，而是要在做好每一件小事、完成每一项任务、履行每一项职责中见精神。3年来，在"建设方案"的规划指导下，班级学生精神面貌大为改善，受到学生家长的一致认可。学生核心素养的提升带来团队的进步，班级获得省级暑期社会实践优秀团队、市文明班级以及市五四红旗团支部等荣誉称号。笔者本人也在工作中不断成长，获得中国关心下一代工作委员会"我身边的好老师"、宁波市骨干班主任，宁波市"百优"班主任等荣誉称号，并出版德育专著一本。这种德育方式被称为"同青春"德育模式，在全国多地汇报分享。

实践证明，本"建设方案"能有效提升学生素养，服务本专业的人才培养方案，并能推动个人与集体的共同出彩，实施效果较为理想。

> 编者按：《打造奋进班级，培育"六有"学子》的作者是宁波市职教中心的徐剑军老师，宁波市首届骨干班主任，中国关心下一代工作委员会"我身边的好老师"，浙江省"三全育人"先进个人。徐老师客观地分析了学生中存在的"目标迷失、信心丢失、态度缺失"的问题，提出以"精神文化带动，物质文化拉动，制度文化联动"三轮驱动，打造"肩上有担、手中有艺、心中有爱、目中有人、腹中有墨、脸上有笑"的"六有"学子，旨在锻造学生发展核心素养，为学生终生幸福奠基。

◆ 班级建设方案示例5

三路四环两桥天使筑梦工程

——2018级护理3班建设方案

前言

班级是学生成长的主阵地，唯有搞好班级建设，才能培养出符合时代要求的具有责任感和使命感的优秀中职生。以正能量的意识形态引领促使良好班风、学风的形成，达到立德树人之根本目的。根据《关于加强中等职业学校班主任工作的意见》（2010）、《关于加强和改进新时代中等职业学校德育工作的意见》（2019），以及《中等职业学校德育大纲》等相关文件的精神要求，结合中职护理专业人才培养方案育人要求，联系我班班情及发展目标要求制订本方案。本方案于2018年9月30日按照学校要求完成初稿，2020年10月进行了第五次微调整，班级整体建设始终按照此方案实施并不断丰富改进。

一、指导思想

坚持以习近平新时代中国特色社会主义思想为指导，落实立德树人根本任务。健全"理一实—医"结合、"德—技—能"并重的育人机制，引导护理专业学生弘扬南丁格尔（英国护士和统计学家）精神，以"责任在心 忠贞职守 医海奋进 精诚为舟"为思想总领，结合专业特点紧扣中国学生发展核心素养，特打造"三路四环两桥"天使筑梦工程（见下图），旨在培养一批高素质多元化的优秀护理人才，打造班风良、学风正、团结向上的班集体。

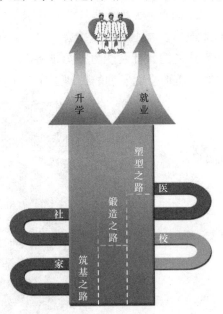

二、班情分析（见下表）

项目	整体情况	个体情况
自然情况	本班级学生45人，男生8人，女生37人，平均年龄14岁（2018年统计），32人来自本县周边乡镇，13人来自县外，往届生6人。学生个性差别较大，学习积极性一般，但是求知欲望足，有明确的奋斗目标	×××年龄最大 ×××建档立卡
思想情况	团员数仅有6人，学生思想品德整体良好，自我意识明显增强，独立感强，感情的变化显著	×××系往届生入校，因与高中老师发生冲突叛逆辍学后入校，需要观察
学习情况	本班学生入校平均分达到230分。优势：对专业技能课兴趣浓厚，思维活跃，有一定的动手实践能力。 劣势：语、数、外偏科较多，学习习惯较差	个别偏科的学生属于习得性无助，需要与任课老师沟通加强督促，注重学习习惯养成
身体情况	本班学生身高均达到正常同龄水平，身体健康状况良好	×××同学曾做过腿部手术，生活不便，需要特别关注
个性特点	本班同学通过入校后的摸底心理健康测评，整体状况良好，仅有个别出现人际交往紧张的情况，外向型学生占68%，所以较为活跃	
家庭情况	家庭状况良好，单亲家庭10人，但无留守家庭，家校沟通较为和谐，家长对于教育的认可度极高，对于学生的发展及毕业诉求明确清晰	××× ××× ×××单亲家庭 ×××留守学生
班级建设重点工作	1. 调整学习态度、建立学习自信、培养学习习惯、落实学习方法、树立学生职业意识、形成专业素养 2. 关心关注学生的心理健康问题。针对不同个案进行疏导，培养团结奋进的观念，做好学生从家庭到学校、学校到社会的过渡 3. 做好学生发展诉求个性化定制	

三、班级建设目标

以三年建设及学生专业成长发展为时间轴（见左下图），依靠家—校—社—医四环合育力量，依据专业人才培养需求，从组织建设、思想建设、制度建设、文化建设、活动建设、职业道德建设入手，以"文化基础+专业理论"注重"理"论；以"专业实践+社会实践"突出"实"践；以"卫生医疗+社会培训"结合"医"学为三年建设的出发点，最终落实到学生"德"，即职业道德、家庭美德、社会公德，"技"，即职业技术、劳动技术、生活技能，"能"，即专业能力、社会能力（团结协作、人际交往、沟通能力）的培养上，使学生成为新时代德智体美劳全面发展的护理工作者（见右下图）。

1. 班级建设宏观目标

通过三年建设，本班应打造成自律、向上、团结、奋进的班集体。学生应获得中专学历证书，能考取专业相关等级证书，达到思想品德端正，护理职业理念牢固，具备护理专业相关的专业文化知识和技能操作能力，成为现代复合型护理技能人才。

第一年建设目标——筑基之路：习惯养成，班级组织结构完善，树立专业理念。

第二年建设目标——锻造之路：以他律为主，巩固提高，筑牢专业理论、专业技能。

第三年建设目标——塑型之路：自律主导，培养学生的主观能动性，夯实执业能力。

三年建设目标如下图所示。

2. 班级建设微观目标

德育目标——符合《中等职业学校德育大纲》的要求，做好班风、学风建设，培养高素质劳动者。

智育目标——契合专业特点，以文化基础的学习厚积人文底蕴，培养科学精神。掌握护理学基本理论知识和基本技能，形成良好的职业道德、伦理意识、法律意识、医疗安全意识；具有爱岗敬业、诚实守信、乐于奉献、敢于承担、勇于创新的职业精神；树立整体护理理念，以护理对象为中心，养成按护理程序进行工作的习惯。

体美目标：建设一支身体好、情趣健康、向善向美、具有一定艺术修养的班级学生团队。

劳动目标：建设一支尊重劳动、勇于创造、艰苦奋斗、勤俭节约的班级学生团队。

四、班级建设内容及主要措施

全班围绕"责任在心 忠贞职守 医海生涯 同舟共济"的中心思想，按照三年发展建设纵深加之横向拓展，搞好两翼建设、加强班级三项管理、注重四项合育，着力打造有梦想、有追求的18护理天使班，最终给社会、学校、家长、学生交一份满意的答卷。

（一）搞好两翼建设，发挥自主管理优势

搞好组织建设，以此筑牢制度堡垒，最终实现思想的高度统一。为此建立健全组织机构，强化领导核心。班级领导机构是开展文化建设的领导核心，必须强化这一核心才能为建设班级文化奠定良好的制度文化基础。充分发挥班委会和团支部的战斗堡垒作用，以此为契机根据班情及专业特色打造班级组织队伍，健全班级管理制度，以活动为引领加强思想建设（见下图）。

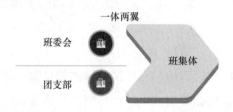

（1）班干部是班级管理的核心和灵魂，在班级建设中起着至关重要的作用 严抓"两会"培养班干部，指导工作方法；班干部主题沙龙提升活动提高管理水平；期末民意测评考核班干部促使其全面发展，即"以点带面"。实践证明，有责任心的班干部可以有效地带动班级文化建设的开展。

（2）建立健全科学的班级管理制度 班级管理制度是搞好班级建设不可或缺的重要组成部分。随着班集体的建立，班级管理制度也随着我班的不断成熟不断健全，制定了"班级一日常规""班级宿舍管理规范""班级文化建设制度""班级自习制度""班级手机管理规范"等。

（3）以活动为载体加强学生思想引领 "寓教于乐"，在活动中教育学生能收到好的教育效果。主题班会是常抓不懈的思想宣传阵地，根据三年班级建设年度目标，结合学校实际工作开展班级活动；注重特色建班，深植护理职业理念，利用专业优势积极组织学生参与青年节志愿者活动、5.12护士节活动、职教活动周、"多技傍身"主题活动月等，在展示专业的同时加强思想意识形态建设和职业道德建设、劳动教育；利用传统节日加强传统文化教育，端午包粽子诵诗会成了我班的特色班级活动。

班训、班风及班徽如下图所示。

（4）物质文化、精神文化、制度文化三者结合　做好班级文化建设，注重教室环境布置，严格执行师生仪表要求；组建2018级护理3班班级文化建设领导小组，充分发挥学生的主动性、创造性和团结性，商议班训、班风作为班级精神引领；班级设立图书角、绿植角、班级风采展、班级宣传栏；通过班委会、团支部制订了班级誓词、民主投票选定班歌《白衣天使》；利用班级文化角的读书笔记与学生互动，教师寄语不定时地出现在孩子们的读书笔记中，老师的关注和爱促使学生自信满满地向着更高的目标前进。

（二）三项管理工程，建设有规矩的班集体

守住常规，培养学生的良好习惯。三年最关键的就是第一年，在班级管理中，我非常重视班级一日常规的管理，狠抓落实，以"读好书、写作业、跑好操、扫除好"为目标，高标准，严要求，强落实，学生良好的行为习惯在日积月累中慢慢形成。班风班容也在习惯培养中发生着巨大改变。

创新管理，激发班级建设活力。创新管理模式，实行了小组捆绑式管理，小组得分为每个学生的量化得分之和，让班级管理更自主，更有效。结合成绩、性格等因素划分小组，将班委也融入小组中并做组长带动组员，把课堂、作业、卫生、两操、专业技术考核等融为一体，让争取得分最大化成为自主管理的核心。这种管理方式让学生积极性高涨，激发了班级活力，提升了班级管理水平。

多元评价，激发学生成长内驱力。评价是学生前进的"助推器"。依托小组捆绑式管理，以任课教师课堂评价、专业课教师专业课评价、校学生会、专业部学生会每日考评、学生自评纳入评价，以"三全"育人理念实现了全员全方位全程评价。每月评选优胜小组，期末评选冠军小组。为了调动每个小组成员的积极性，又设置了优秀个人奖，"学习标兵""守纪标兵""全勤学生"，开展个人之间，小组之间的"学习竞争"活动。

（三）四项合育工程，建设同心合力的大家庭

家校是天然的"同盟军"和"合伙人"，学生教育工作的借力点。为此开展四项合育努力为本班孩子的成长营造一个同心的大家庭。四项合育工程建设大家庭如下图所示。

（1）"双线制"家访——摸底子，探路子 "线上线下结合，走出去引进来相结合"。走进学生家里去家访，摸清学生真实的生存状况，探索教育和转化的有效方法。组建班级微信和QQ群，严格执行"月十人周两人"的家访制度，及时与家长进行沟通，为班级工作的有利开展打下基础。

（2）家委会——搭台子，出点子 在班级管理中，充分利用家委会的教育资源，搭台子，出点子，为班级管理注入鲜活的能力。2018级3班的家委会成员来自各行各业，借助学校统一的家长开放日、期末放假、职教活动周等活动点，组织家委会参与学生的技能考核，家校座谈职业教育最新政策解读，加强沟通和交流，了解学校班级的管理和发展，重视学生的成长。

（3）社区沟通——想法子，指路子 借助社会力量培养学生，借力学生所在社区、所在单元加强管理。组织学生在第二年、第三年开展"多技傍身"专业相关证书学习考评活动，以拓宽就业渠道；主动引导学生利用自己的专业知识加入社区健康宣传员，开展村里义务防疫等活动；开展社区家访活动，在每次走访建档立卡的学生以及寒暑假走访时选择性地去学生家所在社区或村委会，沟通搭建社区、村级点专业服务平台，反映学生的优秀表现，宣传职业教育相关政策，助力学生健康成长。

（4）校外辅导——强专业，竖梯子 职业道德建设需要抓好认知岗位实习、跟岗实习、顶岗实习这几个节点，以班级主题活动的形式做好教育工作；聘请已经在医院工作的毕业生给学生做讲座；联系教学医院聘请班级护理专业校外辅导教师，在每年学生职教活动周技能考核以及"5.12护士节活动"的时候均开展相关的活动，给予学生更多专业上的指导和鼓励。

五、班级活动安排

班级活动安排见下表。

年级	学期	主题	活动形式	活动目的
一年级	第一学期	认识自己，接纳自己 走进新生活 白衣天使　受帽之礼 飞跃平凡，由你创变 比比谁家更美丽	心理健康测试 班级团建 医院岗位认知活动 班团会 宿舍文化建设	了解学生 凝聚班魂 护理专业认知、规划 班规起草 凝聚力培养　习惯养成
	第二学期	画眉深浅入时无 花开有时　真爱无期 青春与责任（五四纪念）之系列活动 传递温暖的力量 口齿沁香　诗词赞美 安全伴我行系列	仪容仪表规范活动 主题班会 社区健康宣传 志愿者活动 端午吟诗诵读会 暑假防溺水教育会　消防逃生演练 网络诈骗主题班会	护理专业形象素质要求 青春期爱情观教育 树立青年责任感 专业服务群众 职业精神领悟提升 传统文化教育 安全教育
二年级	第三学期	有"礼"走遍天下 护理辅导员聘请仪式 挥洒青春，展示自我 急救花开入校园 学会感恩，读懂爱	社区义诊献礼 护士礼仪比赛 优秀护士讲座 校、市级技能大赛 急救员培训考核 主题班会	爱国主义教育 自信提升 职业角色深入探究 职业技能提升 专业相关证书学习 感恩教育
	第四学期	疫情与防控 致敬"硬核"英雄 争做天使"脊梁" 书韵清香 512天使梦想技能展示 规划未来，成就自我	线上主题班会 复课主题班会 主题班会 读书交流会 技能展示活动 主题班会	自我防护科普 职业理念、榜样示范 爱国主义教育 终身学习意识增强 专业技能提升 升学、就业规划
三年级	第五学期	职教高考政策解读 八面玲珑就是我 职教活动周 启智榜样评选 苔花虽小，如牡丹开 多技傍身活动月	家校合育春考座谈会 社团展示活动 校级专业展示活动 校级优秀学生评选 主题班会 养老、母婴护理员 中医保健师培训	升学经验交流分享 交流学习、互鉴互赏 专业技能社会评定 优秀学生表彰、榜样激励 职业幸福感培养 专业相关证书学习
	第六学期	让职场更走心 握紧生命的安全阀 以法护航扬帆起航 春考奋战一击制胜 无悔青春扬帆起航	医院模拟招聘 安全教育班会 社区法治教育培训 家校活动 毕业、成人礼活动	升学就业双重身份准备 实习就业，安全至上 法制教育 家校合育 毕业礼暨成人礼

　　编者按：《三路四环两桥天使筑梦工程》的作者是山东省平阴县职业中等专业学校的徐梦婷老师，2020年全国中等职业学校班主任能力比赛一等奖获得者。2020年，新冠肺炎疫情肆虐华夏，危急时刻，医护人员彰显英雄本色，他们白衣为甲，逆行出征，阻击病魔，守护生命，成为无数青少年的榜样。立志从医的青少年怎样才能实现理想呢？走进徐老师的班级，她为你筑路架桥，带你成为白衣天使。

班级建设方案示例6

"丑小鸭"的完美逆袭

——2018学二班班级建设方案

一、班级情况分析

（一）学生基本情况

我目前所带班级为学前教育专业三年级学生。入学初，我通过调查问卷，对学生的家庭情况、身心健康状况、个性特点、学业基础、爱好特长、发展诉求等32项指标进行了系统分析，形成班情分析报告图（见下图），以便后续能完整、系统地对学生进行跟踪辅导。

一、学生基本情况

指标		小计	比例
性别	男	0	0
	女	39	100%
生源	城镇（含农村）	38	97.44%
	城市	1	2.56%
政治面貌	共青团员	11	28.21%
	群众	28	71.79%
独生子女	是	7	17.95%
	否	32	82.05%
应届毕业	是	31	79.49%
	否	8	20.51%

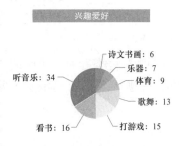

兴趣爱好

诗文书画：6
乐器：7
体育：9
歌舞：13
打游戏：15
看书：16
听音乐：34

二、家庭基本情况

项目		小计	比例
家长教育方法	专制粗暴	2	5.13%
	民主平等	37	94.87%
	漠不关心	0	0
	非常宠爱	0	0
家庭状况	单亲家庭	0	0
	后组合家庭	1	2.56%
	孤儿	0	0
	完整家庭（父母本地工作）	33	84.62%
	完整家庭（父母外地工作）	2	5.13%
	完整家庭（父母一人外地工作）	3	7.69%

学业基础调查（中考分数）

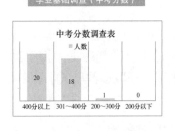

中考分数调查表

400分以上	301~400分	200~300分	200分以下
20	18	1	0

三、对本专业的认同度

选项	小计	比例
不认同	2	5.13%
无所谓	4	10.26%
基本认同	16	41.03%
认同	7	17.95%
非常认同	10	25.64%

自我提升意愿调查

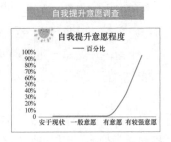

自我提升意愿程度
——百分比
安于现状　一般意愿　有意愿　有较强意愿

调查显示，2018学二班共有39名学生，全部为女生，天真烂漫、活泼好动，95%的同学家庭氛围民主平等，大部分学生具有乐器、歌舞等特长，38%的学生喜欢网络游戏。由于我校学前教育专业中考录取分数较高，因此400分以上20人，占51.28%。有18人在初中阶段担任过班干部，学业基础良好，但中考失利，缺乏自信。41%的学生对本专业认同度一般，但94.87%的同学具有强烈的学习欲望。考虑到中职生缺乏明确的自我定位且约束力较差。因此，我初步判断：即使数据显示出较强的学习动机也不可能长久地对行为产生强大而稳固的动力。

（二）基本情况分析（见下图）

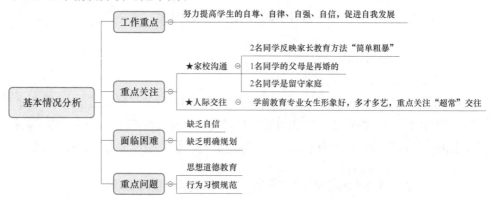

二、班级建设目标

学前教育专业作为师范类专业，正所谓"学高为师，身正为范"。因此，在建班育人实践中，我以"培育教师品格，锻造淑女形象"为建班育人目标，重点关注的领域为以下两个：

（一）宏观：班集体定位

确定班名为"超级女生班"，班训为"刻苦、和谐、端庄"。通过"外秀形象，内塑气质"，打造"书香"班级，加强班集体文化内涵修养，全方位打造"淑女型幼儿教师"形象。

（二）微观：个人成长定位

根据加德纳的多元智能理论，将学生的"全面发展"与"个性发展"有机地结合起来，通过多种渠道、采取多种形式、在多种不同的实际生活和学习情景下，重视学生主体作用，发挥个人优势智能，实现"人人皆可成才，人人尽展其才"。

三、班级建设思路

根据习近平总书记提出的"四有好老师"的理念及《德育大纲》等文件，依据我校《学前教育专业人才培养方案》，以及行业企业人才的实际需求，旨在培养德智体美劳全面发展的高素质幼儿教育工作者，并具有一定学前儿童卫生保健、心理学、乐器演奏等专业知识和技能，能够引导并保护学前儿童健康发展。结合班情，班级教育理念和规划思路如下。

（一）教育理念

苏霍姆林斯基说过："只有能够激发学生进行自我教育的教育才是真正的教育。"我尝试以学生的自我发展为根本，以养成教育为起点，引导学生认识自我，尝试建立以"自尊自律"为基础，通过"自强自信"，实现"自主自觉"的"六自"建班育人管理模式。

（二）规划思路

我以童话故事《丑小鸭》的主人公经历为原型，通过"丑小鸭养成记——奋斗鸭历险记——励志鸭追梦记"3个阶段引导和培养，让每个学生完成丑小鸭的"完美逆袭"，具体见下表：

白天鹅炼成记

	一年级：丑小鸭养成记	二年级：奋斗鸭历险记	三年级：励志鸭追梦记
班级建设目标	以养成教育为起点，培养学生自尊自律	引导科学认识自我，培养学生自强自信	以学生自我发展为根本，培养学生的自主自觉性
班级建设内容	规范班级管理制度，认同学校和专业，正确认识自我	师德为先，幼儿为本，能力为重，终身学习，特色班级	明确未来发展方向，勇于追求心中理想，学会自主自觉学习，妥善应对突发事件
主要措施	主题班会、传统文化节日活动、社团活动、读书活动、职业规划方案、最美女生活动、家长会、岗位见习、"六艺节"系列活动等		
特色创新	1. 培养阅读习惯，创建"书香"班级 2. 加入社团，培养"剪纸""书法"等爱好特长 3. 参加学校值周服务、社会志愿服务等社会实践 4. 结合学前专业"六艺节"完成技能提升		

四、班级建设内容及途径

三个年级的班级建设内容及途径的具体内容见下表：

一年级班级建设内容及途径表

班级建设目标	1. 以养成教育为起点，培养学生自尊自律 2. 适应中职的学习和生活，营造良好的班级氛围，养成遵规守纪的习惯，形成良好的班风班貌 3. 以职业规划为起点，了解专业、认同职业；自尊自爱，重塑信心；提高素养，追求梦想 4. 以社会主义核心价值观为导向，建设"刻苦奋斗、和谐竞争、端庄淑女"的班集体
建设内容	1. "班级管理我参与"——规范班级管理制度 2. "专业成长我认同"——了解学校和所学专业 3. "我的未来我做主"——正确认识自我，自尊自律
具体措施及活动	1. "班级管理我参与"——规范班级管理制度 （1）管理制度：制订《班级公约》，学生参与、老师指导、集体认可，共同遵守。 （2）组建班委：个人申请、演讲竞聘、民主投票，并通过"带、帮、放"引导班干部成长。 （3）文化建设：结合专业和班级特色形成班名、班训、班徽、班级博客等。 （4）主题班会：举办"新学期、新生活、新朋友""职业与专业""团队合作""行为""习惯与命运""诚实与守信""我的人生，我的梦""人际关系""问世间情为何物（超常交往）""1分钟的价值"等主题班会，进行思想教育和行为训练。 （5）利用活动周和开放日，召开家长会，建立家委会，形成家校合力。 （6）参与突发事件演练和安全讲座。 2. "专业成长我认同"——了解学校和所学专业 （1）教室文化建设：参加学校"最美教室"评比，创设图书角、设计风采照片栏、设计主题墙等，适应新环境。 （2）宿舍文化建设："最美宿舍"评比，美化环境，体验主人翁感受。 （3）专业介绍：召开迎新会，通过班主任介绍、任课教师参与、新老生经验交流等方式，明确未来的努力方向。 （4）社团活动：了解活动内容及意义，鼓励学生参与，培养专业兴趣。 3. "我的未来我做主"——正确认识自我，自尊自律 （1）参加军训、校运会、远足拉练：鼓励学生走出中考失利的阴影，品尝成功的快乐，增强自我认识、自我评价、自我肯定的意识，重获自信。 （2）环境卫生系列培训：通过邀请德育教师、学姐现场指导、班主任辅导等方式，开展班级劳动教育，培养责任感和自律意识。 （3）举办国庆、中秋、端午节系列活动：开展主题班会、录制手语歌、绘制手抄报、制作剪纸，激发同学们的爱国热情，感受中华优秀传统文化。 （4）认真完成学校举办的硬笔书法字帖、寒暑假德育实践等德育作业。 （5）创建读书角：创办班级读书角，坚持读书分享，培养淑女气质
预期效果	以班级文化建设为抓手，树立主人翁意识，创造良好的班级氛围，增强班集体凝聚力。通过活动引领，让学生树立信心、认同专业；培养阅读习惯，提升自身素养
实际效果	循序渐进打造班级文化，形成了民主、平等、和谐的班级氛围；良好的家校沟通让班级工作有了"坚强后盾"，形成良好的班风、学风
总结与反思	符合班级学情的动态评价体系有待完善，缺少有针对性的阶段性评价，并据此调整班级建设规划。因此，完善评价体系将作为二年级的重点工作

二年级班级建设内容及途径表

班级建设目标	1. 科学认识自我，培养学生自强自信 2. 以社会主义核心价值观为导向，培养幼儿教师基本职业素养 3. 提高教学技能和艺术修养，打造"书香班"特色班级 4. 完善评价体系，优化评价机制，发挥个性特长 5. 提高实践能力和解决问题的能力，培养研究型教师
建设内容	1. 师德为先：学高为师，身正为范 2. 幼儿为本：岗位见习，走进幼儿 3. 能力为重：六艺技能，个人成长 4. 终身学习：艺术实践，重塑自我
具体措施及活动	结合专业部"六艺"节，围绕"职业道德与素养、教育教学技能、艺术实践活动"三大领域，开展"说、唱、舞、书、画、做"6个主题活动： 1. 师德为先：学高为师，身正为范 （1）举办系列主题班会：根据学生心理特点、专业特色和现阶段出现的问题选择"职责与责任教育""新冠肺炎疫情系列班会""珍爱生命 安全第一""换个角度看人生"等主题班会。 （2）参加职业素养课程、正面管教课程、幼儿园名师进课堂等系列课程。 2. 幼儿为本：岗位见习，走进幼儿 （1）参加岗位见习，学以致用，明晰职业规划。 （2）举办见习分享会，分享收获，调动理论课和专业课的学习积极性。 （3）结合学生家长和幼儿园导师多元评价体系，培养学生规范的一言一行。 （4）参与校园突发事件演练和安全讲座；参与幼儿园突发事件演练。 3. 能力为重：六艺技能，个人成长 参与人员：班主任、任课教师、社团导师、全体学生。 关注点：坚持师范性，如器乐比赛中不应只关注到弹奏技巧，而要注重实用性——即兴伴奏的能力，真正地服务于幼儿园的素质教育。 ☆阶段一：班级赛（统筹→策划→组织→排练→演出→评比→颁奖→总结） ①说：说课、演讲、朗诵、故事讲述比赛、课本剧展演 ②唱：合唱比赛（歌唱家乡）、器乐比赛； ③舞：舞蹈比赛（儿童舞、民族舞、集体舞、健美操）； ④书：书法展（粉笔字、钢笔字）； ⑤画：画展（简笔画、水彩画、国画）； ⑥做：手工展（毛线画、拼贴画、纸浆画、豆类粘贴画、剪纸、课件制作）。 ☆阶段二：班级秀（学期结束家长会，展示精彩表演） 4. 终身学习：艺术实践，重塑自我 （1）"灿如星"：结合校运会、远足拉练等活动，融入专业、班级特色。 （2）"我们说"：开展"悦"读会，培养习惯；分享感悟，共同成长。 （3）"走出去"：参观市博物馆感受家乡；走进社区、敬老院慰问。 （4）完成职业教育活动周系列任务、校园值周任务和文明实践志愿服务。 （5）参加中职生文明风采大赛和社团（剪纸、书法等），展现自我
预期效果	结合六艺节，使学生的艺术知识结构、职业技能和训练体现师范生的教育特点，提高学生的整体素质和质量，适应新形势下教育对教师的要求
实际效果	1. 技能提升，达成"外秀形象，内塑气质"的建设目标 2. 与家长和任课老师的沟通协调，形成了有效的教育合力 3. 通过多元评价，同学们得到了多方鼓励，提升自信
总结与反思	"六艺节"以学生为主体，体现文武并重、知能兼求。相较于一年级，建立了较为完善的班级评价体系，积分制全程监控，多元评价量化成果，优化了实施效果，但要加强语、数、外文化课的学习，打好基础

三年级班级建设内容及途径表

班级建设目标	1. 以自我发展为根本，培养学生自主自觉 2. 坚持"师范性"，突出专业特征，适应新形势下教育对教师的要求 3. 引导学生关注社会热点，加强社会实践，提高应对突发事件的能力 4. 明确未来方向，发挥个性特长，践行幼教理想，实现个人追求
建设内容	1. 明确未来发展方向——选择高考或考证 2. 勇于追求心中理想——健康心态、磨炼意志、积极备战 3. 学会自主自觉学习——掌握科学的学习方法 4. 妥善应对突发事件——疫情期间的诸多反思
具体措施及活动	1. 明确未来发展——选择高考或考证 （1）联系社会热点，如新冠肺炎疫情、5G网络快速发展等，根据学生心理特点和现阶段班级情况开展主题班会，如"向着目标乘风破浪（主题班会设计已体现）""梦想需奋斗　成功有方法"等，引导学生规划三年级生活。 （2）召开家长会，集思广益，共同助力学生成长。 （3）开展"追求职业梦想"主题演讲，明确职业方向，坚定职业梦想。 2. 勇于追求梦想——健康心态、磨炼意志、积极备战 （1）邀请优秀毕业生来班交流，鼓励学生坚定梦想，不轻言放弃。 （2）制作"职业生涯规划方案"，规划自己的职业生涯。 3. 学会自我管理——掌握科学的学习方法 （1）开展专业课知识背诵大赛，掌握思维导图等科学记忆法。 （2）联合任课教师，开展小组学习法，通过团队的力量促进学习。 （3）制订个人"目标计划书"，明确每周学习计划，提高学习效率。 4. 妥善应对突发事件 （1）提高安全意识，不信谣、不传谣，严格监管、及时提醒、主动上报。 （2）召开安全系列主题班会，牢固树立"珍爱生命　安全第一"的意识，积极应对突发事件。 （3）参与校园安全演练和安全讲座。
预期效果	结合学生的职业理想和个人特长，帮助学生找到合理的目标定位。确定目标后，引导学生以正确的方式方法和心态勇于追求目标，成为自尊自律、自强自信、自主自觉的中职生，勇于追求自己的幸福人生

五、突发事件处理

为科学、有效地应对学校突发事件，最大限度地降低其危害，确保生命安全，结合学校要求，特制订《班级突发事件处理流程及舆情处理预案》，内容如下：

1. 教学期间处置流程

由任课教师报告班主任→班主任联系专业部主任和体卫处主任→相关人员逐级上报→通知家长→做好学生心理安抚。

2. 非教学期间处置流程

由宿舍长或班长汇报给班主任和学管老师→班主任上报专业部主任和体卫处主任并通知家长、做好记录→班主任和学管教师做好安抚工作。

3. 舆情处置流程

通过校级媒体适时适度发布真实消息，解疑释惑、澄清事实、反驳谣言、引导舆论，并据事件进展情况，及时向上级部门汇报，配合做好各项工作。

六、建设成效与反思

2018学二班在两年半的学习生活中，班级活动紧密结合专业学习和岗位认知、教育见习，实现了师生共成长、亲子共成长的双赢，学生的自主和自觉性得以增强，靠自己的能力获得了充分自由的发展。未来，2018学二班的超级女生们将以更加坚定优雅的步伐和积极乐观的态度去追求幸福人生，成为美丽的白天鹅。

编者按：《"丑小鸭"的完美逆袭》的作者是涿州市职教中心的张鸽老师，2020年全国中等职业学校班主任能力比赛三等奖获得者，2018全国中职学校"创新杯"信息化教学说课大赛一等奖获得者。中等职业学校的学生是中考失利者，他们自卑、敏感、怯懦、无助，像极了初生的"丑小鸭"，经过中职阶段的教育洗礼，使他们蜕变为自信、优雅、勇敢、坚定的白天鹅，这是每个中职班主任的愿望，也是我们的责任。

班级建设方案示例7

逐梦蓝天
——2019级航空服务专业班班级建设方案

什么能描绘出生命的曲线？

什么能增添生命的光辉？

什么能燃起心中的火种？

答案只有一个，那就是梦想！

而班主任，从事的就是守护梦想、见证梦想的工作。

来自四面八方，性格迥异，但都怀揣着蓝天梦想的28名学生，组成了2019级航空服务班。作为班主任，我深知建设一个良好的班集体的重要性，它不仅是师生共同学习的乐园、相互交流的驿站，更是一起成长的舞台。为此，根据班级和学生实际，结合专业特点，我决定师生共同打造具有航空专业特色的"造梦、追梦、圆梦"三阶段"逐梦蓝天"班集体，希望在这里同学们都能实现梦想，圆梦蓝天。

一、班级情况分析

（一）学生情况分析

翔实、准确地掌握学生情况是建好班级的前提和基础。学生入学之初，我就采用问卷调查、家访、访谈初中班主任等方式对学生情况做了细致的了解并建立电子档案。借助信息技术，对班内学生进行详细的情况分析，如下图所示：

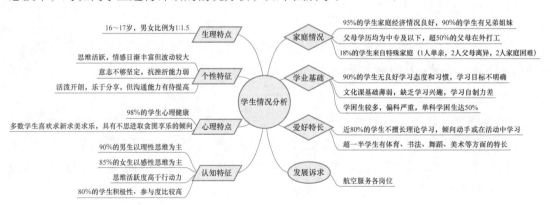

（二）班级特点分析

班内共有28名学生，男生11名，女生17名；2人不住校，其余均为在校寄宿生，大多活泼开朗，乐于分享。因专业特点，学生更加注重外在形象，追求时尚，易于接受新事物、新观念。为此，我们将班级建设成为温馨和谐、开朗外向、凸显航空专业特色的班集体。

（三）岗位职业素养分析

根据航空服务各工作岗位、工作过程、工作内容，分析学生需具备的专业素养和职业素养，培养学生才有目标，建设班级才有导向。岗位专业素养和职业素养分析如下图所示：

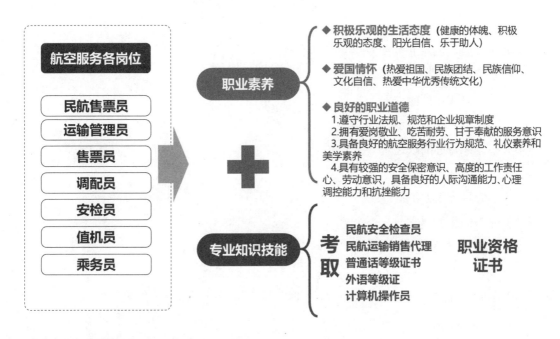

（四）重点关注的工作领域和学生个体

1. 需重点关注的工作领域

1）学生行为规范的养成教育。

2）学生人生观价值观的培养。

3）团队合作精神和服务意识的培养。

4）班级活动的组织与开展。

2. 需重点关注的学生个体

特殊学生是需重点关注的对象，班主任应多渠道掌握其具体情况，建立档案，定期追踪；针对不同个体，发动多方力量，进行关爱与帮扶。需重点关注的学生个体类别如下图所示：

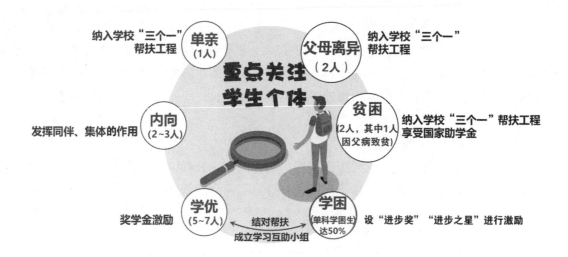

（五）面临的困难和需要重点解决的问题

1. 面临的困难

1）学生自我管理能力差。

2）学生学习动力不足。

3）集体荣誉感的缺乏。

4）专业认知不到位。

2. 需要重点解决的问题

1）理想信念的建立。

2）良好习惯的培养。

3）多元育人的落实。

4）职业生涯的规划。

二、班级建设目标

1. 班级建设总体目标

1）营造健康自信的班风和主动勤奋的学风。

2）培养学生自我管理、自我教育的能力与工匠精神。

3）增强班级凝聚力，建设平等、民主、和谐型班集体。

4）促进学生德、智、体、美、劳、心理等方面的全面发展。

2. 班级建设具体目标

根据班级学生情况和班级建设总体目标，结合专业特点，我将班级建设具体目标分为造梦、追梦、圆梦3个阶段，分别对应中职一至三年级。班级建设具体目标如下图所示：

班级建设具体目标

第三阶段
（中职三年级）　**圆梦**　圆梦，为"梦圆蓝天"发展提升
目标：自我管理，自主发展，自我完善，构建和谐民主型班级

第二阶段
（中职二年级）　**追梦**　追梦，为实现"蓝天梦想"锻造锤炼
目标：基于活动开展，提升职业素质和能力，通过丰富多彩的班级活动促进班级建设和学生个性发展

第一阶段
（中职一年级）　**造梦**　造梦，创建"逐梦蓝天"班集体
目标：规划目标和愿景，建立制度，规范意识

三、班级建设内容

习近平总书记在全国教育大会上提出了"培养什么人、怎样培养人和为谁培养人"的问题，这也是中职班集体建设的目标任务和行动纲领。

1. 培养学生素质

（1）德　践行社会主义核心价值观，坚持理想信念教育，传承与创新中华优秀传统文化，树立正确的职业理想和就业观念；加强日常行为规范养成教育，深入开展劳动教育，加强安全教育，法治教育等；培养爱党爱国、文明礼貌、遵纪守法的社会主义建设者和接班人。

（2）智　对接岗位需求，培养良好的职业道德、职业素养和职业行为习惯；因材施教，加强动手能力和个性培养，养成良好的学习习惯。

（3）体　本专业对身体素质要求高，培养学生掌握科学的健体方法，养成锻炼身体、讲究卫生的习惯，拥有健康的体魄，为以后学习、工作和生活奠定基础。

（4）美　结合礼仪、形象设计等专业课程，增强审美意识，形成正确的审美观念，能够在学习和生活中发现美、享受美、创造美。

（5）劳　树立正确的劳动观念，养成良好的劳动习惯，着重培养精益求精的工匠精神和爱岗敬业的劳动态度。

（6）心理　树立正确的社会观念和自我观念，培养良好的个性品质和心理素质，着重提高学生受挫能力、自我排解能力、社会认知能力等。

2. 班级制度建设

（1）制订班级规章制度　以校规校纪为基础，内容具体，易于操作，便于考核。规章制度一旦制定，具有指令性和严肃性，不能随意更改或因人而异。班级制度学期末进行修订，集思广益，使之更科学合理、公平公正。班级制度建设如下图所示：

（2）完善班级组织机构　打造得力的班干部队伍，实行自荐和民主推荐相结合的班级干部应聘制。班级组织结构如下图所示：

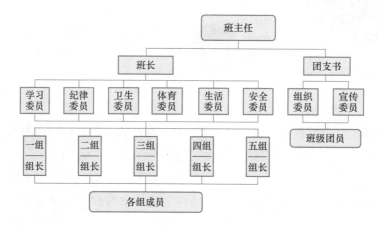

（3）值日班长轮流制　班干部任轮值班长，每周主持总结本周亮点工作和改进措施，班主任给出合理化建议，实现班级事务自理、自治。

（4）班级工作招标制　将班级中的一些固定工作（图书角管理员、卫生角整理员等）进行公示招标，设不同的奖励分值，同学们自愿认领，培养学生的责任和服务意识。

3. 班级文化建设

（1）环境文化

1）教室布置整洁雅致、有专业特色。把教室当机舱布置，座位摆放整齐，桌面清理整洁，物品摆放有序，绿植修剪得生机盎然，专人管理图书角和卫生角。

2）班级设"One Classroom, One Dream"专区，贴有全班同学照片附人生格言。照片逐年更换，让学生亲身感受到自己的成长与变化，将"We are one family"烙印心底。

3）定期更换黑板报内容，除规定主题外，板报内容始终围绕航空主题，融入航企文化，把"严谨高效，热情周到"的航空文化特征作为班级文化建设的元素。

4）教室设光荣墙，记录班级奋斗的足迹，发挥榜样示范作用。

（2）精神文化

1）制订有特色的班级口号，要积极向上、与班级目标相吻合。

2）班级精神和凝聚力的培养。习近平主席强调的"人心齐，泰山移"也是班级精神建设的精髓，团结是一切力量的源泉。

3）争当文明先锋。纪律、学习、卫生三不误，争当文明班级，争做文明学生。

（3）观念文化

1）赏识观念。师生互赏，生生互赏，鼓励互相发现闪光点并讲出来，既增强自信，又融洽师生关系和同学间的关系。

2）发展观念。明确学习是马拉松，而非百米冲刺，每天进步一点点，会遇见一个更好的自己。

3）互助观念。建立班级爱心互助平台，助人助己，奉献爱心，处处可为。

（4）活动文化

1）根据学校统一活动主题或班级实际组织主题班会或主题教育活动。主题班会充分发挥集体的智慧和力量，让个人在集体活动中受教育、受熏陶，有利于学生思想的转化和良好班风的形成。主题班会设计如下图所示：

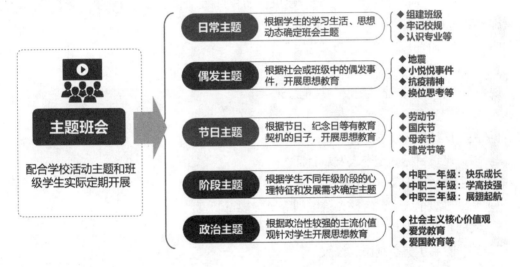

2）发掘学生特长，鼓励学生参加各级各类比赛和活动：文明风采、技能（知识）竞赛、礼仪服务、社团活动、经典诵读、合唱比赛、演讲、运动会、元旦汇演等，学生在活动中娱乐，在娱乐中学习，集学习、娱乐和能力提升于一体。

4. 职业指导

（1）加强就业观念引导，树立正确的就业观 多数学生向往空乘岗位，但面试严格，受挫后易产生消极情绪，对某些地勤岗位又有抵触，应通过多种形式加强就业观教育。

（2）以市场为导向，加强职业规划设计 中职一年级培养职业规划意识，加强自我分析和职业认知，做好职业发展计划。中职二年级根据职业计划和职业设计路径，循序渐进，完成学业，不断提升职业素质和能力。中职三年级与时俱进，脚踏实地，完成顶岗实习实践教学，为入职做准备，保证顺利就业。

5．家校企共育

（1）家校共育　建立班级微信群，引导家长关注学校公众号、将班级活动制成美篇、每学期开展"万名教师访万家"活动、邀请家长参与班级管理等一系列措施，可及时向家长反映其子女在学校的纪律、学习、生活情况，争取家长的支持和配合共同教育学生。

（2）校企共育

1）请师傅进校园。聘请航企师傅任教实训课，学校与企业对接，学习与岗位对接，理论与技能对接。

2）进航企见习教学。亲身体验航空服务各岗位技能要求，感受航空服务专业的魅力和先进的管理运行过程，为今后走向工作岗位打下基础。

3）进企业顶岗实习。老师和师傅齐携手完成实践教学，不断总结反思提高，让学生在实践中学习、在实践中进步。

四、主要措施及活动安排

依据"造梦、追梦、圆梦"三阶段建班计划和目标，结合班级和学生实际，各阶段主要措施和活动安排如下。

（一）第一阶段：中职一年级"造梦"，创建"逐梦蓝天"班集体

1．建设目标

规划目标和愿景，建立制度，规范意识。

2．主要措施

1）民主设计班级发展目标、口号。

2）根据班级目标确定个人发展目标。

3）民主选举班干部，责任分工，明确任务。

4）制订班级个人量化考核评价细则等班级规章制度。

5）共同布置教室和宿舍。

6）统一着装（航空制服、校服）。

7）自主成立合作学习小组。

8）建立家校互动平台。

9）为学生建立成长档案。

10）聘请企业师傅任教专业课。

3．活动安排

1）新学期系列主题班会：爱校爱班，我自豪我是中职生等。

2）制订班级目标、口号，组建班委，制订班规班纪。

3）建立班级图书角、卫生角。

4）建立班级个人量化考核台账。

5）组建家委会。

6）发掘学生潜能和特长，培养个性。

7）组织参加校运会。

8）举行航空专业特色的文体活动。

9）参加礼仪服务活动（颁奖、产品展示等）。

10）参观航企，增强专业认知。

4. 设计理念

集体育人是指马卡连柯的平行教育理论倡导通过集体来影响人，着力打造有利于学生成长发展的温馨和谐、开朗外向的班集体。

（二）第二阶段：中职二年级"追梦"，为实现"蓝天梦想"锻造锤炼

1. 建设目标

基于活动开展，提升职业素养和能力，通过丰富多彩的班级活动促进班级建设和学生个性发展。

2. 主要措施

1）搭建科任、企业、家长共育平台，协同育人。

2）加大班干部培养力度，逐步实现班级事务自理自治。

3）修订班级规章制度，使之更科学合理，符合班级实际。

4）跟踪观察特殊学生的教育。

5）发挥家委会的作用，解决班级有关问题。

6）引导学生主动参与班级管理和集体活动。

7）鼓励学生参加各级各类比赛和活动。

8）指导学生做好职业计划和发展规划。

9）组织学生考取相关职业资格证书。

3. 活动安排

1）心理健康教育系列主题班会：如何面对挫折、早恋的苦果、嫉妒心调试等。

2）定期举办师生学习总结交流会。

3）社会实践活动（航企、飞行训练中心）。

4）志愿服务活动（社区礼仪展示、敬老院爱心助老、开展礼仪课堂）。

5）兄弟学校航空专业校际交流。

6）参加各项活动和比赛。

7）定期评选班级先进小组和个人。

8）召开家长会，交流家庭教育理念。

9）定期开展读书交流会。

4. 设计理念

活动育人是指通过参加比赛和活动，培养学生健康心态和个性品质，提高职业素养和能力。

（三）第三阶段：中职三年级"圆梦"，为"梦圆蓝天"发展提升

1. 建设目标

建设自我管理、自主发展、自我规划，构建和谐民主型班级。

2. 主要措施

1）加强学习管理。

2）实行学习周计划总结制度，周周有目标，周周有总结。

3）培养学生自主管理，自我规划。

4）培养学生团队协作、服务意识，培养吃苦耐劳品质。

5）加强学生顶岗实习管理。

6）针对学生实际，当好就业参谋。

3. 活动安排

1）目标与规划系列主题班会："此时不搏待何时，实习你准备好了吗？"

2）优秀毕业生事迹报告会。

3）感恩教育系列活动。

4）继续开展社会实践活动。

5）开展优秀项目展示活动，展示特长，推介自我。

6）开展顶岗实习。

4. 设计理念

发展育人是指促进学生全面发展，着重培养学生团结协作、自我管理的能力，为顺利就业做好准备。

五、班级建设小结

班级建设是一项艰巨而繁杂的工程，它不仅需要班主任具有先进的教育理念，良好的职业素养和高超的育人智慧，同时还需要深谙教育规律和方法。建班路上，师生都是追梦人，相携相长，实干才能梦想成真。作为职教人，不忘初心，立德树人；牢记使命，三全育人，力争让每个学生的梦想都开花。

> 编者按：《逐梦蓝天——2019级航空服务专业班班级建设方案》的作者是临朐县职教中心的赵雪娟老师，2020年全国中等职业学校班主任能力比赛二等奖获得者。班级建设方案从分析航空服务各岗位的职业素养入手，制订了"造梦""追梦""圆梦"3个阶段的建设目标，响应了习近平总书记对广大青年"敢于有梦、勇于追梦、勤于圆梦"的号召。注重从德、智、体、美、劳、心理等方面培育学生，促进学生全面发展。活动安排科学合理，具有很强的可行性和实效性。

班级建设方案示例8

创新管理育优秀学生，特色活动塑幼教新人

一、班级情况

（一）整体情况

通过观察、调查问卷、访谈等形式了解班级情况如下：

共有女生35人，其中团员3人，独生女4人，来自单亲及重组家庭5人。

1．身心健康方面

1）1人腿疾；1人眼疾；1人做过先天性心脏手术。

2）3人不喜欢与人交流；22%的学生存在心理落差：有自卑、自我放弃的情绪。

2．行为习惯方面

部分学生行为自由散漫、自控能力差、自我管理意识欠缺。

3．职业素养与专业知识和技能方面（见下表）

项目		现有基础	素养差距
职业素养	职业认知	60%的学生听从别人的建议选择本专业；11人不甘中考失败对学前专业学习产生期待	不明确本专业的就业方向
	职业道德	对学前教育专业的职业道德认识几乎为零	不知道幼教行业的法律法规及要求
	文化素养	入校成绩达到中考试卷总分一半的只有7人	书写中错字较多，不喜欢阅读，文史常识欠缺
专业知识和技能	理论知识	84%的学生喜欢孩子，认为幼教行业就是看孩子；照护幼儿的极少经验来自生活	幼教理论知识的重要性认识不足
	五大技能	1人有舞蹈基础；4人参加过文艺演出；大部分学生喜欢流行歌曲；30人有绘画基础	对音乐理论、舞蹈表演缺乏认知和体验，从未接触过键盘，美术技能比较单一，对学前教育专业技能课学习有畏难情绪
	沟通表达	6人能在集体面前表达清晰、连贯、不怯场	13人不愿在集体面前讲话，16人清晰连贯表达的能力欠缺

（二）要尽快解决的问题

结合班级整体情况分析，计划通过如下措施解决3个问题：

1）利用谈话、游戏、活动增进师生间的了解和沟通，建立互助、温暖的班风，重点帮助身心健康有隐患的同学尽快适应学校生活。

2）制订班级制度帮学生改变懒散、自由的生活及行为习惯，树立自我管理意识。

3）召开班会介绍学前教育专业的课程、学习方法、从业要求、就业前景，使学生明确学习目标。

（三）需长期解决的问题

结合《中等职业学校德育大纲》要求，根据我校《学前教育专业人才培养方案》，以下问题需常抓不懈：

1）结合社会主义核心价值观教育，引导学生规范言行，做到自立、自尊、自爱、自信，培养自律意识，提高自身素质。

2）培育学生专注、自觉、勤奋的学习品质，助力学生掌握扎实的学前专业理论，练就一流的专业技能。

3）结合学前教育专业发展动态和职业方向，进行职业指导教育，帮助学生做好学习规划，树立职业理想。

二、班级建设目标

遵循思想政治工作规律、教育教学规律和技术技能人才成长规律，结合我校"立德修身、自强创业"的育人目标，确立"先成人再成才后成师"的培养目标，具体内容见下表：

学年	预期目标	培养重点	具体内容	达成表现
第一年	成人	规范言行 做合格学生	督促学生形成各方面良好的习惯，提高自我管理能力	营造温暖、和谐、向上、自律的班级氛围
第二年	成才	训练专业 做优秀学生	强化专业理论知识的学习和五大技能训练	形成"比、赶、争、超"的学风
第三年	成师	培育素养 做幼教新人	进行职业素养培育，理解职业要求，激发继续求学深造的热情	取得中专毕业证及保育员或育婴师资格证

三、班级建设内容

（一）班级文化建设

根据学生年龄、心理特点及专业特点，充分发挥环境育人的作用，全体学生参与班级文化建设，营造文化育人的良好氛围。

（1）主题　做最好自己，创最美班级。

（2）原则　人人参与，体现专业特色。

（3）策略

1）创设显性文化，展示班级风貌（见下表）。

区域	内容	作用
公告区	时间表、课程表、值日表、各种制度	提醒学生遵照执行
班标区	班徽、班级目标、班级公约等	增强集体意识
展示区	优秀作品、班级之星、优秀毕业生风采等	学先进、找差距、促学习
宣传区	安全健康知识、班级活动剪影等	进行安全教育 提高集体荣誉感

另设置阅读区、绿植区等

2）打造隐性文化，渗透职业素养（见下表）。

项目	内容	作用
班干部配置	选举有责任心、正义感，起带头作用的学生	示范、引领作用 提高管理能力
创新管理活动	开展岗位轮换制、好习惯银行等活动	人人参与 提高自主管理能力
专业特色活动	"早读午唱晚写"等活动	提高专业技能水平
周末特色活动	布置各种实践活动	培养高素质公民
评优活动	评选各类型优秀学生	示范、引领作用

（二）干部队伍建设

根据班级实际情况及工作需要，班委成员设置如下图所示：

班干部具体职责见下表：

职务	具体职责
班长	1. 全面负责班级各项事务，处处以身作则，起模范带头作用 2. 负责召集班委会和班会，抓好班委建设，落实班级工作计划 3. 掌握本班学生思想、学习和生活等情况，发现问题及时反映并设法解决 4. 及时向班主任汇报并请示工作，做到上情下达、下情上报
学习委员	1. 学习中起标兵作用，协助课代表做好师生沟通 2. 总结分享学习经验，与后进生谈心，给予必要帮助
生活委员	1. 做好餐费收缴、水卡充值等工作 2. 为班级购买集体物资，接受民主监督
卫生委员	1. 班级值日安排、调整 2. 检查和监督教室、宿舍、卫生区情况，督促值日生整改 3. 监督同学形成良好生活卫生习惯
体育委员	1. 做好"两操一课"的组织工作 2. 搞好各项达标竞赛活动及特色体育活动 3. 做好运动会前的运动员选拔和训练工作
文艺委员	1. 组织全班同学积极参加各种文化娱乐活动，发现和培养文艺骨干 2. 协助技能课课代表组织技能训练
团支书	1. 召集支部委员会和支部团员会，认真传达上级团委的决议和要求 2. 做好每学期的推优及团员发展工作 3. 组织团日活动，在学生中进行团知识宣传教育
组宣委员	1. 配合支部书记做好本班推优工作，协助开展主题教育活动 2. 做好团的各项活动的组织与宣传 3. 做好团员统计、团费收取、证件更换等工作

（三）班级制度建设

为了创造良好的育人环境，依据学校各项规章制度，经家委会和学生集体讨论，制订如下班级管理规章制度（见下图和表）。

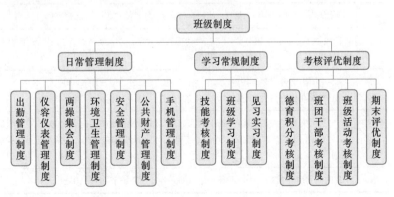

德育积分细则

一、减分项

项目	减分标准
纪律	1. 迟到、早退一次减1分（含晚自习） 2. 病假、事假必须由家长亲自请假，弄虚作假一次减4分，事假一天减1分，病假一天减0.5分（视病情酌情处理） 3. 上课期间（特别是自习课）随便进出教室、乱下位，一次减1分；扰乱上课、自习秩序，酌情减2~5分 4. 吸烟、喝酒、夜不归宿者一次减10分 5. 受到通报批评、警告、严重警告、记过、留校察看处分的分别减5分、10分、20分、30分、40分
仪容仪表	1. 未佩带校牌每次减0.5分，穿半身校服一次减1分，不穿校服一次减2分；私自改装校服，在校服上乱涂乱画者减2分 2. 佩戴耳钉等装饰物、化妆一次减3分 3. 染发、怪发、男生长发一次扣3分，屡教不改者加倍减分
学习	1. 上课看杂志、小说、睡觉、玩手机及做一切与本节课无关的事，每次减1分；不交或迟交作业一次减1分；上课被教师点名批评一次减2分，不尊敬教师一次减5分 2. 旷课一次（每两节）减5分，可累积减分 3. 考试作弊一次减5分
卫生	1. 未按时完成值日减1分，不积极参加卫生扫除（教室、宿舍、卫生区）一次减3分，值日当天出现扣分现象，责任人减相应分值，值日组长及卫生委员各减0.5分 2. 在校园、教室内乱扔杂物每次减1分
文体	1. 不按时参加两操的每次减2分，迟到者一次减1分；两操上操不认真，打闹说话者一次减1分，体育委员减0.5分 2. 早读、课前一支歌，不认真参加者，一次减1分，文艺委员减0.5分

二、加分项

项目	加分标准
纪律	每月无重大责任事故且班级考核本系部前3名，每位班干部加2分
学习	1. 期中、期末考试成绩列班内前10名加3分，进步每5个名次加3分，单科成绩前5名加2分 2. 参加各类竞赛获校一等奖、二等奖、三等奖分别加6分、4分、2分；获市、省、国家级奖励按相应等次的2、3、4倍加分
卫生	一周内班级卫生无扣分现象，值日生每人加2分，值日组长再加1分
文体	积极参加运动会、越野赛、文艺活动等各项大型活动，每人加3分，另按名次加分1~10分，按照10、8、7、6、5、4加分奖励前6名
宿舍	1. 一周内宿舍卫生无扣分现象，值日生每人加2分，值日组长再加1分 2. 本学期获得宿舍流动红旗，每人加1分
宣传	1. 获得优秀学生等表彰的加5分，市、省、国家级表彰按相应等次的2、3、4倍加分 2. 被宣传报道，酌情加2~3分；在校级及以上报纸刊物上发表文章（包括广播稿）酌情加1~3分/篇
好人好事	及时制止学生打架、失物归还、乐于助人等行为视情节加1~10分

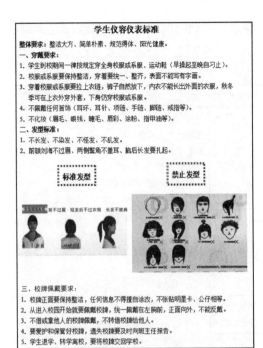

学生仪容仪表标准

整体要求：整洁大方、简单朴素、规范得体、阳光健康。

一、穿戴要求：
1. 学生到校期间一律按规定穿全身校服或系服、运动鞋（早操起至晚自习止）。
2. 校服或系服要保持整洁，穿着要统一、整齐，表面不能写有字画。
3. 穿着校服或系服要拉上衣链，裤子自然放下，内衣不能出外面的衣服，秋冬季可在上衣外穿外套，下身仍穿校服或系服。
4. 不佩戴任何首饰（耳环、耳针、项链、手链、脚链、戒指等）。
5. 不化妆（眉毛、眼线、睫毛、唇彩、涂粉、指甲油等）。

二、发型标准：
1. 不长发、不染发、不怪发、不乱发。
2. 前额刘海不过眉、两侧鬓角不盖耳、脑后长头发要扎起。

三、校牌佩戴要求：
1. 校牌正面要保持整洁，任何信息不能擅自涂改，不张贴明星卡、公仔相等。
2. 从进入校园开始就要佩戴校牌，统一佩戴在左胸前，正面向外，不能反戴。
3. 不借或拿他人的校牌佩戴，不转借校牌给他人。
4. 要爱护和保管好校牌，遗失校牌要及时向班主任报告。
5. 学生退学、转学离校，要将校牌交回学校。

学生手机使用制度

为了确保正常的教学秩序，经系部领导和家校委员会研究决定，在征得绝大部分家长及学生同意后，我班将执行以下制度：

1. 班长因工作需要可以正常携带手机，上课期间保持静音。其他学生上课期间不允许携带手机。

2. 住宿生应每周日晚返校后自觉上交手机给班长，交由班主任代管，每周五下午予以归还。在此期间有紧急需要者可与班主任或值班老师进行沟通，处理相关情况。

3. 走读生每天进教室后将手机交到讲台的手机盒里，接受全班同学集体监督。

4. 班级集体需要手机完成学习任务时，班长在规定时间内按时发放、收取、存放。

5. 如经发现携带手机将予以没收，扣除德育学分 10 分，并通知家长，毕业时统一返还。累积三次以上，予以记过处分。

2018 级学前教育 2 班
2018 年 9 月

四、班级建设主要措施

（一）实施养成教育做好常规管理

以《中等职业学校学生日常行为规范》为准则，结合本班各项班级制度，开展"啄木鸟"行为规范养成教育行动。设立"礼仪宣讲员""礼仪监督员"岗位，通过轮流担任的形式，督促学生养成良好的行为习惯，做到时时、处处、事事都能规范言行。

（二）汇聚多方力量形成教育合力

遵循三全育人原则，结合学校推行的"1+N爱心工程"和系部"1530"安全管理模式，汇聚多方力量，全方位多角度了解学生日常表现和思想动态，形成教育合力（见下表）。

教育力量	时间段	任务
班主任	全年	负责班级所有学生的管理、服务；根据各方反馈，通过各种形式，处理各种问题
任课教师	课堂	进行安全教育，关注学生课堂表现，向班主任进行学生情况反馈及建议
值班教师	课间、就餐午休、晚休	处理各种突发状况
爱心家长	课余	定期访谈，关注"家庭成员"的思想动态和专业学习状况，及时向班主任反馈发现的问题
学生家长	居家	照料学生的日常生活，与班主任沟通学生居家情况

（三）开展特色活动，提升职业素养

1）结合"全国中等职业学校文明风采活动""校园文化艺术节"等活动，鼓励学生发挥特长，踊跃参与，提升专业技能水平。

2）设置"特岗教练员"，利用晨、午、晚等常规活动时间，督促学生训练五大专业技能（2018级学前教育2班技能训练安排见下表）。每月评选"技能达人"；每学期评选"技能明星"，邀请家长到校观看汇报展示。

项目	时间	时间段	练习内容	负责人	要求
晨读	周一至周五	早读时间	每学期40首古诗词	学习委员 美文训练员	1. 每个学生一个诵读本，诵读的内容必须提前一天认真抄写 2. 早读时有领读、有检查、有反馈，要求有感情的诵读、背诵 3. 学习委员做好早读背诵计划 4. 期末统一考核，计入个人量化
午唱	周一至周四	下午课前15min	每学期两册幼儿园儿歌用书	音乐课代表 儿歌训练员	1. 每个学生一个儿歌本，要求所有儿歌认真书写在儿歌本上 2. 唱儿歌时安排专人弹琴领唱、有检查、有反馈 3. 期末统一考核，计入个人量化
晚写画	周一周三	晚上课前20min	每天一张硬笔书法作品	书法课代表 书法训练员	1. 课代表做好练习计划，两周一展出 2. 期末统一考核，展示展出
	周二周四	晚上课前30min	每天2个简笔画形象	美术课代表 绘画训练员	

3）联合"教师口语""幼儿园活动设计"等专业课教师开展美文欣赏、即兴演讲、模拟处置幼儿园教育情境、组织幼儿园课堂教学等活动，提升学生专业能力和职业素养。

4）结合学校德育工作及专业素养要求，利用周末开展形式多样的班级特色活动，提高学生综合素质。三个学年的班级特色活动具体内容见下表。

第一年		第二年		第三年	
	温暖在身边		我喜欢的老师		我身边的榜样
	国庆四连拍		爱国电影观后感		国庆游家乡
	我的囧事		好书推荐		小事情大道理
	我的第一份报酬		秀厨艺		我想对你说
	我眼中的春天		体验一份职业		第一次上讲台
	美文欣赏		文明啄木鸟		美食推荐
	我眼中的幼儿教师		爱在行动		美好的回忆
	家务达人就是我		教你一招		自豪的选择

5）开展"好习惯银行"和"特岗轮任制"活动，让每个学生都能参与班级管理。

① 好习惯银行。由学生自行管理，班长为银行行长，团支书为副行长，班主任为顾问，以班级德育考核细则为依据，全体学生参与制订相关规章制度，从纪律、卫生、学习、礼仪等几个方面进行积分存取，定期进行积分评比，促使良好习惯的形成。

② 特岗轮任制。在保留原有班干部机构设置的基础上，增设"物品摆放员""图书管理员""礼仪监督员""安全督查员"等特殊岗位，由班委以外的学生担任，每周轮换一

次。激发学生我要成长、我要为班级服务的热情和决心，形成主人翁意识，同时提高自我管理能力。

五、借助网络手段实现育人不间断

1）假期利用微信群、QQ群、钉钉群等信息技术手段，召开班会、家长会，加强师生、家校沟通，及时了解学生心理状态，进行人文关怀；推送心理测评量表等帮助学生实现自我认知；布置、检查、反馈学业，实现育人不间断。

2）准确把握重大事件、重要节日等教育契机，介绍时事形势，进行价值观教育。

3）基于学校教育管理平台，完善班级管理信息系统。为班级每位学生建立电子成长档案，记录学生的基本信息、日常表现、学业成绩等；增进家校互动；实现学生成长过程性、综合性记录，帮助学生确立正确个人成长方向。

六、班级活动安排

三个学年的班级活动具体安排见下表：

第一学年班级活动安排			
月份	教育内容	育人目标	活动方案
9月	入学适应性教育	1. 帮助学生尽快适应新环境，学会正确处理人际关系 2. 帮助学生形成正确职业认知	1. 班会"开学第一课""朋友在我身边" 2. 班级文化及宿舍文化评比
10月	爱国主义教育	引导学生把对祖国的热爱体现在爱专业、爱学习方面	1. 班会"扬我国威，爱我中华" 2. 手抄报展评
11月	法制知识教育	1. 教育学生遵守学校的各项制度 2. 学会自我保护，强化自我保护意识	1. 班会"文明上网，健康快乐" 2. 演讲比赛
12月	心理健康教育	1. 帮助学生树立积极向上的心态 2. 引导学生正确认识个人和集体的关系	1. 班会"自信让你更美丽" 2. "品德之星"评选
1~2月	职业道德教育	1. 帮助学生理解职业道德规范 2. 培养学生热爱专业的情感	1. 班会"师恩难忘" 2. 幼儿园见习活动
3月	安全教育	帮助学生树立安全意识，提高自我防护能力	1. 班会"珍爱生命 安全第一" 2. 消防知识讲座及火灾逃生演练
4月	革命传统教育	引导学生学习革命英雄的奉献精神，珍惜当下的美好生活	1. 班会"我是中国一份子" 2. 红色革命基地参观活动
5月	工匠精神教育	引导学生学习工匠精神，鼓励学生勇于创新、敢于拼搏	1. 班会"精心铸就匠心" 2. "最美幼儿教师"故事讲述
6月	文明礼仪教育	使学生充分理解社会主义核心价值观，争做文明中职生	1. 班会"走进文明" 2. 礼仪操比赛 3. "礼仪之星"评比

第二学年班级活动安排			
月份	教育内容	育人目标	活动方案
9月	尊师重教教育	培养对幼儿教师行业的自豪感，引导学生尊师重教	1. 班会"开学第一课""长大后我就成了你" 2. 教师节情景剧展演
10月	理想信念教育	帮助学生树立社会主义核心价值观	1. 班会"少年立志当高远" 2. 手抄报展评
11月	传统文化教育	让学生学习中华礼仪文化，对中华文化产生自豪感	1. 班会"中华之礼" 2. 书法作品展评
12月	职业法规教育	让学生理解幼儿教师职业道德及教育法规，提高专业学习的信心	1. 班会"遵守规则，享受生活" 2. 演讲比赛
1～2月	生命安全教育	帮助学生强化安全意识，提高自我防护能力	1. 班会"远离烟草，守护健康" 2. 防溺水知识讲座及落水自救演练 3. "居家健身操"视频展评
3月	心理健康教育	使学生树立自我保护意识，增强自我防护能力	1. 班会"健康心理，坚强人生" 2. 幼儿故事讲述比赛 3. "防疫知识 我宣传"视频展评
4月	劳动教育	引导学生理解劳动精神，培养劳动意识	1. 班会"向劳模致敬" 2. 幼儿园见习总结 3. "抗疫故事讲述"视频展评
5月	感恩教育	引导学生刻苦学习，以实际行动回报对父母的尊重和关爱	1. 班会"感恩亲情 奉献社会" 2. "我是家务小能手"活动照片展评 3. 疫情突发流程演练
6月	环境卫生教育	引导学生关注环境，树立保护环境的责任意识	1. 班会"低碳生活我先行" 2. "生活中的环保"手工作品展评 3. 防疫卫生宣传展

第三学年班级活动安排			
月份	教育内容	育人目标	活动方案
9月	行为习惯教育	引导学生合理规划时间，提高自我管理能力	1. 班会"开学第一课""做时间的主人" 2. "时间规划卡"作品展评 3. 防疫行为规范评比
10月	勤俭节约教育	帮助学生树立节俭意识，养成勤俭节约的品德	1. 班会"勤俭节约 从我做起" 2. 手抄报展评 3. 疫情突发流程演练
11月	创新精神教育	引导学生学习创新精神，鼓励学生勇于创新、敢于拼搏	1. 班会"艺无止境" 2. 幼儿园见习活动
12月	礼仪教育	帮助学生在日常生活中养成礼貌的言谈举止和态度	1. 班会"有'礼'走遍天下" 2. 校园情景剧展评
1～2月	法制知识教育	引导学生遵守各项法律规定，形成正确的法治观念	1. 班会"学法 懂法 用法" 2. 演讲比赛
3月	安全健康教育	增强学生的自我防护能力，强化健康意识	1. 班会"珍爱生命 远离水域" 2. 踢毽子、跳绳比赛
4月	职业理想教育	指导学生形成客观的自我评价，明确人生目标，确立努力的方向	1. 班会"我的人生我做主" 2. "职业规划书"设计比赛
5月	爱国主义教育	激发学生珍惜青春年华，创造美好人生的愿望	1. 班会"少年志 则国志" 2. 红色革命基地参观活动
6月	职业指导教育	培养学生良好的职业素养，正确定位自己	1. 班会"托起明天的太阳" 2. 技能比武

注：红字部分为疫情期间临时增加内容。

　　编者按：《创新管理育优秀学生，特色活动塑幼教新人》的作者是鲁中中等专业学校的李爱霞老师，2020年全国中等职业学校班主任能力比赛二等奖获得者。兴国必先强师，幼儿是祖国的未来，民族的希望，幼儿教师责任重大、使命光荣。如何培养出"有理想信念、有道德情操、有扎实知识、有仁爱之心"的四有教师，本文值得学前教育专业的各位老师一读。

第四章

典型工作案例

自2021年起，全国职业院校技能大赛中职班主任能力比赛调整网评材料的具体环节，新增加典型工作案例，取代了原有的班级教育故事赛项。什么是典型工作案例呢？如何有效地准备典型工作案例呢？

第一节 典型工作案例撰写策略

一、典型工作案例写作要求

国赛文件要求参赛选手结合建班育人实践，选取目前所带班级在管理中实际出现过的典型问题或疑难情境，总结处理情况和经验，撰写工作案例。所选问题或疑难情境应具有一定的代表性和普适性，案例应聚焦工作主题，准确描述问题或情境，分析其产生的深层次原因，介绍解决问题的策略、方法和有关依据，以及实际处理情况（或教育过程），并总结得失，提出处理此类情况的共性思路和育人智慧，体现班主任的教育理念、职业素养和业务能力。字数不超过2000字。

二、典型工作案例与班级教育故事的区别

相对于班级教育故事赛项，典型工作案例做了全面的升级，两者主要有以下几项区别。

1. 要求更高

相对于教育故事的简单陈述，典型工作案例要求参赛选手结合建班育人实践，选取目前所带班级在管理中实际出现过的典型问题或疑难情境，总结处理情况和经验，撰写工作案例。对事件做具体的分析并给出具体的应对措施，并且字数由1500字增加到了2000字，对写作的要求更具体，内容格式更规范。

2. 内涵更深

所选问题或疑难情境应具有一定的代表性和普适性，案例应聚焦工作主题，准确描述问题或情境，分析产生的深层次原因，介绍解决问题的策略、方法和有关依据。典型工作案例要对案例做具体的分析，应结合教育理论对案例做深入思考，对问题的产生和学生的心理做深入研究，较之教育故事赛项对理论性和逻辑性的要求更深入。

3. 视野更广

总结得失，提出处理此类情况的共性思路和育人智慧，体现班主任的教育理念、职业素养和业务能力。典型工作案例不局限于一个简单的教育故事，而是通过一个具体案例映射班级管理的共性问题，要求对今后的班级管理工作具有前瞻性和指导性，管理的视野更广阔。

三、典型工作案例撰写建议

结合比赛要求，典型工作案例撰写建议包含但不限于以下4部分内容：

1. 案例简述

准确描述问题案例，包括事件发生的时间、地点和主要经过。案例要具体明确，以关注学生个体为主，兼顾集体事件。所选问题或疑难情境应具有一定的代表性和普适性，案例应聚焦工作主题，准确描述问题或情境。

2. 案例分析

结合相关教育理论，深入分析问题产生的深层次原因。对问题的产生和学生的心理做深入研究，并提供理论依据。在分析问题产生的深层次原因时，也要介绍解决问题的策略、方法和有关依据。

3. 实施过程

写清实际处理情况（或教育过程），并总结得失，提出处理此类情况的共性思路和育人智慧，体现班主任的教育理念、职业素养和业务能力。介绍解决问题的策略、方法和实际处理情况，应有具体的工作措施和切实可行的实施策略，具有可操作、可复制、可推广的共性。

4. 拓展反思

总结得失，提出处理此类情况的共性思路和育人智慧，体现班主任的教育理念、职业素养和业务能力。由点到面，反思案例对班级管理工作的整体影响，具有可操作、可复制、可推广的共性，起到辐射带动效应。

综上所述，典型工作案例源于班级教育故事素材，但相对于班级教育故事更高、更深、更广，在内容架构上更接近于现场决赛环节的"模拟情景处置"赛项。该赛项的设置对中职班主任的理论功底和解决实际问题的能力是一项综合的考量，显示了比赛更关注班主任专业能力提升的导向，以期更好地达成"以赛促建，以赛促练"的办赛目的。

第二节　典型工作案例示例

◆ 典型工作案例示例1　传承"红旗"精神　争做"红旗"工匠

长春职业技术学校　王书祺

2021年全国中职班主任能力比赛一等奖获奖选手

【情景描述】

第四学期，学校为了落实职业教育活动周的具体安排，结合"少年工匠心向党，青春奋进新时代"主题教育活动，组织开展技能竞赛。我们班报名参加了"汽车配气机构拆装竞赛"，大家备赛热情很高涨，都想为班级争得荣誉。

一天晚自习，我带领同学们到实训室练习。一番紧张的计时、拆装过后，我仔细查看着每个工位上的操作情况。当我走到刘同学的工位时，乍一看，气门室盖罩已经安装完毕，但是仔细一看，工具盒里还有几个锁片和螺丝放在角落里，按规定，这是未完成比赛。

"小刘同学，你这工具盒里还有零件没有安装上啊，按规定，这可不能算完成呀。"我一边记录一边说。他摆出一副满不在乎的样子说："老师，我已经把主体零部件都安装完了，就这几个内部小零件，谁能注意呀？"听他这样一说，我马上严肃起来："发动机上的每一个零件都容不得半点马虎呀……"还没等我说完，他不耐烦地大声说道："老师，我尽力了，要是这么较真儿的话，我退出，不参赛了！"这一下，其他同学都扭头看过来。

一时间，我有点儿措手不及：一是没有料到平时和我关系很不错的刘同学会用这样的口气跟我说话；二是瞬间感觉他说的话可能会影响"士气"；更重要的是，作为汽修专业的学生，这种"不较真儿"的思想会影响其职业未来。

这一瞬间，我的大脑飞速地旋转，既要维护作为班主任的权威和尊严，又要安抚刘同学的情绪，还要保证班级同学参赛热情不受到影响，更重要的是要纠正刘同学这种"不较真儿"的思想。

【原因分析】

首先，刘同学虽然这次是主动参赛的，但由于家庭生活条件较好，平时拼搏精神不足，学习劲头不强，所以对技能掌握得不够扎实，才出现了拆卸后不能完全复原的情况。

其次，刘同学的言行反映了他对技能精益求精意识的淡薄、对汽车维修专业认识的片面、对汽车维修职业品质的漠视，更是没能从思想上去领悟"工匠精神"的核心内涵。

再次，出现问题的时间节点是临近竞赛，学生可能会有备赛的压力，在压力之下，处于青春期的孩子会控制不好自己的语言、情绪和行为。

最后，刘同学"无所谓""不较真儿"的思想，也反映出其集体意识比较淡薄和规矩意识不强。

【解决策略】

1. 控制局面，稳定情绪

当刘同学说出他退出比赛的时候，既是自己情绪上的一种宣泄，同时又是在挑战班主任老师的权威。而且，由于刘同学的高声调把同学们的目光都吸引过来了，这就意味着同学们都在看班主任老师接下来怎么处理。如果当面斥责刘同学，不但不能解决问题，反而可能激化矛盾，使矛盾进一步升级。刘同学可能还会继续顶撞我，这样更会让自己在学生面前失掉威信。因此，作为班主任，面对这样的局面，我第一时间让自己冷静下来，半开玩笑地对其他同学说："哎呦，没有认真检查的同学我可都发现了，这么点儿声音就影响到你们啦？意志也太不坚定了，赶紧转过头去认真检查。"我这么一说，同学们笑了，也就把大家的注意力从事件的中心转移开了。在这个过程中，通过我的和颜悦色，举重若轻，舒缓了气氛，控制住了局面。

2. 单独沟通，达成共识

控制住局面后，为了平复刘同学的情绪，我笑着说："小伙子挺有个性，走，咱俩唠会儿去。"说着，我就带着他往走廊走去。此时，我的原则是尽量避免和学生在课堂上直接沟通。因为学生情绪激动，尤其在众人面前，要面子，稍有不妥会激发学生的逆反情绪。在走廊，我询问了刘同学最近的学习生活情况，是否有不顺利的地方或是因为竞赛感到有压力，这也是在转移情绪。进一步引导他越是临近比赛越要沉稳，让其感受到老师对他的关怀。最后，他自己说刚才有点儿激动了，冲撞了老师，很抱歉，但同时他也强调，他真的尽力了，剩下的锁片和螺丝实在不知道是哪里的，也怕自己拆装慢了，到比赛的时候会影响班级的整体成绩。我反问他，如果他能够在平时的实训课上多加强训练，是不是就不会出现这样的情况？如果发现有剩余零件，再重新拆装一遍是不是也能发现问题？他低头不语，我知道他开始反思了，于是我接着说道："老师明白你想为班级争得荣誉的心理，但是如果你违反比赛规定或者退赛，不是更会影响班级的成绩吗？如果汽车维修技师在修车的时候马马虎虎，不求甚解，那我们还敢开车吗？"刘同学不好意思地说："老师，我知道错了，我现在就回去重新拆装检查。"

3. 组织班会，引申拓展

通过这件事情，我意识到班级存在工匠精神缺失、规矩意识和集体意识淡薄的问题，同学们没有意识到要在专业学习中锤炼精益求精的品质，传承工匠精神；更没有意识到要遵守比赛规则，只有每一个人都尽力做好才能团结起来为班级争得荣誉。因此，我果断结合班级建设方案，组织召开了"传承红旗精神，争做红旗工匠"主题班会。通过班会，让同学们进一步体会以红旗汽车为代表的民族汽车工业发展的艰辛历程和取得的辉煌成就，感悟一辈辈"红旗工匠"用"拼搏、自强、精技、创新"的红旗精神为民族汽车工业、为国产汽车品牌争得的尊重和荣耀，让同学们知道只有每个人都能精益求精，齐心协力为班级努力，才能争取到集体的荣誉，才能让"红旗班"的红旗更"红"。

【总结反思】

1. 换位思考，善用共情

当学生当众反对班主任的时候，班主任不要用强势的权威去压制学生，要善用南风效应，循循善诱，引发共鸣，建构更和谐的师生关系。

2. 提高站位，注重思想

班主任在日常建班育人过程中要结合人才培养方案，将课程思政融入专业课教学中，从专业、企业和行业的角度对同学们进行理想信念教育，培养学生的核心素养。

3. 点面结合，未雨绸缪

班主任在平时要善于发现班级和学生出现的问题。同时，针对出现的问题及时组织班级主题活动，运用平行教育理论，让学生尽早地通过自我检视，发现问题、分析问题、解决问题，凝聚集体的力量。

红旗，是优秀的象征，是前进的指引。

红旗汽车，是民族汽车工业的骄傲，是汽车专业学子奋斗的航标。

红旗工匠，是一辈辈民族汽车工业的先驱用"拼搏、自强、精技、创新"的"红旗精神"浇铸而成的中国汽车工业高技术人才的代名词。

作为新时代的汽车学子，在红旗精神的指引下，迈向红旗工匠的步伐更加坚定有力！

典型工作案例示例2　我的花园我做主

——基于"八角行为分析法"的线上班级管理案例

河北省涿州职教中心　兰玉萍

2021年全国中职班主任能力比赛二等奖获奖选手

【情景描述】

2020年的新冠肺炎疫情，让我们的生活发生了很大的变化。停课不停学也为我们开启了全新的网课模式，但问题也随之而来。这期间，任课教师多次反映班上多名学生网课不在线，作业不交，课堂参与度低。很多家长也纷纷给我打来电话，说自己的孩子在网课期间沉迷游戏，家长看到了也没有什么好办法。

【原因分析】

我作为班主任，在接到任课教师和几位家长朋友的及时反馈之后，积极展开调查，多方了解产生这种现象的原因。

首先，学生作为"00后"一代，是移动互联网的"原住民"，是在电子产品包围下成长起来的一代人。他们对手机在网课期间的作用认识不清晰，不能及时摆脱手机游戏的诱惑。

其次，他们的理想信念和责任担当意识还很欠缺，不能明确此阶段自己的学习和生活目标，急需正确的引导。

最后，学生作为孤立的个体在家上网课，不能及时感受到集体的学习氛围，没有归属感。

【解决策略】

根据以上原因分析，针对我的班级情况和对问题学生的谈心了解，我决定转变工作思路，变"追求"为"吸引"，带领学生创建趣味性强的班级管理模式，把学生的注意力吸引过来。在网络云端建一个师生共同的精神家园——空中花园，来凝聚集体达成共识。我把这种班级管理模式命名为：我的花园我做主。

整套班级管理模式正是基于"00后"学生喜欢玩游戏的特点，对应游戏设计中的"八角行为分析法"设计（见下图），从而激发学生的核心驱动力，引导学生行为。

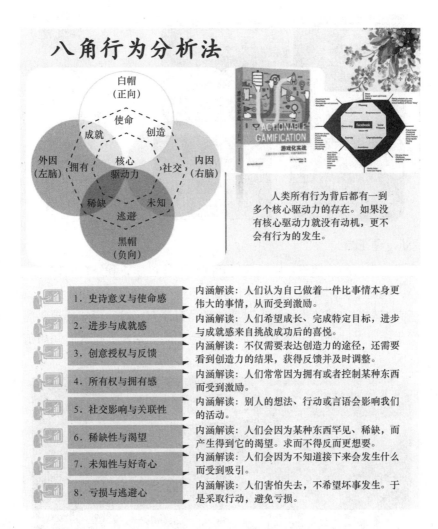

人类所有行为背后都有一到多个核心驱动力的存在。如果没有核心驱动力就没有动机，更不会有行为的发生。

	内涵解读
1. 史诗意义与使命感	内涵解读：人们认为自己做着一件比事情本身更伟大的事情，从而受到激励。
2. 进步与成就感	内涵解读：人们希望成长、完成特定目标，进步与成就感来自挑战成功后的喜悦。
3. 创意授权与反馈	内涵解读：不仅需要表达创造力的途径，还需要看到创造力的结果，获得反馈并及时调整。
4. 所有权与拥有感	内涵解读：人们常常因为拥有或者控制某种东西而受到激励。
5. 社交影响与关联性	内涵解读：别人的想法、行动或言语会影响我们的活动。
6. 稀缺性与渴望	内涵解读：人们会因为某种东西罕见、稀缺，而产生得到它的渴望。求而不得反而更想要。
7. 未知性与好奇心	内涵解读：人们会因为不知道接下来会发生什么而受到吸引。
8. 亏损与逃避心	内涵解读：人们害怕失去，不希望坏事发生。于是采取行动，避免亏损。

具体实施过程分为以下4个步骤：

1. 建小组，展愿景

我及时调整了组织形式，通过小组风采展示等活动，做好团建工作，增强团队的凝聚力。接着，为同学们展开了开满鲜花的花园愿景，请同学们和全国人民一起守望春天。让学生知道，在这场没有硝烟的战役中，我们在家里认真上网课是一种使命，就是在为国家做贡献，就可以用自己的行动来助力祖国渡过难关。这便激发了学生的核心驱动力——历史意义和使命感。

2. 定公约，赚积分

面对新的形式，我们需要一起制定相应的公约。公约从考勤、作业和用来培养学生兴趣的小秀场三个方面，对学生的网课行为赋了分值。这里及时的反馈激发了学生的第二核心驱动力——进步与成就感，有效地吸引学生持续参与网课的学习（见下图）。

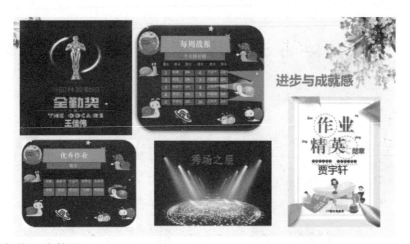

3. 融专业，建花园

这个部分是整个班级管理模式中最具创新的亮点。这里，我结合园林专业学生对花卉感兴趣的特点，构建了花园模型。给每个组开垦了一个空中花园（见下图），这种方式激发了学生的所有权与拥有感，当一个人对某种物品有拥有感时，自然会想要提升该物品的各项性能。学生一旦对这个花园产生了拥有感，他们就会不断地投入时间和精力来参与花园的建设。

于是，我们又开起了鲜花超市（见下图），大家积极提供鲜花样品和装饰花园的素材。每个周五晚上，本该休息的同学们却开始了热火朝天的网络会议，集体商议从超市中买点什么种到自己组的空中花园，并且一直期待看到这一周的努力能让花园变成什么样子。在这个讨论和融合的过程中，小组的社交驱动力被激发，他们有了共同的话题，班级的凝聚力也明显加强了。与此同时，他们为了装饰一个不同于其他小组、独一无二的空中花园，也激发了创意授权驱动力，大胆发挥着他们的想象，也为我们的停课不停学提升了乐趣。

4. 融思政，拓技能

这期间我开展了以疫情为教材的系列云班会，"讲述抗疫英雄故事""科普卫生小常识""勤奋借网同龄人"等，每次参与班会并完成任务的同学都有一次抽奖的机会。获得"红色小球的幸运"（见下图）就可以任意复制一朵花园中的花。这种未知性极大地提

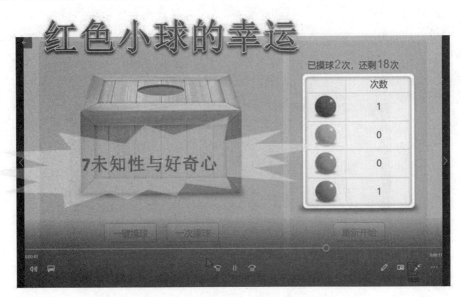

升了学生参与班会的热情，也让我们的思政教育落到了实处。学生在班会后积极制作宣传卡片、防疫卫生知识视频参与社区防疫宣传，并在行动中更深切地感受爱国爱家的那份担当。

网课期间，除了正常科目的学习，我们班还推出了"解锁新技能"活动，如制作PPT、思维导图、美图秀秀、视频剪辑等。刚开始，大家的积极性并不高，于是我们在花园里设置了一个偷花大盗，要想保护好自己花园里好不容易种满的鲜花，就要求同学们解锁新技能来栽好篱笆（见下图）。随着篱笆的不断增多，同学们也收获了多种本领。

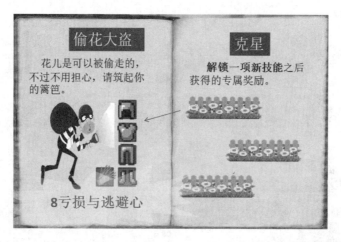

【总结反思】

两个月过去了，我们和祖国一起迎来了"春天"，我们的花园也变了模样。它是我们全班共同的精神家园，在疫情最难熬的日子里陪伴我们，带给我们希望，见证我们的成长。

德国教育家第斯多惠曾说过："教育的艺术不在于传授本领，而在于激励、唤醒、鼓舞。"好的教育在于化"堵"为"疏"，因势利导，以学生为中心，充分利用新时代新媒体特点，充分激发学生内驱力。"我的花园我做主"这种创新的班级管理模式，从解决学生使用手机的点，到线上班级管理的面，符合学生特点，融合学生专业，契合学生兴趣。教育是慢的艺术，我们的班级管理亦是如此。我们不妨在"趣"上动动脑筋，在"导"上做做文章，在"适"上下下功夫，从而和学生一起"种"出好日子。

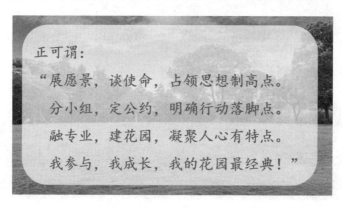

典型工作案例示例3　且听风吟　静待花开

——学生职校认同引导案例

浙江省交通高级技工学校　陈丽静

2021年全国中职班主任能力比赛二等奖获奖选手

【情景描述】

小强同学因中考失利进入职校求学，从刚一踏入这座学校起，他的内心就早已五味杂陈：昔日同窗旧友此刻天各一方，普高与职校的差距像一张挥之不去的大网，时刻笼罩他的内心，让他倍感困顿、无力、迷茫。小强变得非常沉默，尽管按部就班地上课、自习、就寝，但他显然已成离群索居的"寡人"。他对周遭的一切逐渐失去兴趣，英语老师反馈小强上课睡觉，不仅如此当叫他打起精神继续听课时，却遭小强一反常态的暴怒，对着英语老师声嘶力竭："我都来职校了，还有什么可学的！"室友也慢慢开始无法忍受小强在寝室的一些陋习，纷纷表示要调整搬离寝室。家长们的电话接二连三，要求调走"害群之马"，避免把自己的孩子带跑偏。小强身上的问题日渐凸显，着实让人看在眼里急在心里。

【原因分析】

从上述案例叙述中可以看出，该生在心理认知层面出现了较大落差，出现自我效能感降低、自我否定的情况，从而产生对现有学习境遇不认同的行为，导致这个问题的原因可以归结为以下几个方面：

1）个人因素。首先，一味地认为"普高"无条件优于"职校"，违背了认知事物的客观性原则。其次，存在习得性无助心理，也反映其内心的脆弱和自卑。

2）家庭因素。缺乏与孩子有效的沟通，不能真正了解孩子内心深处的诉求从而在出现问题时给予孩子源自亲情的支持力量。同时，在家庭生活中也需要家长们身体力行的示范引领对培养孩子的职业精神树以榜样。

3）学校因素。在校园文化建设、课程设置和班主任工作中，应进一步深化和加强学生对专业的感知、对职业的认同，帮助学生从内心接受学校、专业、职业，从而重拾自信、发愤学习。

4）社会因素。社会应摘掉对职业学校的有色眼镜，从学生能力本身出发，客观评价学生综合素质，职校一样可以造就大国工匠。

【解决策略】

针对案例中的学生情况，可以看出该生的主要问题在于对职业认同的缺失。根据朱小蔓教授的"情感教育论"和学生品德形成规律，为了帮助其走出困顿和迷茫，我将进行以下工作处理：

第一阶段：青山着意化为桥

1. 走进内心，了解实情

秉承贴近学生、贴近生活、贴近实际的原则，利用同理心原理与小强进行真诚的交流，了解其内心真实想法，为转变其提供可能。在获知小强的迷茫、困顿后，为他定制成长档案，帮助他正确认知自身的优点和差异。根据加德纳多元智能理论通过活动重拾他的优势智能，让他的校园生活重新注入光和热。

2. 帮扶结对，家校共育

通过与班委的沟通，在同学中成立对小强的互助小组，在学习生活中给予小强温暖的陪伴和积极带动，慢慢让其回归集体；通过与家长的沟通，赋予成长的厚重依靠和精神鼓励，逐渐让其重拾自信，实现朋辈带领、家校共育。

3. 价值引领，榜样带动

以社会主义核心价值观为引领，以自己历届优秀学生为榜样带动，通过添加微信、视频交流、见面互动的方式对小强开展青春励志教育，激励他"不畏浮云遮望眼，风物长宜放眼量"。

第二阶段：病树前头万木春

1. 主题教育，明晰方向

根据平行教育理论，围绕"中国红、技工蓝、生命绿"三色教育开展系列主题班会，通过德育引导帮助小强坚定意志、明晰方向、实现梦想。

2. 健康生活，绿色引导

采用目标效应，通过室友协作带动，在"净化、美化、绿化、文化"上下功夫，共同打造绿色健康型寝室，使小强的卫生习惯、良好作息在大家监督、互助下得以回归。

3. 开展活动，引领认知

组织开展有意义的研学、团建活动，在活动中丰富小强对职校生活的感知，对师生的情感认同，从而转变对职校的原有理解。

组织全班开展课外活动实践体验，亲身了解职业院校优秀毕业生的工作情况，以及他们身上具备的良好品质，从而向优秀职业人看齐。

第三阶段：山头斜照却相迎

古人云"凡事预则立，不预则废"，帮助小强和所有学生进行职校规划指导，引导他们正确认识自身的个性特质、现有和潜在的优势，进而重新对自己的价值进行定位。引导小强评估个人目标和现实的差距，从而给自己制定学期规划、学年规划、毕业规划，帮助他通过行为改变现状实现理想。

我的志向：成为一名＿＿＿＿＿＿＿的汽车维修人员			
	我 的 目 标	现 在 水 平	我 的 行 动
做人方面			
知识方面			
技能方面			

【总结反思】

1. 涵养职校认可是保障

走进学生、帮助学生、成就学生是一个职校教师应该做的。首先，激发学生热爱专业、学好专业的自豪感和上进心，鼓励学生参加相关社团、专业服务活动。其次，对学生进行世界观、人生观、价值观引领。最后，帮助学生提升职业精神和职业规范，实现自我蜕变。

2. 树立正确的职业理想、设定合理的职业目标是关键

加强中职学生的职业理想教育，引导学生明确职业理想的内涵、职业理想对职业发展的作用，根据自身与社会需求树立正确的职业理想。帮助学生进行客观的自我评估，找准职业定位，为自己设定近期、中期、长期的职业目标，以具体的目标引领每个阶段的学习。

3. 付诸实践行动、提升职业能力是目的

这里的行动是指落实目标的具体措施，主要包括学习、实习、养成、训练、践行等。通过让学生参加技能培训，开展专题讲座、主题班会、成功经验交流和社会实践等活动，提高学生的职业能力。

典型工作案例示例4 非遗小工匠"国礼淬炼"之旅

——解决学生畏惧劳动的问题

北京市丰台区职业教育中心学校 何洪杰

2021年全国中职班主任能力比赛二等奖获奖选手

劳动教育是职业教育的根本，《国家职业教育改革实施方案》指出，新时代我国职业教育的人才培养目标是为经济社会发展培养高素质劳动者和技术技能人才。可见，劳动教育是职业教育人才培养的应有之义，是"德、智、体、美、劳"全面发展的具体落实，也是职业教育实现人才培养目标的根本。

【情景描述】

2020 年年初，我带领全班同学加入 2022 年冬奥官方特许商品"冬奥五环珐琅尊"的设计制作团队，并于同年7月进入景泰蓝国礼车间，进行制胎、掐丝、点蓝等工序的实操。艰苦的车间环境，劳动强度和工作难度的增加，使部分同学暴露出畏惧劳动的问题。"这么差的条件怎么住""每天都重复进行掐丝，好累""掐好的丝一烧，掉了这么多，大半天白干了"……各种抱怨的声音不绝于耳，畏难情绪、消极怠工的状况开始出现。

〔原因分析〕

当学生暴露出畏惧劳动、消极怠工的问题后，我深入分析问题产生的原因，找到了5个"不足"。

一是思想准备不足。学生从小娇生惯养，父母对其缺少劳动的引导与培养，应注重树立劳动观念。

二是身体准备不足。学生缺乏劳动锻炼，身体素质较差，无法胜任车间较强的体力劳动，应注重提升劳动素质。

三是专业技能不足。在设计制作过程中，学生的知识及技能储备不足，应注重感知劳动智慧。

四是心理准备不足。国礼项目具有一定的风险压力，学生抗压能力较差，产生了畏难情绪，应注重培养劳动意识。

五是传承使命感不足。学生在实操过程中屡次遇到困难，自信心受挫，导致职业目标动摇，应注重强化劳动精神。

〔解决策略〕

遵循教育基本规律、结合班情特点，以"守非遗、铸匠心、育传承、创未来"班级德育品牌为引领，秉承"动之以情、晓之以理、强之于技、践之于行、承之于心"的思路，通过"三师共育"手段、"六方联动"策略，树立劳动观念、感知劳动智慧、培养劳动意识、提升劳动素质、强化劳动精神，解决学生畏惧劳动的问题，助力学生成为非遗传承创新人才。

阶段一：动之以情——激发热情，明确目标，树立劳动观念

组织学生观摩"国礼"生产车间，欣赏"国礼"作品，运用润物细无声的方式让学生浸润在我国优秀传统文化之中，直观感受非遗的博大精深。听老匠人讲述"国礼"诞生故事，使学生了解每一件国礼重器都要经历上百次失败，才能展现在世人面前，体会到工匠老师的劳动不易。此次参观国礼车间后，激发学生劳动热情，树立正确劳动观念，重新点燃学生完成国礼的信心。

阶段二：晓之以理——三师共育，破解难题，感知劳动智慧

通过非遗传承人、工坊掌门人和班主任对学生进行"三师共育"，邀请国礼制作者——中国工艺美术大师钟连盛进行技艺示范，并耐心细致地解答学生遇到的难题，使学生切实感受大师的劳动智慧，明确努力方向，坚定学生克服困难完成国礼的决心。

阶段三：强之于技——六方联动，良性竞争，培养劳动意识

经过前两个阶段的转化，学生坚定目标，恢复高昂斗志，我决定再加一把火：推出"工坊之星"评选活动。通过"非遗小工匠"多元共育平台，由"家、校、企、非遗传承人、工坊掌门人、班主任"六方联动、多元评价，掌握学生每日工作的实时数据。皮格马利翁效应强调，学生是具有主动性的个体，个体的内在需要和外部激励相结合可以增强个体动机的强度，达到激励效应。大家都积极投入良性竞争机制中，通过树立身边榜样，挖掘学生亮点，鼓励学生表达、肯定、成就自己，克服畏难情绪，培养正确、积极劳动的意识，助力

学生快速提升。

阶段四：践之于行——自我内化，风雨同舟，提升劳动素质

孔子指出，身教胜于言教；老子也特别重视"行不言之教"的教育方法。整个实践期间，我与学生同吃同住、同生产，在共同"战斗"中增加彼此的信任，为学生树立榜样。我利用休息时间召开谈心交流会，温暖学生，解决学生的困惑，鼓励学生克服困难，以完成国礼重大任务为己任，化解畏难情绪，切实提升学生的劳动素质，践行劳动教育。

阶段五：承之于心——阶段展示，总结反思，强化劳动精神

我邀请国礼设计师王家飞、中国工艺美术大师钟连盛、指导学生工作的工匠师傅和家长代表共同召开主题班会，展示了此阶段制作的"冬奥五环珐琅尊"雏形，由大师和老师们点评我们的工作和阶段性成果，家长也积极反馈了此次实践结束后带来的变化，学生进行了自我总结与反思，最终强化劳动精神。

经过五个阶段的转化，学生畏惧劳动的问题得到有效解决，顺利完成实践工作，圆满完成"国礼"制作任务。

【总结反思】

通过一系列教育活动，学生克服了困难，圆满完成了国礼实践任务，"冬奥五环珐琅尊"如期投放市场，反响良好；提交 23 份实习报告，13份被评为"校级优秀实习报告"，"非遗小工匠多元共育平台"实践前后，量化分数稳步提升。

作为一名班主任，我应该更加全面细致地预设学生可能出现的思想、心理、生理等问题，努力把每项工作做实，让学生在实践中既能提升专业技能，又能提升综合素养，助力学生完成成长道路上的"国礼淬炼"之旅。在一次次的淬炼中，他们将成为我们伟大祖国的大国工匠。

第五章

主题班会方案

第一节　主题班会方案设计策略

主题班会是班级教育活动的主要形式之一，是班主任根据教育、教学要求和班级学生的实际情况确立主题，并围绕主题开展的一种班级集体活动，由此让学生明是非、知善恶、懂美丑、树和谐、促发展，对学生健康成长和树立正确的价值观、人生观、世界观都有至关重要的作用。

一、主题班会的总方针

主题班会是班主任实现育人目标的主阵地，精彩的主题班会是师生彼此生命的碰撞，能给彼此留下美好回忆，甚至是终生难忘。班主任要想主题班会能够触及学生心灵，就要把握以下三点总方针。

1. 目标"小、近、实"，解决问题凸显主题

主题班会的主题选取要清晰明确，目标选取遵循"小、近、实"的原则，在大主题中寻找小切口，在小事情中挖掘深意蕴，结合人才培养方案，直击中职生中存在的问题，并通过解决问题凸显班会主题。

2. 学情"精、准、专"，融合特色突出主体

整个主题班会应以学生为主体，所以"精、准、专"的学情分析就显得十分必要，不同专业的中职生特色各异，需要充分体现并加以利用。

3. 措施"稳、新、趣"，逐层递进明晰主线

主题班会各环节内容的设计要围绕目标，结合学情，稳步推进，形式要新，操作过程突出趣味性，提高中职生的参与度，进而使设计主线明朗清晰。

二、主题班会的要求

1. 教育性

能够充分体现先进的教育理念，能对学生的思想和行为产生正面影响。

2. 时代性

能呼应中职学生的成长要求，有效促进学生培育和践行社会主义核心价值观。

3. 针对性

紧密联系学生需求、身心发展特点、品德形成规律及班级实际。

4. 创新性

在规范严谨的基础上，立意新颖，方法和形式多样，富有创意，体现新思路、新视角。

5. 可操作性

设计层次清晰，内在逻辑性强，实施步骤具体可行，过程清晰完整，可操作性强。

三、主题班会的形式

1. 讲授型

讲授型班会是教师通过口头语言系统连贯地向学生传授新知，启迪智慧，或通过邀请特别人士介绍经验来引领学生成长，要求讲述的内容紧扣班会主题，触动心灵。

2. 竞赛型

竞争型主题班会是利用知识竞赛、演讲比赛、讲故事比赛等激烈的竞争和对抗，将严肃的主题教育融于活动之中，有利于培养学生的表达能力、应变能力和创造能力。

3. 表演型

表演型主题班会是以学生表演展示为主。唱歌、跳舞、相声等才艺展示，情景剧表演，现场的即兴表演等都为学生积极参与班会活动提供了舞台。

4. 体验型

体验型主题班会可以通过模拟体验的方式，借助音乐或是特殊情境，让学生收获情感和心灵的触动。

5. 辩论型

辩论型主题班会通过辩论来激起学生对某一热点问题的大讨论，在观点碰撞中引发思考、形成共识。

形式永远是为内容服务的，因此班会形式的选取，要因主题的需要而定。

四、主题班会的主要内容

主题班会的主要内容除了班会题目、班情分析、教育目标、教育方法和设计思路这5部分外，还要重点突出主题班会前的活动准备情况，主题班会中的实施过程，以及主题班会后的总结拓展部分。

1. 班会题目

班会的题目是整个班会的点睛之笔。拟定的题目要突出主题，抓住问题的关键，要准确醒目，深刻鲜活。题目要有正确的价值取向，本身多使用陈述句，紧扣内涵，具有视觉、思想、情感和心灵的冲击力，读起来朗朗上口，如"小人物要有大胸怀""真诚+守信=友谊""我服务　我奉献　我快乐"等。

题目要明确选题，从小处着手切入，突出主题，如"美丽做女生，魅力讲语言""学会正确认识自我""远离毒品，从拒绝第一口开始"等，切忌宽泛过大，如"中职生心理健康教育"，就显得有些空洞，主题不够集中。

2. 班情分析

这部分内容主要阐明为什么选择确立这个主题，可通过宏观和微观两个方面来阐述。一方面结合当前的社会实际、国内外教育概况、国家领导人倡导的教育大背景，以及当代中职生年龄、心理特点等方面阐述；另一方面落到班级实处，从微观分析，突出班级的实际特点，或是突出班级存在的特定问题，要有针对性地加以阐述，从而佐证组织班会以及主题确立的必要性。这就要求班主任既能够了解大环境，从大处着眼，又能够准确把握自己班的班情，从小处着手。

3. 教育目标

教育目标是主题班会组织的出发点和归宿，一般分认知目标、情感态度观念目标和运用目标，与心理学中知、情、意、行4个要素相对应。

认知目标一般是了解与主题相关的概念、知识。例如在以"弘扬工匠精神"为主题的班会中，认知目标就要定为：认识和学习工匠精神的概念、内涵和现实意义。

情感态度观念目标一般是培养学生积极的思想情感，让学生通过对主题的思考和分析，在情感上接受或重视，并形成积极的态度及正确的价值观。

运用目标是要在达成以上两个目标之后，付诸实践，实际解决班级中出现的具体问题。

4. 教育方法

讲授法是班主任通过讲述、演讲和说服等方式指导教育学生，适用于达成认知目标。

小组讨论法通过组内讨论交流意见，互相取长补短，启发思维，有助于调动全班的积极性和参与度。

参观法是班主任组织学生到现场对实际存在的事物和发生的事件进行观察和研究，从而获得知识和观念的一种方法。

情感体验法是用感性带动心理的体验活动，配合相应的音乐更能陶冶学生的情操，增强体验效果，滋养学生的心灵。

榜样示范法是把抽象的道德规范具体化、人格化，以生动具体的典型形象影响学生心理，历史伟人、民族英雄、革命前辈、思想家、科学家以及其他各方面的杰出人物和身边的榜样都可以作为学生学习的标杆。

合作探究法是通过预设情境让学生在小组中协作共享，共同探索，激发智慧，最后生成结论或是体验。

5. 设计思路

这一部分要用简短的几个词语，概括出整个主题班会的设计思路，可以用破折号连接各个环节，体现清晰的设计思路。如"低碳环保"主题班会的设计思路可以用"认识低碳—— 重视低碳—— 低碳行动"这种形式来体现。

也可以使用思维导图，清晰呈现班会设计思路，突出各部分的内在逻辑。

6. 活动准备

（1）硬件准备 硬件包括班会中可能会用到的场地、用具，细致到计算机、音响、麦克风、视频、图片、纸张、PPT等。

（2）软件准备 软件准备包括的内容更为丰富，一般需要预先策划落实，包括以下5

个方面：

1）学生需要通过大量阅读或是需要长时间准备的资料，如通过书、报、杂志或是网络搜集的资料、体验后生成的体验报告、调查后生成的调查报告、辩论赛前资料的整理、围绕主题需要设计的调查问卷等。

2）必要的彩排和练习。如班会上需要表演情景剧、小品、相声、舞蹈、唱歌或其他才艺展示，就需要一定的彩排和练习。

3）选拔和培训主持人。班会为体现以学生为主体的主导思想，应该让学生担任主持人，班会前主持人需要选拔和培训。

4）合理编排座位。可根据主题需要来重新编排座位，抽签随机或是根据需要组合成合适的团队。

5）准备与主题相关的视频、图片和材料，课前推送给学生，或者充分调动学生的积极性，公布主题后，请学生利用一些常用的短视频软件自行搜索相关内容，进一步丰富主题。

俗话说"凡事预则立，不预则废"。准备工作是班会前期必要的铺垫，准备充分与否是班会能否顺利达成教育目标的关键，也是学生参与班会、突出主体的不可或缺的元素。

7. 实施过程

实施过程中的各个环节设计要逐级递进，环环相扣，突出其内在的联系和逻辑。由于字数限制，这部分内容要言简意赅，体现出整个班会的实施框架。每个环节下重点呈现：如何围绕主题展开，如何突出学生的主体地位，如何逐步达成目标等关键性内容。

8. 总结拓展

总结拓展是有效延续班会教育效果的关键一环，必不可少。可根据班情和人才培养方案的实际需求，将班会一节课内无法实现的内容，在班会课后付诸实践。也可以本着巩固班会效果、落实班会课上形成的决议、整理班会课上生成的结果等原则设计本环节。

五、主题班会实录注意事项

1. 格式要规范

1）采用单机方式全程连续录制，不得使用摇臂、无人机、虚拟演播系统、临时拼接大型LED显示屏。

2）不允许另行剪辑及配音，不加片头片尾、字幕注解，不得泄露地区、学校名称。

3）采用MP4格式封装，每个文件大小不超过400MB。

4）视频录制软件不限，采用H.264/AVC（MPEG-4 Part10）编码格式压缩；动态码流的码率不低于1024kbps，不超过1280kbps；分辨率设定为720×576（标清4:3拍摄）或1280×720（高清16:9拍摄）；采用逐行扫描（帧率25帧/s）。

5）音频采用AAC（MPEG4 Part3）格式压缩；采样率48kHz；码流128kbps（恒定）。

2. 时长要合理

实录视频时长不超过40min，这既需要严守40min红线，又要注意时长不宜过短。时长过短，会导致班会内容的不完整、不深入，影响班会质量，班会时长以38～40min为宜。

3. 音画要清晰

虽然比赛明确反对使用脱离建班育人实际、片面追求拍摄效果、费用昂贵的录制手段，但不意味录制可以粗糙，至少要保证声音和画面的清晰，能呈现主题班会实况，展示学生面貌。

4. 要坚持主导性和主体性相统一

班会实录要坚持"教师主导，学生主体"这一原则，既要发挥班主任的主导作用，担当"引路人"，凸显班主任的专业能力，也要充分发挥学生的主体性作用，经由班会，让班主任和学生之间建立稳固的呼应关系，形成思想的双向流动，无论是教师的"满堂灌"还是学生的"满堂转"都是不可取的。

第二节 主题班会方案示例

新的比赛要求中，主题班会的设计方案字数不超过1000字，但考虑详细的示例对广大班主任有更大的帮助，特展示部分详案供大家参考。

◆ 主题班会案例1 共同拥抱祖国蓝天

【班会题目】共同拥抱祖国蓝天

【班情分析】《教育部关于培育和践行社会主义核心价值观进一步加强中小学德育工作的意见》中明确指出，各级教育部门和中小学校要普遍开展生态文明教育，以节约资源和保护环境为主要内容，引导学生养成勤俭节约、低碳环保的行为习惯，形成健康文明的生活方式。

财会班的学生刚刚接触财会专业知识，在专业技能的学习中，存在着一些不良习惯，如不爱护练功券，随意丢弃、乱放，填写发票时不认真、不慎重，经常写错撕毁，造成浪费。针对这一实际问题，并结合低碳环保，班级组织召开了这次主题班会。

【教育目标】

1. 认知目标：了解低碳环保的概念和外延。

2. 情感态度观念目标：唤醒低碳意识，引起对环保的重视。

3. 运用目标：约束自己的浪费行为，爱惜练功券，加强专业技能的练习，减少浪费。

【教育方法】角色扮演法、情感体验法。

【设计思路】此次班会是从学生的实际出发，及时抓住教育契机，设计了认识低碳——重视低碳——低碳行动三个环节。一方面帮助解决学生中存在的实际问题，另一方面为规范学生的行为倡导低碳生活。

【活动准备】

1. 道具准备：彩色即时贴、废旧报纸、A4白纸、手机、无线网、硬卡纸。
2. 音乐准备：阿牛的《桃花朵朵开》、湘海的《蓝色天空》。
3. 提前用抽取五色丝带的方式把全班分组，并按组就座。
4. 排练情景剧《长此以往》。
5. 在黑板上画一棵智慧树，只有树干留用。
6. 在学生中选拔主持人，并与主持人推演班会过程。

【实施过程】

（一）"百家讲坛"话低碳，全班共育智慧树（10min）

在本环节中，学生利用手机搜索"低碳环保"的相关知识，然后相互分享补充。每位同学把自己学到的低碳知识总结到彩色即时贴上。最后伴着阿牛的《桃花朵朵开》把即时贴贴到黑板上的智慧树树干和树枝上。

（二）"笑傲江湖"重低碳，游戏、情景双体验（15min）

本环节通过游戏和情景剧表演《长此以往》唤醒学生倡导低碳的情感。情景剧中的"蓝天先生"被扮演汽车尾气、北方取暖设备排放的废气、废旧电池、垃圾、食物废料残渣的五位同学团团围住，不堪重负，最终筋疲力尽倒下了。

（三）"奔跑兄弟"推低碳，妙招贴士齐动员（20min）

1. 垃圾分类游戏。看哪组最先把事先做好的卡片分类完毕。
2. 在硬卡纸上制作公共出行小贴士。
3. 收集一些节省纸张的小妙招。
4. 在印有"共同拥抱祖国蓝天"的红色条幅上签字。同时播放湘海的《蓝色天空》作为背景音乐。

【总结拓展】班会结束后，请同学们将今天的感受发到QQ群中与大家分享，并在朋友圈中呼吁低碳环保，绿色出行。卫生委员委派专人监督大家珍惜爱护练功券，不随意丢弃。学习委员督促大家每天练字，尤其是数字大小写的规范和熟练性，尽可能减少因填写错误导致的发票浪费。

【教师点评】这个班会设计准备充分，主题突出，内容充实紧凑，环节流畅新颖，教育方法使用得当。最值得一提的是班会过程的三个环节，标题引入了学生当前最喜欢的三个电视节目，"百家讲坛""笑傲江湖""奔跑兄弟"，让整个班会"亮"了起来。层次清楚，并与德育的三个目标巧妙对应。

◆ 主题班会案例2　成功有方法　青春当奋斗

【班会题目】成功有方法　青春当奋斗

【班情分析】习近平主席在参加纪念五四运动100周年大会的讲话中，"奋斗"一词一共出现了26次。"奋斗是青春最亮丽的底色"。作为中职学生，我们更应当践行奋斗的精神。

计算机1班是高考班，第一次月考结束，同学们的学习压力随之而来。有的同学因为成绩提高不大开始得过且过；有的同学开始自己找"偏方"，不听老师的话；还有的同学只顾自己学习，不愿意把自己的经验分享给别人。针对这种情况，班主任决定召开"成功有方法　青春当奋斗"的主题班会。

【教育目标】

1. 认知目标：了解成功的方法。
2. 情感态度价值观目标：认同奋斗的重要性。
3. 运用目标：把专注的心态、适合的方法、伙伴式合作应用到学习过程中。

【教育方法】情感体验法。

【设计思路】

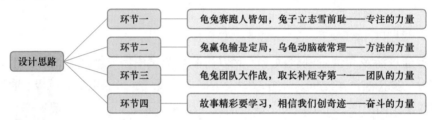

【活动准备】

1. 道具准备：龟壳、兔耳、A4纸等。
2. 人员准备：主持人一名，情景剧演员五人：龟、兔、树、先知、记者。
3. 课件准备：制作PPT课件，联系优秀毕业生录制相关视频。

【实施过程】

【环节一：龟兔赛跑人皆知，兔子立志雪前耻——专注的力量】

学生表演《龟兔赛跑》情景剧第一幕。兔子在比赛中全力以赴，一刻不停地从起点跑到了终点。

主持人引出专注的重要性，班主任点评总结。为加深专注的印象，同学们做一个《1分钟你能写多少个数字》的小游戏，体会专注的感觉。

【环节二：兔赢龟输是定局，乌龟动脑破常理——方法的力量】

龟兔赛跑的故事还没有结束。这次在途中遇到小河，乌龟胜。

主持人播放优秀毕业生张琪学长的学习方法分享，班主任点评引导。激励同学们找到更好的适合自己的学习方法。

【环节三：龟兔团队大作战，取长补短夺第一——团队的力量】

故事继续更新。兔子和乌龟成了很要好的朋友，兔子扛着乌龟跑到了岸边，乌龟驮着兔子游到了对岸。最后，龟兔一起冲过了终点线，双方都感到了莫大的满足感。播放优秀毕业生屈雪连、何影的学习方法分享，班主任点评引导。

【环节四：故事精彩要学习，相信我们创奇迹——奋斗的力量】

班主任总结这几次龟兔赛跑带给同学们的启示，鼓励同学们在实际的学习生活中用专注的心态、灵活的方法，伙伴式学习，为自己的青春贡献奋斗的力量。最后，全班同学齐读班会主旨，布置课后作业。

【总结拓展】

课下实践专时专用的方法提高学习效率。

积极与任课老师沟通，寻求更适合自己的学习方法。

组成学习小组，实践伙伴式学习，在下次的班会上分享自己的学习心得。

主题班会案例3 诚信做人 本分做账

【班会题目】诚信做人 本分做账

【班情分析】诚信就个人而言，是高尚的人格力量；就社会而言，是保障有序发展的通行证；就国家而言，是立国之本。早在2001年，时任国务院总理朱镕基就说过："会计人员必须诚信为本、操守为重、遵循准则、不做假账。"所以对于财会专业的学生诚信教育更是重中之重。

财会专业的学生，现已升入二年级，马上要面临顶岗实习。由于不良风气的影响，有部分学生在课间聊天竟然表示将来上班后一定要雁过拔毛，有机会就做假账狠捞一笔。所以针对这一实际问题，并结合诚信，班级组织了这次主题班会。

【教育目标】

1. 认知目标：了解财会专业诚信内涵和具体内容。

2. 情感态度观念目标：认识到在人际交往及工作岗位上应该以诚为本，恪守职业操守，增强对他人和社会的责任感，树立诚信做人、本分做账的道德观念。

3. 运用目标：在即将实习的岗位上把住诚信底线，不违法乱纪。

【教育方法】小组讨论法、角色扮演法、情感体验法、契约式教育法。

【设计思路】本节班会课结合财会专业与学生实际，包括狼来了——回归童年引共鸣、油条哥——"草根"榜样有力量、人民的名义——我当法官来断案、契约教育——信守承诺财会人等4个环节，逐渐深入，最终实现本节班会课的教育目标。

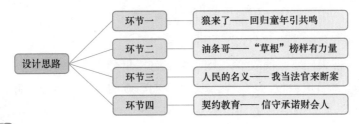

【活动准备】

1. 道具准备："做诚信财会人"条幅、签字笔、无线网卡。

2. 排练情景剧《狼来了》。

3. 《人民的名义》视频节选。

4. 准备会计人员犯罪案例。

【实施过程】

（一）狼来了——回归童年引共鸣（10min）

在本环节中，情景剧表演《狼来了》容易让大家回归童年，引起同学们对诚信的共鸣。表演完毕大家就此情景剧进行讨论，引出主题。

（二）油条哥——"草根"榜样有力量（15min）

1. 讲述油条哥刘洪安的先进事迹材料。他的油条因坚决不用"复炸油"，而被消费者称为"良心油条"，他也被网友亲切地称为"良心油条哥"，于2012年5月被央视报道后走红网络，2013年9月26日被评为第四届全国道德模范——全国诚实守信模范。结合这个身边的榜样，各组分别谈感想。

2. 搜索知名财会人：学生分组用手机搜索知名财会人，并且把事迹材料简要汇总，从而加深对行业标准的认识。

（三）人民的名义——我当法官来断案（15min）

1. 播放热播电视剧《人民的名义》中山水集团和汉东油气集团两位会计违法犯罪片段。分组讨论，通过自己学过的"财经法规"等专业知识，判断两位会计分别违反了哪些法律法规、应处以何种处罚。进而通过断案，深刻理解和感受诚信做人、本分做账在职业岗位上的重要性。

2. 会计职务犯罪案例汇报。各组分享课前网上搜索到的犯罪案例，重点分析其给社会造成的不良影响。从而提醒学生，在岗位中一定要恪守职业底线，诚信做人、本分做账。

（四）契约教育——信守承诺财会人（5min）

1. 集体宣誓、诚信为本："作为一名财会人我保证：诚信为本、操守为重、遵循准则、不做假账。"

2. 签字为证、遵守契约，进行契约式教育，举行签字仪式，共同在"做诚信财会人"条幅上签字。

【总结拓展】

1. 分发个人信用档案进行自查、自纠、自律。

2. 举办"做一名诚信的财会人"演讲比赛。

3. 大家每人搜集一篇诚信故事，上传至班级QQ群分享。

【教师点评】本节班会设计巧妙地将财会专业与诚信教育结合在一起，有针对性地把"做诚信财会人"作为班会的主旨，实施过程中各个环节突出了学生的主体地位，以参与体验、参与讨论为主要形式，引导学生自我教育、自我生成，为不久后的顶岗实习奠定基础。

主题班会案例4　文明礼仪展风采

【班会题目】文明礼仪展风采

【班情分析】《中等职业学校德育大纲（2014年修订）》的德育目标中也明确要求中职生要养成良好的文明行为习惯，待人友善。新生在入学一个月后，已经基本适应了新学期的生活。为了使同学们职业素养进一步得到提升，从10月份开始，对同学们进行文明礼仪专题教育就显得十分必要了。于是，我们决定将10月定为文明礼仪月，并将这次班会作为启动班会。

旅游班，在入学一个月后班上陆续出现很多不文明现象，如顺口就会吐出脏字儿，教室里随处可见垃圾，见到老师不问好等。

【教育目标】

1. 认知目标：了解讲文明懂礼仪是中华民族的传统美德。

2. 情感态度观念目标：理解文明礼仪的重要性，拥有正确的价值观，明确不文明现象和不懂礼仪带来的不良后果。

3. 运用目标：从自己的一言一行做起，杜绝随手乱扔垃圾的坏习惯，尊重师长从向老师问好开始。

【教育方法】故事启迪法、情感体验法。

【设计思路】从知、情、意、行4个方面，依次设置了文明礼仪明辨之—— 身边现象慎思之—— 文明示范引领之—— 能量传播笃行之4个环节，层层递进，让学生进行自我教育，认识文明礼仪，并落实到日常的实际行动中。

【活动准备】

1. 由学生制作班会PPT，选出主持人。

2. 由班上的广播站成员准备有关文明礼仪的故事。

3. 一、二、三中队以文明礼仪为主题排练情景剧。

4. 四中队到校园的各个角落，进行文明礼仪方面的微视频拍摄。

5. 全班文明礼仪操排练。

【实施过程】

（一）文明礼仪明辨之

讲述《酒店老板与无赖》和《张良拾履》的故事，同学们听后小组讨论，体会文明礼仪的重要性。

（二）身边现象慎思之

各中队通过情景剧表演思考文明礼仪在我们身边的重要意义。

《公园长椅》——公园里年轻的情侣不给老人让座的行为让人无奈。

《实习生的故事》——一个实习生因为一系列的不文明行为而被开除。

《中国好职场》——捡起地上的一张废纸片原来就是大公司面试的题目。

（三）文明示范引领之

全班文明礼仪操展示和主持人文明用语展示让同学们明确规范的文明礼仪该怎样做。有正确的示范与引领，相信同学们一定可以做得很好！

（四）能量传播笃行之

传递文明礼仪之花，组织志愿者小队，监督本班学生见到老师问好，不随手乱扔垃圾等行为的同时，在校园里举旗宣传校园文明礼仪，主动捡拾校园垃圾，做环保使者。

【总结拓展】志愿者小队将自己的体验形成报告，集结成册，为后期系列班会的召开提供第一手资料。宣传视频制作出来用于网络传播。

【教师点评】以上班会设计，结构完整，环节一脉相承，内在逻辑性较强。学生主持、学生表演、学生示范、学生志愿等方式，充分地发挥了学生的主体作用。整个设计符合高一学生年龄特点，紧密地联系了校园实际，以学生不文明的行为为切入口，以小见大，从而对学生进行文明礼仪教育。而整个文明礼仪的教育是一个持续的过程，所以设计系列班会，并用文明礼仪月来带动学生行为的持续性。从整个设计中还能看出设计者对班会前准备工作的重视，编排情景剧、录制小视频、练习文明礼仪操都是对学生进行文明礼仪教育的重要环节。

主题班会案例5　梦想，在这里启航

【班会题目】梦想，在这里启航

【班情分析】教育部、人力资源和社会保障部在《关于加强中等职业学校班主任工作的意见》中，进一步明确了中等职业学校班主任的工作职责，其中之一就是职业指导工作，即教育、引导学生树立正确的职业理想和职业观念，提升职业素养与职业生涯规划能力。中职学生年龄偏小，无论是对专业的选择还是对未来的规划，普遍存在迷茫心理，所以帮助他们明确目标，规划未来职业发展蓝图非常必要。

酒店一班，学生性格活泼好动，动手能力强，表现欲望强，但是注意力不容易集中，缺乏毅力。经过近一年的学习，掌握了基本的酒店管理理论，但对酒店工作认识不够全面，实训技能有待提升。

【教育目标】

1. 认知目标：认识职业生涯规划的作用与意义。

2. 情感态度观念目标：让学生感受到学习酒店服务专业的自豪，树立正确的职业观念。

3. 运用目标：用科学的方法提升职业规划的能力，充满自信，不断坚持，实现梦想。

【教育方法】体验法、故事启迪法、讨论法、启发法。

【设计思路】通过寻梦——筑梦——圆梦三个部分，让学生一步步思考进入中职学校学习的目标，树立职业自豪感，从而确定自己的职业规划。

【活动准备】

1. 场地准备：在西餐教室进行。

2. 道具准备：准备西餐摆台需要的托盘和餐具。

3. 人员准备：邀请酒店专业技能过硬、参加过技能比赛的学长出席。

4. 学生准备：学生之间互相录制视频《梦想大声说出来》；制作班会PPT；准备励志故事——无臂钢琴师刘伟"精彩地活着"；准备诗朗诵《梦想与追求》和背景音乐《隐形的翅膀》。

【实施过程】

（一）寻梦——审视自己，寻找梦想（10min）

1. 播放课前录制的视频《梦想大声说出来》，请同学们思考我们有没有梦想，这些梦想符合自身的情况吗？进行小组讨论并发言。

2. 播放优秀毕业生的视频，以榜样的力量启发学生要正确审视自己，激发学生寻找梦想的决心。

（二）筑梦——相信自己，铸就梦想（10min）

请一名同学讲述刘伟"精彩地活着"的故事。他说，我有梦想，我的人生只有两条路，要么赶紧死，要么精彩地活着。请同学们思考是什么支撑着刘伟?

（三）圆梦——锻炼自己，实现梦想（25min）

1. 班中派代表和高年级的学长进行中餐托盘技能竞赛。

2. 竞赛后由老师做出点评，学生发言找出自身的差距。

3. 同学们讨论怎样科学地制订自己的职业生涯规划。

教师提炼要点：职业生涯规划的6个步骤：①自我评价；②确立目标；③环境评价；④职业定位；⑤实施策略；⑥评估与反馈。

4. 在《隐形的翅膀》背景音乐下全班朗诵诗歌《梦想与追求》。

【总结拓展】本节班会后，在班中开展《放飞梦想，成就未来》演讲比赛；每个人完成SWOT（优势/劣势/机遇/挑战）分析；在此基础上，完成一份《职业规划书》，里面涉及自己设立的目标，以及每一个阶段的实现方法，张贴到班级文化墙上展示；和高年级的学长结成技能帮扶对子，用身边榜样的力量不断鞭策自己，向着自己的梦想前进。

【教师点评】本节班会中，寻梦——筑梦——圆梦三个重要环节，对应了德育的三个目标，结合酒店专业学生的实际需求，巧妙地将梦想与职业生涯规划结合在了一起。酒店技能比赛会将班会推向高潮，在这个过程中能够帮助学生进一步确立自己的职业目标。班会后的拓展活动设计充分，能够有效地延续班会的教育。同时，能结合习近平主席的新年贺词，提升了班会的思想高度。

主题班会案例6 学大国工匠精神，展餐饮服务风采

【班会题目】学大国工匠精神，展餐饮服务风采

【班情分析】2016年3月，在全国人大十二届四次会议政府工作报告中，首次出现了"工匠精神"，继而受到广泛关注和热议。作为具有时代特色的中职生，本应该是大国工匠精神的传承者，却普遍存在虽然思想活跃但动手能力差，做事急于求成，缺乏精益求精精神的现状，希望通过学习，他们可以理解工匠精神、践行工匠精神、弘扬工匠精神。

2016级饭店服务班共36名同学,通过半年的饭店理论学习,他们掌握了初步的服务技能。很快他们要迎接一次饭店实习,同学们既充满向往与期待,又有一丝迷茫和不安。有些同学对实训课的授课模式不再好奇,对枯燥的训练有一丝倦怠,需要教师的正确引导与调整。

【教育目标】

1. 认知目标:认识到工匠精神的深刻含义。

2. 情感态度观念目标:让学生对工匠精神充满敬仰之情,并树立正确的职业理念。

3. 运用目标:把工匠精神用在今后每一次实操训练中,为实习工作的出色表现而努力练习。

【教育方法】讲授法、小组讨论法、活动体验法。

【设计思路】本班会从认识工匠精神——感受工匠精神——学习工匠精神——践行工匠精神,4个方面入手,对应"知情意行",结合饭店专业学生的特点,从古今中外爱国敬业的工匠故事,到希尔顿酒店精益求精的管理理念,再到同学们认真笃行的实操训练,由远及近,由大及小,给学生一次精神的洗礼,为接下来的酒店实习工作打下坚实的基础。

【活动准备】

1. 多媒体准备:搜集《大国工匠》节选视频,搜集德国、日本展现工匠精神的图片和故事,并制成幻灯片。

2. 音乐准备:阎维文的《大国工匠》、周杰伦的《蜗牛》。

3. 在开班会之前召开班干部会议,给班中4个小组长安排任务。一组同学负责搜集《大国工匠》视频并节选,由同学写出旁白词进行介绍;二组同学负责搜集德国、日本优秀的体现工匠精神的故事,制成幻灯片;三组同学搜集歌曲,搜索体现工匠精神的理念或标语;四组同学搜集希尔顿酒店经营的成功管理理念。

4. 教师准备:教师协助各组同学整理资料和旁白,把握整个班会方向。

5. 场地准备:在中餐实训室召开本次班会,每一个小组用一张圆桌,准备好宴会摆台的工具。

6. 安排一男一女两名学生作为本次班会主持人,并推演整个班会过程。

【实施过程】

(一)认识工匠精神——精益求精事竟成(6min)

请同学们观看央视纪录片《大国工匠》的节选,感受工匠精神的实质内涵,并欣赏阎维文的《大国工匠》歌曲,营造氛围。同学们对工匠精神的内容进行提炼并发言,主持人将关键词写在黑板上。

预期效果:同学们通过视觉和听觉的冲击,对工匠精神有了初步的认识。书写在黑板上的关键词将引领整个班会——追求卓越的创造精神、精益求精的品质精神、用户至上的服务精神。

(二)感受工匠精神——放眼世界学工匠(10min)

看过中华儿女的《大国工匠》,让我们再放眼国外,看看世界先进的工业国:德国和与我们一水之隔的近邻日本是怎样做的。请二组同学介绍德国和日本的工匠精神。

德国工匠精神的内核："有志者事竟成，苦心人天不负"的坚持、"凝神屏气无言语，两手一心付案牍"的专注、"不因材贵有寸伪，不为工繁省一刀"的严谨、"苟日新、日日新、又日新"的创造。

日本工匠精神实例：做旧书修复的冈野信雄、哈德洛工业株式会社生产的"永不松动"螺母、60年来坚持只用当天产的新鲜鸡蛋制作的长崎蛋糕。

请同学们思考并提炼出工匠精神的内涵：精益求精，注重细节；严谨求实，一丝不苟；耐心、专注、坚持；专业、敬业。

（三）学习工匠精神——立足专业学理念（12min）

1. 三组同学展示著名企业的经营理念和标语：

1）星巴克核心价值观：为客人煮好每一杯咖啡。

2）海尔精神：敬业报国，追求卓越。

3）顶级刀具品牌双立人广告词：人世间，只婵娟一剑，磨尽天下英雄。

4）香奈儿首席鞋匠如是说：一切手工技艺，皆由口传心授。

5）希尔顿酒店经营理念：Travel is more than just A to B。（旅行不仅仅是A地到B地）

预期效果：通过展示，将工匠精神具体化，便于学生理解，由此巧妙地将工匠精神落到同学们的对口专业上，承上启下。

2. 四组同学展示希尔顿酒店的成功经营理念：

希尔顿酒店的宗旨是"为我们的顾客提供最好的住宿和服务"。无论是商务出行还是休闲度假，希尔顿酒店可以满足不同顾客的不同需求。

预期效果：从著名企业到对口的酒店行业，我们对工匠精神的解读让同学们学习到专注做事情，精益求精，突破极限，做到最好，为下一步的行动打好情感基础。

（四）践行工匠精神——宝剑锋从磨砺出（17min）

1. 这一环节是本节班会的高潮，4个小组在中餐实训室进行中式摆台技能大比拼，和以往的技能比赛不同的是，本节课技能展示强调精益求精，注重细节：

1）摆放骨碟时，要求花纹（字头、店徽）要对正，距桌边1cm。

2）汤碗与味碟、味碟与汤碗各距离1cm。

3）长柄汤勺末端距离桌边3cm。

4）饮料杯、红酒杯和白酒杯成一条直线，水杯上口距红酒杯1cm。

2. 每位同学摆放完成后，教师拿出尺子进行精确测量，一丝不苟地进行评判，细致到每一毫米，各种规则评比严格按照标准执行，让学生完成从99%到99.99%的跨越。

3. 最终评出本节课最佳工匠小组，展示成果。

预期效果：本环节力求做到专业特点和工匠精神的高度契合，同学们通过精益求精的技能比拼，用实际行动感受工匠精神的内涵，对自己所学习的专业内容有了更深层次的感悟，为一个月后的实习打下良好的基础。

【总结拓展】学习并弘扬工匠精神远非一朝一夕之功，也不单单是一堂班会课可以解决的事情。人人崇尚"精益求精"，是一项全班同学都参与进来长期坚持的宏大工程。以后的每一堂实践课，我们都会评比出"技能好手"，在每一个月的技能鉴定和实习阶段也会评比出班级的"优秀工匠之星"，激发学生弘扬工匠精神，在饭店专业这片天地中实现自己的职业理想。

【教师点评】"工匠精神"这一主题是近来中职教育的一个热点，本班会通过知、情、意、行4个部分，环环相扣，把看似遥远高大的工匠精神逐步拉近学生的实际生活，结合了专业，突出了职业特色。这样的内在逻辑更有利于学生在学习专业的同时，体会工匠精神、践行工匠精神。

主题班会案例7　为了父母的微笑

【班会题目】为了父母的微笑

【班情分析】教育部《关于培育和践行社会主义核心价值观进一步加强中小学德育工作的意见》中提出，要认真落实《中小学文明礼仪教育指导纲要》，引导学生养成孝敬感恩的行为习惯。

烹饪班共23名同学，其中19名男生，4名女生。烹饪课的特点决定了班中定期会花费一定的费用来购置原料，学生们大多拿着父母的钱花起来毫不心疼，买原料的次数越来越频繁，普遍存在不理解父母辛苦的现象。

【教育目标】

1. 认知目标：了解父母供自己上学的辛苦与不易。

2. 情感态度观念目标：引起学生对不孝顺父母的深思，激发学生好好学习专业课程回报父母的决心。

3. 运用目标：用一颗感恩的心来回报父母对自己的养育之恩，用自己专业技能的提升来表达对父母的爱。

【教育方法】多媒体学习法、小组讨论法、情景教学法。

【设计思路】本班会结合本专业特点，设计了感恩父母知无私——模拟母爱情感动——交流理解意真切——孝顺父母动起来4个环节。通过父母和学生之间的书信情感沟通，激发学生对父母养育之恩的思考，引导学生利用自己学习的专业专长——制作冷拼作品，在家校联谊会上向父母献礼。

【活动准备】

1. 多媒体准备：搜集父爱母爱的图片资料，制作体现孝顺的幻灯片。

2. 音乐准备：《烛光里的妈妈》《让爱天天住我家》。

3. 排练情景剧《忽略的爱》。

4. 选取有两名代表性的学生家长，提前沟通，由其给自己的孩子写一封信。

5. 在开班会之前召开班干部会议，给班中4个小组组长安排任务。一组负责幻灯片制作，并准备描述词；二组负责排练情景剧；三、四组分别由一名男同学和女同学讲述和父母的故事，组内其他同学负责念这两个同学家长给他们写的信（讲述者提前不知道有这个环节），并制作空白爱心卡片。

6. 安排班长作为本次班会主持人，并与其沟通整个班会过程。

【实施过程】

（一）感恩父母知无私（3min）

背景音乐：播放《烛光里的妈妈》，同时播放课件，展示父母对我们爱的点滴。

一组旁白：父爱和母爱的描述。

预期效果：同学们在音乐中观看幻灯片，感知父母对自己的爱是全世界最无私、最伟大的爱。

（二）模拟母爱情感动（15min）

第二小组负责情景剧表演《忽略的爱》。

王丹的妈妈身体有点儿不协调，王丹对此有点儿自卑，学校要召开家校联谊会，妈妈想来，但是王丹就是不让，妈妈很伤心，讲起有一次王丹得肺炎时，妈妈拖着病体，带着王丹去医院看病。旁白点出主题，妈妈的爱不能忽略。

请学生根据小品反思：我们理所应当地找父母要钱，吃喝花销都要靠父母，还对父母吆五喝六，这样对吗？

预期效果：让同学们感到惭愧和内疚，激发学生重新来过，感恩父母，孝顺父母。

（三）交流理解意真切（20min）

1. 同学们，你能否用一颗感恩的心来描述父母对你的爱呢？有请三、四组代表上来讲述和父母的故事。

2. 拿出两位家长事先给孩子写的信，请同学在班里朗读出来。

预期效果：在事前没有告诉本人，学生非常受触动。

（四）孝顺父母动起来（7min）

1. 给父母写爱心卡片，准备家校联谊会让父母看。

2. 每组制作冷拼作品，作为礼物献给父母。

3. 合唱《让爱天天住我家》。

【总结拓展】班会结束后，将落实每一个小组冷拼作品的完成情况。

【教师点评】这个班会设计以感恩为主题，没有采用父母到场相拥而泣的形式，而是通过写信这一含蓄方式，突出了对学生心灵的冲击。尤其是在学生不知情的情况下，听到父母给自己写的信，惊喜之余更多的是感动，再次触及学生心灵深处。学生在这样的情感铺垫下，再去为家校联谊会做准备，会更加用心。此时，班会与专业技能的展示相结合，将学生的感恩之情转化为平时专业学习的动力，落到了实处。在"交流理解意真切"环节，可以让更多的同学发言，并变2名家长代表写信为所有家长都给孩子写一封信，真正实现每一名同学都和家长情感互动。

主题班会案例8　自信一点，我为自己代言

【班会题目】自信一点，我为自己代言

【班情分析】中等职业学校德育目标中要求中职生养成自尊、自信、自强、乐群的心理品质；《中等职业学校学生公约》的第八条规定："树自信，勇担当。自尊自信，乐观向上；珍惜青春，不怕挫折；敬业乐群，勇担责任。"不消极悲观，不自卑自闭，不虚度年华。帮助中职生树立自信应该是开学的重要一课，也是题中应有之义。

计算机班学生，虽然对文化课学习缺乏兴趣，缺乏自信，但生性活泼，比较好动，有着极强的好奇心，容易接受新思想、新事物，他们也希望被理解、被尊重、被重视、被关怀，也渴望取得进步。

【教育目标】

1. 认知目标：使学生正确看待生活中的成功与失败。

2. 情感态度观念目标：使学生找回自信，确立目标，迎接崭新的自己。

3. 运用目标：顺利完成初中到职业高中的过渡。

【教育方法】情景教学法、体验式教学法、表演式教学法、启发式教学法。

【设计思路】班会通过心灵释怀——蓄势、击掌游戏——体验、打破心结——深化、放飞梦想——升华、共情讲述——点题5个环节，帮助学生释怀过去，重树自信。

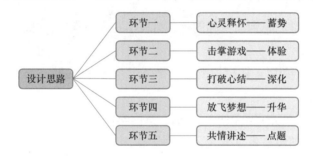

【活动准备】

1. 场地准备：挂立式幕布摆在东边篮球架下。

2. 道具准备：签字笔三支、自备纸张和碳素笔、小音箱、便携式扩音器、一体机。

3. 音乐Never Meant to Belong（低沉）、《我相信》（高亢）。

4. "聚美优品"公司广告视频（陈欧为自己代言）。

【实施过程】

（一）心灵释怀——蓄势（5min）

师生均自备纸张在灯光篮球场席地而坐，围成一个圆，主持人坐在中间，播放音乐Never Meant to Belong。引导学生进入深思，再让学生把自己所有的不快、自卑、伤心、失望统统写出来，不用留下姓名。

预期效果：悲情的音乐，黑暗空旷的环境，学生心灵能够放松。席地而坐则更具亲和力，很容易让学生认识自己，得到心灵的释怀，能够正视自己的缺点、不快等负面信息，欲扬先抑，为后期的梦想腾飞做好铺垫。

（二）击掌游戏——体验（10min）

1. 介绍游戏规则：让大家先把自己写的小秘密保存好，一起做击掌游戏，首先问大家你认为自己一分钟能击掌多少次？学生回答：60、100、200等。

2. 体验击掌游戏：大家开始击掌体验。击掌完毕以后学生报告击掌次数，所有人击掌的次数应都会远远多于自己开始的预测次数。

3. 学生自由分享自己的感受。

告知大家每个人的潜力都是无限的，无论到什么时候大家都要有足够的自信，相信心有多大舞台就有多大。

预期效果：通过击掌游戏让同学们意识到，其实自己很多时候是低估了自己的能力。

（三）打破心结——深化（15min）

1. 观看视频谈谈感受：观看"聚美优品"老总陈欧的广告视频，学生分享感受，主持人宣读改编后的广告词："你只看到了我的低分，却没有看到我的潜力。你有你的自豪，我有我的骄傲。你否定我的现在，我决定我的未来。你嘲笑我的低分不配考学，我可怜你目光短浅只挤普高独木桥。你可以轻视我的成绩，我可以证明这是谁的年代。成功是注定痛苦的旅行，路上少不了挫折和失败。但那又怎样？哪怕是遍体鳞伤，也要活出中职人自己的精彩。我是中职人，我为自己代言！"引导学生学习陈欧的自信与执着。

2. 集体宣誓树立信心：（打开篮球场灯光）进行集体宣誓，宣誓词可根据需要提前准备。

3. 撕毁心结告别过往：主持人带头将之前写的心结撕碎，并拿着垃圾袋收取碎片。

（四）放飞梦想——升华（10min）

分三组在气球上书写自己的梦想，并共同放飞。（播放歌曲《我相信》）

预期效果：现代学生喜欢新鲜事物，用这种方式来许下自己的愿望，是所有学生乐于接受的一种形式。通过共同放飞气球，能够使学生放下心结，明确目标。

（五）共情讲述——点题（5min）

班主任讲述自己的故事——从之前的种种失败到中职求学再到现在的经历，实现师生共情。

预期效果：通过自己的例子，进一步点题，让学生能够设身处地地代入，强化自信。

【教师点评】本节班会是以帮助学生树立自信为主题的，它大胆创新，打破了在教室开主题班会的常规，选择了篮球场，并且巧妙地利用了篮球场的灯光来烘托气氛。让学生撕碎自己的伤痛和自卑、击掌游戏的体验、改编广告词、激情宣誓和放气球，每一项活动都从学生心理的需求出发，逐步将大家的梦想点燃，升华了主题。

主题班会案例9 与压力共舞，实现导游梦

【班会题目】与压力共舞，实现导游梦

【班情分析】中职学生存在着诸如学业困扰、就业不确定、人际交往以及父母、老师

的期望等不同的压力，但因其年龄、阅历的不足，导致了他们对压力的认识不足，没有对抗压力的精神准备和疏导方法。因此及时地引导学生认识压力、正确面对压力，掌握减除压力的方法，对他们形成积极的人生态度，培养良好的个性品质有着极其重要的作用。

导游考证班同学们的学习目标就是取得导游证，实现带团梦想。繁重的学习压力，同学们不知道如何面对和化解，非常容易产生厌学情绪。为了帮助同学们对导游证考试树立信心，用正确的方式化压力为动力，特召开了本次主题班会。

【教育目标】

1. 认知目标：引导学生学会认识压力源，学会科学理性的减压方法。

2. 情感态度观念目标：帮助学生调整心态，能正确面对导游证考试的压力，树立正确的职业理想。

3. 运用目标：让学生运用科学方法调试压力。

【教育方法】 多媒体学习法、体验式教学法、小组讨论法。

【设计思路】 此次班会是从学生考取导游证的实际出发，结合专业特色，设计了认识压力—— 感受压力—— 直面压力—— 调试压力（知、情、意、行）4个环节。通过一系列的活动体验，引导学生与压力共舞，刻苦努力学习，最终实现自己的导游梦。

【活动准备】

1. 多媒体准备：搜集图片资料制作关于压力的幻灯片，搜集漫画等直观材料体现压力的两面性。

2. 道具准备：黄豆、绿豆、椅子若干，每人准备纸和笔。

3. 音乐准备：《从头再来》《怒放的生命》《隐形的翅膀》。

4. 录制视频：邀请优秀毕业生，学生提前录制2～3min视频。

【实施过程】

（一）认识压力，两面作用要分清（3min）

班会在歌曲《从头再来》中拉开帷幕。压力过大会带给人心灵和躯体的双重伤害，长期处于心理应激状态还会使人体免疫力降低，引发多种疾患；不过适当的压力能让人们保持较好的觉醒状态，智力活动处于较高的水平，激发人的潜能。

（二）感受压力，团体游戏初体验（12min）

在本环节中，设置一个团体游戏"乌鸦和巫婆"。

1. 游戏规则

让同学们围圈而站，每一位同学的左手食指伸出，右手伸出手掌，左手食指放在旁边同学右手掌下。教师找一位同学读短文，当听到读"乌鸦"的时候，左手迅速缩回，右手去抓同学的食指。指导建议，教师可以找一位同学读故事，提前告诉这位同学当遇到"乌"可以故意拖长音，增加紧张气氛。

2. 诵读故事《乌鸦和巫婆》

森林里有一间小小的城堡，里面住着可怕的巫婆和他的仆人乌鸦。有一天，突然天上慢慢飘来一片片乌云，转眼间就乌黑乌黑的，什么也看不见。不一会儿就下起了大雨，在狂风暴雨中，巫婆听见有人在敲门，开门一看，原来是一只乌龟，还有一只乌贼，它们要求巫婆让它们进屋，巫婆同意了。可是乌鸦不同意，它和乌龟是宿敌。雨越下越大，大家也越吵越凶，乌贼指着乌云对巫婆说："雨这么大，乌鸦却不让我们进去，我和乌龟都会生病的。再不开门，我一定会让你的城堡变得乌烟瘴气。"最后，巫婆还是没有给它们开门。没多久，雨停了，太阳出来了，乌云也散了，巫婆和乌鸦这才打开门，看见乌龟已经冻得缩成一团。

3. 讨论分享

1）当你抓住别人手指时是什么感受？当你被别人抓住手指时你的感受又是怎样的？

2）在游戏中大家的感受是什么？

（三）直面压力，体验分享得结论（20min）

开展体验活动，讨论分享。

1. 活动规则

每个小组围成一圈，教师发给每个学生一些绿豆、黄豆或大米，让他们放在鞋子里，然后让全体学生站起，把身体弯成90°，用手从背后托起椅子背在背上，每个人与前面的人保持距离，随着教师的口令，顺时针跟着前面同学蹒跚前行，教师口令要由慢不断加快，然后再放慢。同时播放音乐《怒放的生命》。

活动指导语：想象我们都是一只只小蜗牛，背上背着重重的壳，脚下的路也崎岖不平，用心来感受你的后背和脚底。

2. 讨论分享

1）刚才背上压着东西是什么感觉？

2）像蜗牛一样背着房子让你想到了什么？在学校的学习生活中有没有过类似的情绪和情景？

3）如果我们放下背上的"壳"，生活会有什么变化？

3. 教师总结

我们每个人都背负着来自学习、工作、情感等各方面的压力，正是它们构成了我们在这个世界上存在的理由和价值。就像蜗牛背上的壳，它带给我们压力的同时也带给我们动力和保护。同学们正在进行的备考学习也是如此，不面对考试的压力，我们就会荒废学业，只有一步一个脚印，才有可能实现自己的导游梦。

预期效果：学生通过亲身体验，认识到遇到压力需直接面对，面对考证压力，需迎难而上。

（四）调试压力，化成动力筑梦想（10min）

大浪中空船是危险的，让船负重才是最安全的。人生也是如此，有一定的压力，经雨历风才能磨砺出稳健的脚步。但是，压力过大，无疑对人的身心造成很大的负面影响。那么我们如何应对压力呢？

1. 集思广益化压力

发给每个小组纸张和笔，让学生写出应对压力的策略，看看哪一个小组在规定的时间内写出的方法多。

预期效果：学生在这个环节可能出现多种多样的答案，例如办法总比困难多，分出压力的大小远近，遇事要往好处想，不要对环境和他人期望过高，当天的事情当天做，不对自己提出不切实际的要求，合理发泄，游戏与运动，音乐放松、想象放松和深呼吸等。

2. 方法建议齐分享

请各组派代表分享自己的策略，并把纸贴在墙上，让同学们充分分享自己的抗压方法。

3. 压力调试学榜样

播放优秀毕业生在备战导游证时的经验介绍视频，为同学们加油鼓劲，用榜样的力量激励同学们，为实现自己的导游梦而刻苦学习。

全班同学唱响班歌《隐形的翅膀》，班会结束。

【总结拓展】班会后，请全体同学说说收获与启示，制订下一步详细的学习计划，展示在班中的QQ群里，并以此为目标而努力。

【教师点评】本节班会在各个环节中都充分体现了学生的主体地位，以活动体验为特色，对学生的心灵产生冲击，从而引导学生直面压力，感受压力，最后选择与压力共舞。同时结合中职专业特色，落实到学生的实际需求，帮助学生化压力为动力，完成了运用目标。

主题班会案例10　规则的意义

【班会题目】规则的意义

【班情分析】《中等职业学校学生公约》第五条中明确规定："遵法纪，守规章。遵守法律，依法做事；遵守校纪，依纪行为；遵守行规，依规行事。"这说明规则意识是中职生必备的素质，尤其是在对中职生专业素养的培养中，应当结合学生专业加强遵守行业规则的教育。

财会班学生马上就要面临实习就业。在学校，学生已经了解了学校的规则，但对财会专业的行规还不是很了解，对待业务马马虎虎。

【教育目标】

1. 认知目标：让学生树立良好的规则意识，在规则允许的范围内自由活动。

2. 情感态度观念目标：让学生树立良好的责任意识，学会为自己的行为负责，让学生认识并澄清自己生命的价值。

3. 运用目标：学会遵守规章制度、珍爱自己的生命。

【教育方法】情境教学法、小组讨论法、情感体验法。

【设计思路】本节班会课主要有小游戏大道理、小故事大启发、小案例大作用三个环节。设计主线是龙头龙尾感知主题——惊悚火车道引起冲击——专业案例遵守行规，最后落到实处，引导学生理解规则的意义、增强规则意识、坚持遵守行规。

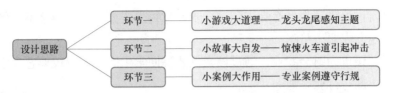

【活动准备】阅读材料一份、纸、笔、社会和校园不遵守规则的图片素材。

【实施过程】

（一）小游戏大道理——首尾相接一条龙，小小规则显神功（10min）

1. 快乐大本营之热身游戏龙头龙尾

全班同学，任意两个同学之间"石头、剪刀、布"，输者站在赢者的后面，双手搭在前面同学的肩上。赢者再去找赢者"石头、剪刀、布"，输者站在赢者的队伍后面。最后全班同学形成一条长长的龙，然后首尾相接，全班同学围成一个圈。

2. 教师引导学生感受规则的力量。问：游戏的最后同学们为什么能够形成一条龙？大家在游戏过程中遵守了什么？（答案：游戏规则。）

（二）小故事大启发——心惊胆寒火车道，违反规则引思考（20min）

1. 今日故事会之惊悚火车道

有一处火车轨道，由于道路改道，原来的铁轨不用了，新的铁轨建好并且通车了。在新修的轨道旁边，竖了一块牌子，上面写着："严禁在此轨道玩耍!"有几个学生放学后来到这里，有一个学生，看到牌子的警告语后，他就跑到原来的旧轨道去玩了，而其他三名同学虽然看到那块牌子的提示也没有理会，仍然在新修的轨道上玩。这时，突然一辆火车疾驶而来，速度太快，学生们已经来不及从轨道上撤离。

假定这两个道口中间有一个控制装置，可以决定火车朝哪个方向开，既可以沿着新轨道开，也可以沿着原来的旧轨道开。

2. 请同学们讨论

1）如果你是火车控制员，你会把火车调到哪个方向，是旧的还是新的？为什么？说说你的心情。

2）如果你是在新轨道玩耍的学生，你希望控制员怎样调方向？为什么？ 说说你的想法。

3）如果你是在旧轨道上玩的那个同学，你希望控制员如何调火车方向？为什么？

注意事项：教师每次只提出一个问题，小组讨论之后，再让每个小组同学自由发言，集体分享。

3. 展示社会和校园不遵守规则的图片素材。进行讨论：对于这种现象你怎么看？

预期效果：这个环节中的故事提问，有些类似道德两难问题。虽然有些残酷，但是在同学们内心引起的震撼和思考是强烈的，能够达到很好的教育效果，使学生对规则的理解更深刻。

（三）小案例大作用——犯罪获刑会计姐，行业规则不能破（15min）

1. 法治在线之展示专业案例——"女会计贪爱虚荣挪用44万公款买名牌被判五

年"。分组进行讨论陈某为什么会走到这一步？你将来走向工作岗位会不会像她一样不遵守行业规则，走向犯罪道路呢？

预期效果：该班为财会专业，通过该案例能够使学生知道不仅仅要遵守学校规则，在工作岗位中更要遵守行业规则。

2. 小组合作制订本组的实习岗位规则，再将各组规则整合，最终形成本班的实习岗位规则。

预期效果：以行业负面案例震撼学生心灵，确立严守底线的意识，并制订实习岗位职责为自己的实习保驾护航。

【总结拓展】

1. 将各组规则汇总整理，最终形成班级实习岗位规则，会后成立自律委员会，加强监督力度。

2. 制订自己的实习岗位计划和要求。

3. 搜集财会专业不同实习岗位的行业规则，上传至班级QQ群分享。

【教师点评】本节班会由游戏体验切入，符合学生年龄特点，引入主题。故事对学生心灵的冲击，会引发学生对规则认识的大讨论，为下一个环节落到财会专业行规的遵守上奠定了基础。最后制订班级实习岗位规则，并在会后监督检查，将班会落到实处，延续了班会效果。

主题班会案例11 合理使用手机，助力多彩青春

【班会题目】合理使用手机，助力多彩青春

【班情分析】教育部《关于培育和践行社会主义核心价值观进一步加强中小学德育工作的意见》中，明确指出加强网络环境下的德育工作，引导学生正确对待网络虚拟世界，合理使用互联网、手机以及微博、微信等新媒体。其中，手机作为现代的高科技产物，已经融入学生生活的方方面面。在手机给我们带来诸多便利的同时，中职学生因为其年龄特点，自制力较差，无法抵御手机的诱惑，经常发生滥用手机的情况，严重的甚至会影响学习，破坏班级管理秩序。

航空服务班是2+3对口升学班，在校经过两年的学习后再去别的学校学习大专课程，班中男女比例2:3。因为基本没有升学压力，班内学习氛围不够浓厚，男生玩手机游戏的情况时有发生，因为手机的不良使用已经有几名同学被学校没收手机了。

【教育目标】

1. 认知目标：了解不正确使用手机的危害。

2. 情感态度观念目标：引起学生对手机错误使用的重视，激发学生正确利用手机更好地进行专业课学习。

3. 运用目标：约束自己上课使用手机、过度玩手机游戏的行为，珍惜时间，增加自控力，加强航空专业服务技能的练习，提升自己。

【教育方法】多媒体学习法、小组讨论法、角色扮演法、契约式教育法。

【设计思路】此次班会是从学生使用手机的实际出发，结合专业特色，设计了认识不当使用手机的危害、应当合理使用手机和正确使用手机三个环节。通过让同学们参与班会的每一个活动，认识到使用手机的利与弊，在使用过程中真正实现手机的价值。最终同学们一起制订班级使用手机公约，规范学生使用手机的行为。

【活动准备】

1. 多媒体准备：搜集图片资料制作关于手机危害的幻灯片，搜集飞机上不当使用手机的视频若干。

2. 道具准备：制作问题卡片四张。

3. 音乐准备：《我相信》《追梦赤子心》。

4. 排练小品《看航空展的一天》。

5. 在开班会之前召开班干部会议，给班中4个小组组长安排任务。一组负责PPT制作，二组负责制作卡片，三组负责编写剧本排练情景剧，四组负责搜集使用手机不当造成严重后果的视频。

【实施过程】

（一）滥用手机危害大，不良影响引深思（10min）

班会在歌曲《追梦赤子心》中展开。在本环节中，主持人展示几张班中或校园其他地方学生不良使用手机的图片：如上课时玩手机、校园里扎堆儿玩游戏，宿舍关灯后玩手机不休息。引发学生思考：不正确使用手机对我们的校园生活有哪些影响？播放在飞机上使用手机带来危害的视频，让学生们结合航空服务的工作性质，反思自己学习航空专业的初心和现在表现的差距。

（二）使用手机应得当，自由讨论找答案（15min）

在本环节中，设置了4个问题让同学们思考讨论，在平时的学习生活中应该怎样对待手机的使用问题。

1. 你支持在学校使用手机吗？

2. 我们现在应该如何看待在教室、校园、宿舍使用手机？

3. 手机上网玩游戏、聊天会不会影响我们的学习？

4. 我们应该怎样使用手机最合适，在毕业后的工作岗位上，我们又应该怎样引导旅客正确使用手机？

（三）情景再现激共鸣，不当使用须立停（10min）

这个环节上演学生们自导自演的情景剧《看航空展的一天》。航空班的小李和小贾两个同学约好了一起去看航空展。因为头一天晚上通宵玩手机，小李早上起不来床，两个人匆忙收拾一下坐公交车去展览馆，小贾光顾在车上和别人用手机聊天坐过了站，跌跌撞撞到了展厅已经快中午了。来到展厅，本来想多拍点儿照片和记录资料，却发现手机游戏等娱乐软件占用了太多的空间，没有足够内存。更可气的是，因为使用手机过于频繁没有充电，游览到一半，小李的手机就自动关机了。他非常焦虑，一直催促小贾赶紧回学校给手机充电，结果没有游览完就草草回到宿舍，舍友一问观看展览的收获，两个人几乎什么也说不出来。

通过第三组同学惟妙惟肖的表演，让同学们感知手机正确使用的紧迫性，不当使用手机不但会影响学习，也会破坏生活秩序。

（四）制订公约总动员，不忘初心要践行（10min）

有了以上几个环节，同学们已经深刻认识到了正确使用手机的重要性，集思广益，共同制订班级使用手机公约。

播放音乐《我相信》，同学们跟唱，为遵守公约树立信心。

班主任总结本节班会内容，让同学们正确看待手机的使用问题，为我所用，不忘初心，为实现自己的航空梦而努力。

预期效果：同学们是公约的讨论者、制订者，公约是同学们集体意志的体现，是自己给自己戴的"紧箍咒"，同学们不会产生抵触心理和逆反行为，为以后严格遵守奠定了基础，公约上墙将时刻给同学们以提示。

【总结拓展】班会结束后，继续对学生使用手机的情况进行跟踪观察，进一步落实《手机使用公约》。

【教师点评】本班会设计准备充分，和中职专业结合紧密，体现了专业特色，以学生生活场景为切入点，层层深入，让学生充分参与班会的每一个环节，潜移默化中接受正确使用手机的观念和方法，以公约的形式对大家加以约束，体现了民主管理的思想。

主题班会案例12　"中职生活早规划"系列之向着目标前进

【班会题目】向着目标前进

【班情分析】中职一年级学生结束军训和入学教育之后，开始适应新学校、新学期、新环境，生活逐渐步入正轨。但是对于今后的目标追求，认识还是比较模糊的，尤其是接下来自己该做些什么，向哪个方向努力更是开学伊始不容忽视的问题，可见此时对他们进行目标教育是非常必要的。为此，特设计了"中职生活早规划"系列主题活动，"向着目标前进"主题班会是其中之一。

旅游专业高考班，共45人，三年级时要参加对口高考的升学考试，升入大学深造。可他们眼中枯燥的学习生活开始之后，就变得有点儿松懈，有的回到了初中懒散的状态，有的出现了上课打瞌睡、说话、玩手机等不良行为。

【教育目标】

1. 认知目标：认识到目标的重要性，掌握制定目标的策略。

2. 情感态度观念目标：理解只有目标才能指引成功。

3. 运用目标：探索实现目标的方法，确定好自己的目标，并在目标的指引下重新振奋精神。

【教育方法】情感体验法、讲授法、小组讨论法。

【设计思路】此次班会的设计从一年级新生的实际问题出发，及时抓住教育契机，引导学生重视目标——制定目标——实现目标。

【活动准备】

1. 印制目标卡片若干。
2. 制作班会PPT。

【实施过程】

（一）破冰热身来体验——"低头插秧"游戏

每组派一个代表来参加"低头插秧"游戏，在教室后面的空地进行即可。要求参赛选手弯腰低头做插秧式，一脚一脚地向前走，即一只脚的脚跟要紧贴着另一只脚的脚尖，不准抬头直腰休息，不符合要求的要退回终点重新开始，最快走到终点的人为胜者。赛过一轮后，改变游戏规则，允许抬头直腰，举行第二轮的比赛。在游戏过程中，播放大张伟的《穷开心》。

主持人：

1. 提问：两次游戏让你有什么体会？请各组自由发言。
2. 总结：我相信每一个人都会从这个游戏中领悟到，低头弯腰只顾脚下时，会有很多人走歪了，而第二次允许抬头看前面的目标时，大家会走得很直很快。可见，有没有一个明确的目标，对自己能否成功有着至关重要的作用。

（二）拥有目标最重要——故事启迪智慧

故事一：豹子追羚羊的故事

一望无际的非洲草原上，一只非洲豹向羚羊群扑去。羚羊受到惊吓，开始拼命地四处奔逃。非洲豹死死盯住一只未成年的羚羊，穷追不舍，而对身边有些挨得很近的羚羊像没看见一样，终于那只未成年的羚羊被凶悍的非洲豹扑倒了。

主持人提问：非洲豹为什么不放弃先前那只羚羊而去追其他离得更近的羚羊呢？

大家讨论生成观点：羚羊特别善于奔跑，如果豹子在追赶的途中没有目标，一会儿追这只，一会儿追那只，到头来哪只也追不上，反倒把自己累得疲惫不堪。因此聪明的非洲豹一直紧紧盯住先前那只被追累了的羚羊，使之最终成为自己口中的猎物。

故事二：白龙马和驴子的故事

白龙马随唐僧西天取经回来，名动天下。众驴子羡慕不已，都来找白龙马咨询怎样才能成功。白龙马说："其实我去取经的时候，你们也没有闲着，甚至比我还忙还累。我走一步，你们也走一步，只不过我有目标，知道走向何方，而你们只是在磨坊原地打转而已。"众驴子愕然。

主持人：白龙马和驴子的共同点和不同点有哪些？

大家讨论生成观点：共同点是都在奔跑，不同点是一个有目标，一个没目标。所以很多时候，我们的悲剧不是无法实现自己的目标，而是不知道自己的方向和目标是什么。可见拥有目标是至关重要的。

（三）制定目标讲策略——小组讨论显神通

主持人：既然目标如此重要，我们也需要为我们的新生活定下目标，但是该如何制定目标呢？制定目标需要注意什么呢？下面请大家分组讨论分享你们的策略。

引导方向：不要盲目，要切合实际；有具体的时间限制，便于监督检查等。

（四）实现目标靠方法——集思广益巧引导

在分组讨论过程中，学生自己探索出以下几类方法：一是写出座右铭或家人的名字作为精神支柱；二是畅想目标实现后的种种好处；三是把大目标分解成几个小目标去各个击破，或是把远期目标转化成近期目标等。

（五）确定目标我能行——明确自己的前进目标

歌曲《最初的梦想》响起，班委发放空白目标卡片，同学们填写自己的目标。卡片的设计采用了由此岸游向彼岸的形象，更有利于学生明确目标、产生动力。

（六）班主任总结

同学们整节课的表现令我感到惊喜，在高考目标的指引下，看到了大家的团结协作，看到了大家的智慧，看到了大家对梦想的激情。作为班主任，也是"致远舰"的"舰长"，我的眼前浮现出"致远舰"上下一心，共同努力向着大学的梦想扬帆起航的宏伟图景。相信经过这次主题班会的洗礼，同学们会找准自己的目标，并从新学期开始就积极地投入实现目标的行动中。

【总结拓展】

给学生预留拓展作业，每人写一篇班会后的感想，把自己目标卡上的大目标分解成小目标，并一一列出来，付诸行动。

附目标卡

目标：		
~~座右铭：	~~~~~~~~~	~~~~~~~~
~~精神支柱：	~~~~~~~~	~~~~~~~~
~~心中的榜样：	~~~~~~~	~~~~~~~
~~期末我要挑战：	~~~~~~~	~~~~~~~
我要一口气游到对岸去，实现我的目标！		
现在的我：		

【教师点评】这个主题班会是根据班集体的实际问题确定的，及时有效地对学生进行目标教育，能达到事半功倍的效果。班会以游戏热身启动，符合学生的年龄特点，更易于学生快速敞开心扉，融入教师设定的各个环节中。游戏的选择也是关键，符合班会主题的团体游戏，既能活跃气氛，又能帮助学生获得真实的情感体验。在此基础上，用小故事加以引导，逐步过渡到目标的制定和实现上，就显得水到渠成。这个主题班会还隐藏一条暗线，就是对学生中职生活规划的系列班会，本次主题班会是这个系列的一个重要环节。这里体现了主题班会系统性的设计理念，值得提倡。

主题班会案例13　小烦变形记——学会沟通架心桥

【班会题目】小烦变形记——学会沟通架心桥

【班情分析】《中等职业学校德育大纲（2014年修订）》提出，培养学生自尊、自信、自强、乐群的心理品质。拥有良好的沟通能力和技巧是每个人都应该具备的素养，也是与他人心灵靠近、融入集体和社会并最终获得成功的一项基本生存技能。部分学生以自我为中心，不擅长人际沟通，他们跟家长、老师无话可说，与同学相处磕磕碰碰，对陌生人不知所措。学会有效沟通，架起心灵之桥，无疑是最有效的解决之道。

电算化会计班，女孩子居多，心思细腻，爱闹小矛盾，加之春节之后班级面临顶岗实习，所以很有必要学习人际沟通技巧。

【教育目标】

1. 认知目标：认识沟通的重要性。

2. 情感态度观念目标：体验不同沟通带来的感受，确立一定要建立良好沟通以有效化解自己烦恼的观念。

3. 运用目标：学会主动交往、换位思考、耐心倾听等沟通的技巧，用于今后的生活、学习、工作、交往。

【教育方法】案例讨论（多种形式呈现案例，包括相声、短剧、故事等）。

【设计思路】整个班会以戏剧形式呈现，以学生"小烦"为贯穿始终的线索人物。由于在生活中与同学、老师和家长缺乏良好的沟通，"小烦"每一天都过得很烦恼，很郁闷。班长带领同学们帮助"小烦"分析烦恼的原因——不擅长人际沟通，寻找解决烦恼的办法——学会沟通技巧，最终使"小烦"不再烦恼，成功变形为"小乐"。

【活动准备】

1. 确定主人公"小烦"的人选并排练。

2. 公布班会程序，做好相声、故事、情景剧的排练，同学们准备讨论发言。

3. 做好教室布置及制作背景PPT。

【实施过程】

第一幕：主动交往

小烦（唱着歌上场）：最近比较烦，比较烦，比较烦，总觉得日子过得有一些极端，我想我还是不习惯，从默默无闻到没人喜欢……

班长（上场）：我说"小烦"啊，你一天到晚地烦、烦、烦，你都烦什么啊？和我说说，我来帮你出出主意。

老夫妻吃鱼的故事（略）

同学们对故事进行讨论。

班长：小烦，你觉得大家说得对吗？

小烦：大家说得都有道理，我以前的确有不爱说话的毛病，没想到这不仅使我没有玩伴，而且可能影响今后工作的业绩。我一定重视这个问题，接受大家的建议：相信同学，主动交往。

大家合：对，相信同学，主动交往！

第二幕：换位思考

小烦（气喘吁吁地跑步上）：班长，班长，这几天，我按大家说的主动去交往，尽量多和同学交流。可是仍然经常和同学不欢而散。现在，不光我自己烦，连我周围的同学都烦了。你快帮帮我！

班长：小烦，别急！来，我们和同学们一起欣赏一段李强同学表演的单口相声《请客》，放松一下心情。

请客（略）

同学们讨论。

观看沟通情景剧A版本

班长：小烦，怎么样？这样和别人说话好吗？会有人和他交朋友吗？

小烦（难为情地呵呵笑着）：我有时还真是这样和同学说话，难怪后来他们都不理我了。不过，班长，那我应该怎样说呢？

班长：刚才那三组同学再上来一下，向大家表演一下正确的做法。

观看沟通情景剧B版本

小烦：班长，我明白了，前面的说法太伤同学的自尊了。后面同学换位思考，顾及别人的感受，一定会受到大家的欢迎。

大家合：对，与人沟通时一定要换位思考，顾及别人的感受。

第三幕：决不争执

学生E（急匆匆跑上）：班长，班长，不好了，小烦被他爸给揍了！

班长：严不严重，到底是怎么回事啊？

学生E：你瞧，他来了，你问他自己吧。

小烦（慢吞吞地上）：哎哟，哎哟，我屁股疼。

班长：快说说，什么情况？

小烦：事情是这样的……

《爸爸，我要去看电影》A版本表演

同学们讨论。

《爸爸，我要去看电影》B版本表演

学生K：一个名人说过"聪明的人懂得去沟通，愚蠢的人只知道去争执"，小烦现在就是一个聪明人。

学生L（向小烦竖起大拇指）：小烦真棒！这下我们都要向你学习怎样和家长沟通了。

第四幕：善于倾听

小烦：这些天我有意识地按照同学们教给我的方法去和别人沟通，以前不爱说话，现在我要把所有的话都补回来。我主动和同学说，我不停地说，自我感觉良好，但是，我觉得同学们好像都烦我了，这是怎么回事呢？

班长：小烦，又遇到问题了，看来你是过犹不及啊。还是请全班同学帮帮你吧！

学生M：小烦，同学们，我来给大家讲个故事，名字叫《最有价值的人》。

最有价值的人（略）

小烦：M同学，你的意思是让我少说些话，多听听别人是怎么说的。

学生N：我也有一个小故事讲给大家。

男孩的选择（略）

学生O：男孩感动了我，我要哭了。

学生P：那些观众以小人之心度君子之腹，他们没有听完男孩的话就妄下结论，太可恶了。

学生Q：认真倾听别人的话，听懂别人的话，是对沟通对象的极大尊重。

大家合：对，与人沟通时要善于倾听，才能赢得对方的尊重。

班长：小烦，记住，除了能"说"还要会"听"。

小烦：嗯嗯，班长，我记下了。

尾声：快乐的"小烦"

小烦（欢快地唱着歌上场）：我不烦，不烦，我不烦，我真的不烦。我不烦，不烦，人生很灿烂，灿烂……

经过了同学们的帮助，小烦同学在与人沟通时学会了主动交往、换位思考、不争执、善于倾听等技巧。现在的他，每一天都充满自信，笑声不断。过去的小烦已经彻底不存在了，现在请叫他——"小乐"。

【总结拓展】同学们在排练的过程中，逐渐深入人物，领悟到与人交往的技巧。班会结束后，请同学们从百度上搜索、学习更多的人际沟通技巧，应用到我们的生活中，使我们能够在人际沟通上游刃有余。一周后，写出应用体会，利用晚自习和大家交流，尤其是技巧使用前后的对比。

【教师点评】本次班会在形式上打破传统，给同学们耳目一新的感觉。大家全部参与其中，除了针对问题的分析、讨论，还有相声、短剧、故事等丰富多样的表现形式，极大引发了同学们的兴趣和参与热情。同学们在笑声中得到了启迪，在思考中升华了对人际沟通的认识，在短剧表演中学到了人际沟通的技巧，在潜移默化中改变了以前的不良做法。

◆ 主题班会案例14　美丽做女生，魅力讲语言

班级：学前	班主任：×××	主持人：王羽同学
活动地点：教室	活动时间：2015-11	参与人：全体学生

【班会题目】美丽做女生，魅力讲语言

【教育背景】培育学生的素质修养是学校教育的重要内容，是打造和谐校园、适应和谐社会的重要组成部分。当代的职业教育环境在强调提升学生技能的同时，更加重视其文明素质的培养。针对职业学校女生这个群体来说，树立正确的人生观、价值观将是我们综合素质培养的重中之重。

【班情分析】2015学前1班，全班是清一色的女生。在日常观察以及和学生沟通交流中，我发现中职女生叛逆性较强，且有盲目追求时尚、价值观或多或少地存在偏颇的现象。鉴于此，开展以女生修养为主题的系列班会就很有必要。

【教育目标】

1. 认知目标：通过情景再现女生平时生活中的"大嗓门"，并对这些现象进行认知定位。

2. 情感态度观念目标：通过开展活动，充分调动学生的"形象思维"，强化"轻言、细语"的文明意识，从而把"你要这样做"变为"我要这样做"。

3. 运用目标：通过教师的"有意训练"帮助同学们养成公共场合"轻声、细语"的良好习惯，并制作标语装饰教室和宿舍。

【教育方法】情景教学法、体验式教学法、启发式教学法、行为训练法。

【设计思路】本班会以"五促"为主线，即：反面案例促反思之感知语言，角色剖析促对比之欣赏语言，变换音调促强化之体验语言，行为训练促养成之检验语言，品书养心促巩固之提升语言。首先通过生活案例、视频资料导入班级当中不美丽的行为表现促进反思，然后通过观看影片感悟何为"美丽"促进对比，再通过不同音调的表达促进强化，接着通过行为训练促进养成，最后通过推荐书籍促进巩固。

【活动准备】

场所布置：将课桌拉开摆在两侧。

道具准备：多媒体、相机。

其他准备：确定主持人，并由班委构思班会的具体实施思路，电影《我是女王》，拍摄楼道里两女生大声打招呼的视频。

【实施过程】

（一）反面案例促反思之感知语言（10min）

主持人：未来的美女老师们，今天咱们班会的主题是"美丽做女生，魅力讲语言"，那么哪些方面可以通过语言体现我们的美丽呢？接下来我要采访几位同学，未来的老师们可一定要实事求是，我们可是做足了准备的。（预设问题包括：请同学们回想课外活动期间的教室，午休时间的宿舍、图书馆、展览大厅等公共场所同学们的交流方式。）

接下来观看事先拍摄的视频资料！（同学们交流过程当中不文明的行为）

主持人：同学们，大家对于美和丑都有着很高的辨别能力，我们从意识上都希望做一位美丽的女生，但我们的言谈有时又确实不够美丽，希望这些内容可以给大家带来一些触动。

方法使用：创设情境多媒体演示。

设计意图：通过"未来的美女老师"这个角色设定，让同学们将意识之"美"与行为之"丑"进行对比强化，更能引起同学们的反思，增强学生培养专业素养的意识。

（二）角色剖析促对比之欣赏语言（10min）

主持人：接下来请同学们跟我一起欣赏电影中的一个片段。播放电影《我是女王》中的一个片段（宴会上的谈话礼仪）。

主持人：从刚才的视频当中我们看到了各种形象（"外向型""霸道型""女王型"等）。

引导总结一下这几个形象的说话特点。

外向型：歇斯底里、不懂低调、嗓门大等。

霸道型：傲慢、咄咄逼人等。

女王型：低调、比较淡定、音调很稳语气优雅。

方法使用：体验式教学法、引导、情景感悟。

设计意图：通过欣赏影片中的内容，引导学生对故事当中的人物角色进行拆分和对比，再通过讨论让学生深入理解语言对于女生行为养成的重要性。

（三）变换音调促强化之体验语言（10min）

主持人：试想如果因为疏忽，导致大家对这种不文雅、令人不悦的言谈举止习以为常，或许再经过一年或者更短的时间你就会养成这样的习惯。那么，你将以怎样的形象面对你的朋友们或者出现在公共场合呢？优雅的谈吐甚至会影响一个人的命运，例如将来你找工作参加面试时，如果你的语言是令人愉快的，那么人们就会不知不觉地对你产生好感；反之，不文雅的语言（如你的大呼小叫或者突然打断别人）会令人心生厌恶，进而会质疑你的素质。那么从现在开始，我们要怎么去做呢？请大家一起进入今天的行为训练环节。

主持人：接下来，大家一起来玩这样的一个游戏。同样的一句话，请同学用不同的语音声调读出来，体会语言表达的魅力（给同学适当引导，多请几个同学尝试）。

1. 王美佳（学生姓名）：大声、轻声。

2. 我认识你：大声、轻声。

3. 请你出去：大声、轻声。

通过变换音量、语调去体验语言的情感，同学们的感受是什么？

请两三个同学谈感受。

主持人：不一样的口气体现出不一样的素质。语言是展现形象的钥匙，我们的谈吐直接体现我们的修养。分享给大家一句话：声音是女人裸露的性感灵魂！

所以做美丽女孩，首先要用"魅力语言"。

方法使用：行为训练法、体验法。

设计意图：学生自己或对方用不同语音语调的表达，通过亲身体验，体会出沟通中不同的语气语调带来的截然不同的效果，进一步认识说话时语气语调的重要性。

（四）行为训练促养成之检验语言（10min）

1. 用以下方法检验自己的语言是否充满魅力

1）说话时嘴唇要活泼。

2）悄声细语，不要打扰到第三人。

3）检查自己说话的速度。

4）不要让口头禅脱口而出。

5）说话时动作不可太多，否则会分散听众的注意力。

6）眼神能向他人传递信息，也能让你知道他人的意思。

2. 大家一起来为我们的公共场所制作标语，课后装饰教室和宿舍

"除了知识什么也别带走，除了安静什么也别留下""悄声细语""请留下一片宁静""悄悄地来轻轻地去""请勿扰了他人的耳朵"等。

方法使用：活动体验法。

设计意图：使学生回归现实，反思自己讲话时是什么样的状态，能够让学生深刻意识到自身存在的问题，并能够促进学生积极改正。

为主题制订宣传标语，能够使学生对语言表达有更加深刻的了解，张贴在教室和宿舍能够起到无形的提醒和监督作用，从而让学生规范自己的语言行为。

（五）品书养心促巩固之提升语言（5min）

推荐阅读书目《林徽因传》《像赫本一样优雅》，并简单介绍书籍背景及内容。

设计意图：品书强化思考提升修养，使本次班会主题得以延续和深入，也为随后一系列提升女生修养的讨论做好铺垫。

【总结拓展】

轻言细语是一种修养。语言更像是一个人的外壳，言谈直接可以看出一个人的品行修养，总有雅俗之别，美丑之分。

班会后，请大家将咱们制作好的标语贴到教室和宿舍，时刻提醒大家注意自己的言行。班内成立监察组，时时监控班内大声喧哗的不雅行为。同时，规定每周日晚上为读书汇报日，请同学们畅谈一周的读书体会。

【教师点评】本节班会课整体设计以五个促进为主线，脉络清晰且从感知语言到欣赏语言到体验语言到检验语言再到提升语言，环环相扣，层层递进。方法简单易行且极具实效性，能够达成主题班会的教育效果，对培养学生职业素养具有很好的作用。

主题班会案例15 众人划桨开大船

班级：15电子电工	班主任：×××	主持人：
活动地点：实训室	时间：	参与人：全体学生

【班会题目】众人划桨开大船

【教育背景】中等职业学校致力于把学生培养成为高素质劳动者和技术技能人才，他们最终要走上工作岗位，而在电子电工专业工作岗位中，团结合作又是不可或缺的职业素养。该主题班会旨在使学生树立团结合作的意识，以促进其在工作中走得更远。

【班情分析】该班为15电子电工专业，有一定的专业基础，对简单的电器能够独立拆装。但在教学当中很多学生都是自己做自己的，不懂得谦让，没有合作的意识，而作为高二的学生，他们马上就要面临顶岗实习，团结合作是必备的职业素养，所以引导学生树立团结合作的意识很重要。

【教育目标】

1. 认知目标：认识到团结合作的重要性。

2. 情感态度观念目标：促进学生团结合作意识的提升，增强责任感和班级凝聚力。

3. 运用目标：引导学生制订岗位计划，明确在工作岗位中与大家团结合作的具体项目。

【教育方法】情景教学法、体验式教学法、启发式教学法、实验法。

【设计思路】本次主题班会主要分为以下5个环节，即：说一说之小组展示、比一比之电室逃生、练一练之电器焊接、玩一玩之穿越电网、想一想之岗位计划。整体从锻炼小组团结合作的能力延伸至全班以及工作岗位上的团结合作。且因为本专业为电子电工，所以选择了电室逃生、电器焊接、穿越电网3个环节，能够顺利实现教育目的。

【活动准备】

1. 场所布置：将课桌拉开摆在两侧。

2. 道具准备：多媒体课件、细绳、4个空啤酒瓶、拆好的扬声器零件、锡焊。

3. 其他准备：学生分成四组。

【实施过程】

（一）说一说之小组展示（5min）

在上课前已经分成了4组，要求你们每组要选出一个组长，并为你们小组起一个组名和想一个自己小组的口号，并把你们的组名和口号写在这个卡纸上面，做成幻灯片。下面请各组组长展示自己的组名和口号。

每组学生展示他们的组名和口号，并且及时展示幻灯片。

方法使用：创设情境、多媒体演示。

设计意图：分组调动学生的积极性，给自己小组起组名想口号，能使学生形成初步的团队意识，每组展示组名和口号能够增强各组的凝聚力和团队意识。

（二）比一比之电室逃生（5min）

1. 游戏

既然各组都这么有信心，组名和口号都很厉害，那我们倒要比一比，看看谁厉害。我们来玩一个游戏——《密室脱险》。

游戏规则：每一个小组前面都有一个空酒瓶，这个酒瓶代表着一件四处都有电的密室，墙壁不可触碰。里面放了4个用线拴着的粉笔头，它们代表着4个陷入危险境地的人。现在请每小组选派4名代表参加，在老师喊"开始"后，赶紧将代表你自己的"粉笔头"从瓶子里提起来，只有在老师规定的时间内提出来的人才算安全脱险了，不然，就只得算你壮烈"献身"了。而且这一过程的时间很短，只有4s。

推选出小组代表，进行比赛。

请各组进行感悟分享（成功的做法和原因，输的原因，你比赛的体会）。

2. 揭题

从刚才参加游戏的同学的体会中，让我们明白：在很多时候，需要大家团结起来，心中不仅仅想着自己，也要想着他人，想着大家团结合作，只有这样才能把事情办好，才能让自己"脱离危险"。

方法使用：体验式教学法。

设计意图：本班为电子电工二年级学生，对电理解较为深刻，所以将酒瓶形容成一个四处有电的密室，督促其遵守规则，保证游戏效果。通过该游戏能够使小组深刻体会团结合作的重要性。

（三）练一练之电器焊接（10min）

接着要考验大家的专业技术了，每组同学面前都有一些零件（这些零件是用一个扬声器拆解出来，再分到4个组的），各组可以交换零件。最终要焊接成一个能够发声的扬声器。

每组确定出该组的设计师、主操手和副手，还有外交联络官。设计师负责整体焊接规划，主操手负责焊接，副手负责配合主操手焊接。外交联络官负责与各组交换零件。看看用多长时间能够使这个扬声器播出响亮的声音？

宣布开始：

老师适当引导学生四组合一，迅速选出设计师、主操手和副手。

焊接完成后连接计算机，播放《团结就是力量》。

恭喜大家顺利地完成了本轮的考验，在全班43个人的共同努力下我们焊接成功了扬声器。它告诉我们"团结就是力量"，它告诉我们"我们要用一个声音去说话"！

各组肯定都有些感悟，请各组选派一个人进行感悟分享。

方法使用：讲授法、实验法。

设计意图：此环节意义在于让学生从小组团结合作上升至班级团结合作。

不提前告知学生是四组一起焊接一个扬声器，目的是让学生体验只有全班齐心协力、团结合作，才能以最快的速度完成任务，能够使学生对团结合作理解更加深刻。

焊接完成后的歌曲《团结就是力量》能够使学生体验合作的成果的喜悦，同时能够使学生明确地意识到团结合作的重要性。

最后点评：点明团结合作的重要性，同时让大家在分享过程中相互学习、共同进步。

（四）玩一玩之穿越电网（20min）

大家经过了层层考验，但下面有一个更加艰难的任务，不知道大家还敢不敢挑战？

假设你们是行进在敌人后方的一支侦察小分队，在行进过程中遇到敌人高压电网的阻隔，敌人的巡逻小分队将很快到达这里，所有人必须在这段时间内通过才能算完成任务。

实训室中央一个"电网"，在离地面1m的"电网"中间有一个长宽各80cm的"洞"，（用绳子即可完成）要求全部成员包括我在内，在所有人都不碰触"电网"的情况下，以最快的速度通过"洞口"穿过"电网"。

方法使用：体验式教学法。

设计意图：此环节为本节班会的收官之作，因为本班为电子电工专业学生所以选择过电网游戏。过电网是提升团结合作意识的经典游戏，尤其是对于电子电工专业的学生，因为他们对于高压电的危害太了解了，他们知道只要一人触碰到，那可能会死一批人。所以绝对能够保证游戏效果，使学生更加深刻地体验到团结合作的重要性。老师参与其中更能够调动学生的积极性。

（五）想一想之岗位计划（5min）

请大家给自己一个最为热烈的掌声，我们是最优秀的团队，想必大家也感受到了本节班会课的主题是团结合作之众人划桨开大船。每组选派一人进行分享，畅谈感受。

大家马上要走向工作岗位，在工作岗位当中，作为电子电工专业的学生，大家知道团结合作是多么重要的一件事情，希望大家结合自己的工位给自己制订一下要求，"自己将如何配合别人完成工作，又如何得到别人的配合"。

方法使用：讨论法。

设计意图：　本环节旨在升华主题让学生由班级团结合作想到自己在工作岗位上应怎么做。而最终的问题"自己将如何配合别人完成工作，又如何得到别人的配合"能够引起学生思考，以便达到本节班会的目的。

【总结拓展】班会后，请同学们记录下今天的感受，评出优秀作品若干投到学校官网并制订自己的岗位计划，详细列出"自己将如何配合别人完成工作，又如何得到别人的配合"。

【教师点评】这个班会设计围绕"团结"这一主题，通过"五个一"的逐级递进，让学生在参与中收获体会，提升能力。整个班会体现了很强的独创性，是对电子电工专业的同学量身打造，结合专业，因材施教。每个环节的安排也遵循"知、情、意、行"的心理规律，从而将团结的大主题落到学生顶岗实习的实际问题上。

主题班会案例16　拨开爱情迷雾，认清前路方向

【班会题目】拨开爱情迷雾，认清前路方向

【班情分析】中学生正值青春懵懂时期，心中憧憬着美好的爱情。但是他们阅历浅、经济不独立、易冲动、对自己认识不足等特点都会导致对爱情理解的偏颇，误把好感当成爱情，并由此引发了很多安全隐患，有的甚至会酿成大错。这就需要老师对他们的爱情观进行正确引导，而不是将其视为洪水猛兽，避而不谈。

中职财会班，女多男少，升入二年级后，熟悉了学校和同学，懂得了修饰自己，日益光彩照人，爱的火苗逐渐从心底蔓延起来。或明或暗，或主动或被动，一些同学悄悄谈起了恋爱。恰巧有一天，校园中出现一名男生手捧玫瑰向女生求爱的场景，班上围观的同学情绪热烈，有的羡慕，有的谴责。

【教育目标】

1. 认知目标：理解爱情的概念，认识好感与爱情的区别。

2. 情感态度观念目标：懂得恋爱要具备的条件。

3. 运用目标：知道怎样收获美好的爱情，明确现阶段的任务是用思想和修养充实自己，用知识和技能装扮自己，成为一个有魅力的人，在不远的将来收获美好的爱情。

【教育方法】分组讨论法。

【设计思路】本班会以校园中真实案例引出爱情的话题，以遇见爱情、认识爱情、爱情之伤、重识自我、遭遇爱情、为爱准备6个环节为主线，逐步展开话题。学生通过各环节后的讨论自行生成结论：在校期间，不适合恋爱；然而爱情是美好而崇高的，每个人都有权向往爱情，我们现阶段可以为将要到来的爱情做准备。

【活动准备】

1. 选主持人并撰写主持词。
2. 向学生公布班会提纲，准备讨论发言。
3. 准备背景音乐MV《那些年》、小品排练、相关案例。
4. 做好教室布置及制作PPT。

【实施过程】

实施过程	内容安排	方法使用	设计意图
导入： 遇见爱情	播放背景音乐MV《那些年》 小品：《我送你的花你能接受吗？》 情景再现校园求爱的真实故事	讨论这种做法好吗？如果你是剧中女主人公，你会接受吗	美妙的音乐，浪漫的场景，引起同学们的共鸣和兴趣，导入本节班会爱情的主题
认识爱情	认识什么是爱情，爱情与好感的区别是什么	以小组为单位，进行交流，为什么大多数同学对异性的喜欢，是好感而不是爱情	同学们通过自己查阅资料，了解爱情和好感的异同
爱情之伤	新闻播报： 1. 中职生雷某因恋爱杀人 2. 15岁花季少女早恋堕胎 3. 中职生刘某恋爱受挫自杀身亡	1. 讨论：为什么不提倡中学生谈恋爱 2. 感悟：中学生恋爱之伤谁来承受	1. 分析中职生谈恋爱的利与弊 2. 感受中职生恋爱可能承受的剧痛后果 3. 理解家长、老师劝止中职生恋爱的良苦用心
重识自我	1. 我的身份 2. 我的经济来源 3. 我的心理足以承受恋爱可能出现的痛苦吗 4. 我的智慧足以解决恋爱出现的纠纷吗	1. 分小组讨论，中职生是否具备谈恋爱的条件 2. 讨论在各方面条件都不成熟的情况下仓促恋爱可能出现的后果	1. 深刻认识自身状况 2. 清楚中职生恋爱出现的结果是悲剧多于喜剧 3. 让同学们明白摘取爱情之果需要时间的沉淀，耐心地等待
遭遇爱情	情景小品： 1. 小峰和小娟互有好感，尚未明确，怎么办 2. 小志和小玲已经在热恋中，怎么办 3. 静静刚刚和男朋友分手，痛苦不堪，怎么办	1. 讨论：帮助小峰他们出主意，他们该怎么办 2. 对于已经恋爱的同学，采用正确的处置方法，把对学习、生活的影响，对自己和他人的伤害降到最低	1. 学会恋爱的各种具体情况下的合理处理方法 2. 减少谈恋爱的负面影响
为爱准备	1. 我理想的另一半 2. 怎样才能收获美好的爱情	1. 同学们提出自己另一半的标准（条件都很好） 2. 认真思考并讨论怎样才能得到自己理想中的另一半，收获美好的爱情	1. 明白想要得到优秀异性的喜爱，必须自己足够自律、优秀 2. 从现在起，努力学习，做更优秀的自己，成为有魅力的人，为明天的爱情做充分的准备 3. 把想法变为承诺，在学习生活中实践

【总结拓展】班会后，请每位同学写一篇会后感想。为同学们推荐优秀的爱情名著《简·爱》，并请同学们摘抄喜欢的爱情箴言。

【教师点评】本节班会直面爱情这一主题，由校园中真实的案例引发大家积极地思考和讨论。成功之处在于班会主题有针对性，是学生感兴趣的同时又深感困惑的问题。班会整体设置巧妙，思路清晰，问题环环相扣，一步步引导学生深入思考。班会设计采用了文字与表格穿插呈现的形式，突出了班会主题，充实了各项内容。但值得商榷的是"遭遇爱情"环节设置了3个情景小品，以45min的班会时间很难完成所有的内容，建议将情景小品以情景问题的方式直接提出。

第六章

模拟情景处置

第一节 模拟情景处置应对策略

模拟情景处置由参赛选手对模拟情景中所提出的问题进行解答。它考查参赛选手利用相关心理学、教育学、国家法律、政策等来判断问题、分析问题和解决问题的综合能力，要求选手在短时间内做出有效反应，解决教育中的实际问题，相当于限时命题作文。参赛选手既要具有班主任的专业理论素养，又要拥有丰富的带班实践，因此难度较大，并且能较为真实地反映选手建班育人的能力。

一、模拟情景处置赛项要求

参赛选手根据抽定的模拟情景，结合目前所带班级的实际情况，进行模拟性的体验和思考，提供解决问题的策略和方法，并向评委做简要介绍。

二、模拟情景处置的总方针

针对性强，思路清晰，灵活机智。

三、模拟情景的主题分类

1. 学生对职业发展感到迷茫（包括但不限于不知道中职学历将来如何发展、不认同所学专业等）

2. 学生厌学（包括但不限于反感特定课程内容、不喜欢特定任课教师、受读书无用论冲击、学习基础差、跟不上进度等）

3. 学生之间发生激烈冲突（包括但不限于校园欺凌、矛盾冲突等）

4. 学生中存在非正式群体（小团伙）并带来不良影响

5. 亲子关系紧张（包括但不限于学生与家长沟通不畅、互不理解、互不认同等）

6. 家校沟通不畅（包括但不限于家长不负责任、家长不重视孩子的学习、家长不配合学校的正常管理、家长误解班主任的工作等）

7. 班级管理中出现学生误解班主任的情况（包括但不限于认为班主任偏袒少数同学、班主任以身作则不够等）

8. 班主任在班级管理中出现误会学生的情况，并带来后续影响

9. 学生不尊重老师（包括但不限于当面顶撞、恶搞、背后议论等）

10. 学生不能正确认识顶岗实习（包括但不限于不认同工作内容、不喜欢工作岗位、不接受企业规范管理、不能安心实习等）

11. 个别学生在顶岗实习期间发生与学生身份不一致的行为（包括但不限于饮酒、抽烟、出入娱乐场所等）

12. 学生沉迷于不良嗜好（包括但不限于网瘾、游戏瘾、手机控、抽烟、喝酒、赌博、过度消费等）

13. 学生无法正确处理青春期的情感问题（包括但不限于早恋）

14. 学生出现心理健康问题（包括但不限于家庭发生重大变故、焦虑、抑郁、强迫等）

15. 学生出现青春期逆反行为

16. 学生出现炫富、过度消费、攀比行为

17. 学生盲目跟随社会不良风气（包括但不限于拜金主义、享乐主义、不诚实守信等）

18. 学生遭受挫折后情绪低落（包括但不限于努力学习但效果不理想，求职情况不符合预期等）

19. 个别学生出现厚古薄今、褒西贬中、崇洋媚外的情况

20. 个别学生对理想信念教育、爱国主义教育不认同

21. 学生遭遇安全事故、意外伤害（包括但不限于触电、溺水、火灾、交通事故等）

22. 公共卫生防控中面对的突发问题（包括但不限于学生感染新冠肺炎、恐慌情绪、信谣传谣、出现"疫后综合征"、学生隐瞒发热、不配合报体温或午检、晨检等）

23. 学生、家长不认同劳动教育，对卫生值日、劳动实践等有抵触心理

24. 学生、家长对志愿服务不理解

25. 学生法治意识不强带来的负面问题（包括但不限于扰乱社会或校园秩序、使用假币、假冒家长签字或打电话、盗窃财物等）

26. 学生在网上发表不当言论，引发不良影响

27. 学生遭遇网络诈骗或套路贷等

28. 班级管理措施出现边际效应，正常运转一段时间后，个别学生不遵守规则，并且带动其他学生违规违纪

29. 学生集体意识淡薄（包括但不限于个别学生出现极端个人主义、不参加班级建设和集体活动等）

30. 班级中出现孤立、歧视个别学生的情况（包括但不限于残疾、性格内向、家境贫寒、卫生习惯不好的学生）

31. 学生不遵守学校的管理规定，被班主任或其他老师批评教育后执意不改

32. 学生行为习惯养成不到位，出现不良行为

33. 学生不能正确看待评奖评优、竞争等（包括但不限于不积极参与、片面追求成绩和结果等）

34. 学生辍学

四、模拟情景处置的步骤

答辩时，选手可以运用"4W答题法"进行解答。流程图如右图所示：

"4W答题法"流程图

1. 判断问题（WHAT）

（1）解决"是什么"的问题 要求选手对各种情景要素进行整体判断，透过表象看到问题的实质，把握问题的主要矛盾，准确判断问题的性质、类型、所归属的教育主题。此环节如同去医院看病，挂号时，要依据病情特征判断需要挂哪个科室的号。

（2）教育问题的常见种类

1）个性心理类：焦虑、敏感、强迫症状、自责倾向、自残、自杀、自我无价值感、网络依赖等。

2）人际交往、情感类：自卑、自闭、孤僻、虚伪、虚荣、攀比、早恋、与朋友发生矛盾等。

3）学习指导、生涯教育类：辍学、厌学、考试恐惧、学习无目标、学业无自信、就业迷茫等。

4）师生关系、家校共育类：师生矛盾、师生恋、家校沟通、家校矛盾等。

5）班级管理类：班级非正式群体、学生干部问题（如不能以身作则、不能兼顾学业、辞职、对待同学不公正等）、对立学生的问题处理、违纪学生的教育等。

6）突发事故类：人身伤害、传染病、灾害等。

（3）示例 课间学生打赌，看谁敢从高处跳下，学生王某第一个从一楼半处跳下，结果右脚踝骨裂，保险公司取证，如实反映则不在意外伤害赔偿范围内，但该生家境比较贫困，承担治疗费用实在困难。

问题：作为班主任，你会怎么处理？

简析：此问题属于突发事件，看似是一个由于学生做危险游戏引发的校园伤害事件，但保险问题中暗含诚信教育，这才是真正的教育主题。

2. 分析问题（WHY）

（1）解决"为什么"的问题 选手要依据上述判断，来具体分析导致情景问题的真实原因，包括客观的、主观的，以及此年龄段青少年的身心特点等。这个环节好比医生通过检查，全面分析产生疾病的原因，为下阶段对症下药做好准备。

（2）要求 分析产生问题的原因要多角度、全方位，为解决问题提供可靠的依据。

（3）示例 学生小雨成绩优秀，在专业课上一直是同学们学习的榜样，大家都认为他能顺利取得职业资格证书，但小雨在考试时发挥失常（技能不过关），没有通过考试，暗地里被别的同学嘲笑，小雨因此变得意志消沉，产生了厌学和自卑的情绪，认为自己学不好本专业，一度想换专业。

问题：如果你是小雨的班主任，应该如何处理？

简析：这是学生个体心理问题。小雨厌学和自卑的直接原因是考试中发挥失常，间接原因是同学的嘲笑，深层次的原因是抗挫折能力差，不能正视偶然失利，另外还存在班级舆论和风气不正的问题。主要原因是小雨抗挫折能力差。

3. 解决问题（HOW）

（1）解决"怎么做"的问题 要求选手针对问题提出切实有效的应对策略和方法，

要有明确的目标、针对性的措施、行之有效的做法以及可以预期的结果。要把握主要矛盾，解决重点问题，切忌面面俱到。要不拘一格，创造性地解决问题。

（2）制订教育策略要遵循的前提

1）教学工作是学校工作的中心，管理行为不能影响教学。

2）平复双方情绪是解决问题的第一步。

3）德育工作是春风化雨、润物无声的长期行为，切忌简单粗暴。

4）不能把师生矛盾冲突置于不可回旋的境地。

5）依据学生自身特点来制订有针对性的教育策略。

6）多维度地了解问题，全员、全过程、全方位育人。

7）注意道德评价，师生地位平等。

8）所有的教育策略，都可以用"爱"来概括，要体现到细节的行动中。

（3）示例　班上王强和李壮打了起来，被值班老师带到班主任处。班主任询问原因，王强和李壮异口同声地指责对方，强调自己的理由。

问题：如果你是他们的班主任，应该怎么做？

简析：这是学生人际交往中出现的矛盾冲突。原因在于两个人都缺乏友爱、宽容之心，不能换位思考，体谅他人。

作为班主任老师，我一不批评，二不教育，而是换个身份做导演，我们来拍微电影。

步骤一：将两个人隔离一段时间，等双方平静下来，请王强和李壮分别讲述事情的经过，并陈述自己的理由。

步骤二：在保证安全的情况下（老师和同学们在场），请王强和李壮表演一遍事情的经过。

步骤三：请王强和李壮交换角色，分别饰演对方，表演一遍事情的经过。

步骤四：请王强和李壮观看微电影。

步骤五：请王强和李壮谈感受。

通过这个过程，两个人基本上能反省自己的言行，认识到错误，如果他们还没有认识到，还有全班同学当微电影的大众评审！

4. 说明依据（WHY）

（1）解决"为什么"的问题　所提出的教育策略要有根，能立得住。这就要求我们的教育策略具有科学依据，能保证良好的育人效果。依据的来源包括理论依据、政策法规依据、实践依据等。教育学、心理学、行为学、班级管理学理论，以及青少年品德形成与发展规律、心理形成与发展规律、班集体形成与发展规律等理论。《中小学班主任工作规定》《中等职业学校德育大纲》《关于加强中等职业学校班主任工作的意见》《关于加强和改进中等职业学校学生思想道德教育的意见》《国务院关于加快发展现代职业教育的决定》《中等职业学校学生公约》《教育部关于培育和践行社会主义核心价值观进一步加强中小学德育工作意见》，以及习近平总书记就加快发展职业教育做出的重要指示等政策法规文件，都是班主任日常管理工作和班主任应对情景问题的主要依据。

（2）示例　这学期陈杰和一帮"讲义气"的同龄男生交往密切，称兄道弟。那帮男生经常打架、旷课，已成为令老师头疼、学生畏惧的"力量"。据了解，陈杰不觉得这些"朋友"有什么问题，而且觉得自己学习不好，只有和这些"朋友"在一起才能快乐，才有自信。

问题：作为班主任，你如何处理此事？

简析：这是学生加入消极的非正式团体的问题，也是学生的人际交往类问题。

如果这个小团体是同班同学，一定要分化瓦解或者引导转化，关键在于把握核心人物。如果这个小团体是跨班级的，要让陈杰认识到这个团体成员的一些行为的危害，主动远离。在班集体中组建学生社团和兴趣小组，让陈杰在擅长的项目上、在集体中施展才华，为大家服务，收获自信与快乐。

依据马斯洛的需求层次理论和青少年心理发展规律，每个人都有社交的需求，即爱和归属的需求，青少年更是如此，不能被正式的团体接纳，就可能寻求非正式团体的庇护。根据加德纳多元智能理论，人的智能不尽相同，学习不好的学生很可能其他智能优于别人，让他们找到自己的舞台，找到自信，一样可以成才。

第二节　模拟情景处置示例分析

模拟情景处置示例1

晚自习时，班主任发现小张同学正在玩手机，于是气冲冲地走上前一把抓住手机，说道："班规明文规定自习课不能玩手机，玩了就要没收，你是知道的，把手机给我吧！"小张一声不吭，紧抓手机不放，两个人僵持在那里。现在校园里，手机从纯粹的通信工具发展成为"玩物"了。学生课上、课下玩手机成风，发微信、看QQ、读小说、玩游戏、刷抖音……这是学校、老师和家长都不愿意看到的现象。

【问题】

如果你是小张的班主任，当时又在场，你会怎么做？又会怎样打破这个僵局？作为班主任，你怎么看待学生带手机进校园、进课堂？实践中你又会如何引导学生正确使用手机？

【参考答案】

这是班级日常管理中学生滥用手机的问题。班主任在学生的日常教育管理中，要依规教育，更要依法教育，规为校规，法为国法，任何时候，我们的校规不能凌驾于法律之上。在处理学生携带手机的问题上，班主任要注意避免侵犯学生的人身权、隐私权、财产权。在2020年新修订的《中华人民共和国未成年人保护法》中明确指出，未经学校允许，未成年学生不得将手机等智能终端产品带入课堂，带入学校的应当统一保管。同时，教育部办公厅《关于加强中小学生手机管理工作的通知》也明确要求：原则上不得将个人手机带入校园。学生确有将手机带入校园需求的，须经学生家长同意、书面提出申请，进校后应将手机交由学校统一保管，禁止带入课堂。这为我们教育工作者处理手机问题指明了方向，所以我的观点是手机不得带入学校，如有特殊情况需要带入的，家长提出申请同意后，由学校统一保管，手机更不能带入课堂。

手机是信息时代的产物和载体。今天每个人都越来越离不开手机，花在手机上的时间日益增多。手机似乎成了我们最亲密的伙伴，成了令我们俯首帖耳的主人。学生身处时代大潮下，自然不能置身事外。我主要从以下三个方面引导学生正确使用手机，不带手机入校。

一、家校共育，达成共识

家长应是手机禁止入校园的第一道防线，我认为首先需要征得家长的支持和配合，才会形成家校协同育人合力。那如何征得家长的全力配合呢？我会以家长微信群为平台，就手机禁止入校园问题开一次统一思想、达成共识的线上家长会。首先与家长共情，讲清孩子过度使用手机的危害和加强管理的必要性，再将国家、学校有关手机管理的文件转发并告知家长，明确依据，达成共识。

二、讲明要求，价值趋同

开展"文件学习找亮点"活动，使大家明确手机禁止入校园是国家规定，属于违法行为，进而开展"我们应该怎么做"的活动，引导大家达成手机禁止入校园的共识，同时趁热打铁，广泛讨论、酝酿起草、表决最后确定公约，有违约定必按其处理，当然能够不用惩戒最好不用，但这把"达摩克利斯剑"必须高悬。

三、订立契约，群体共行

结合诚信教育，利用契约精神举办"我信你，肯定不带手机入校"签字活动，再次强化上述意识，最终达成群体行为共行的目的。

学校要将手机管理的有关要求告知学生家长，家长应履行教育职责，加强对孩子使用手机的督促管理，形成家校育人合力。

接下来，我再来回答一下前两个问题。

如果我是小张的班主任，应该不会出现这种僵局，因为涉及侵犯隐私，我不会直接去抢夺学生的手机，而是提醒小张，他违规使用手机了，自习课后，找他谈话，按公约规定进行处罚。如果出现这种抢夺手机的僵局，我会主动放手，把学生叫到室外（因是自习课）处理或等下课后再处理。

根据青少年心理特点和规律，制止学生违规时要留尊严、明道理，使之容易接受；处理学生时要依约定，不姑息，培养其契约精神和担当意识。

[教师点评]

这位班主任老师不仅有很强的法律意识，而且熟悉青少年学生的心理特点和规律。在处理学生违规使用手机的问题上，发扬民主，让学生自己参与班级管理，制订大家共同遵守的约定。当学生违规时，以平等的身份，以对待成年人的方式，提醒学生去履行约定。

可以说，这位班主任老师是真正的"学生健康成长的引领者"。关于自习课上学生玩手机问题，一方面是引导学生主动放下手机，另一方面也可以考虑建设"多彩课堂"，把学生的注意力从手机上吸引回来。

模拟情景处置示例2

小琪和小红是某中职学校同班好友。最近，小琪迷上了玩微信，通过微信"摇一摇"认识了一位校外的男性微友，两个人经常微信聊天。一天，小琪兴奋地告诉了小红，说这个星期六，她要瞒着父母与这位微信网友在公园见面。小红很担心好朋友因此出事，就把这件事情告诉了班主任。

【问题】

1. 这是学生教育中的什么问题？
2. 如果你是班主任，你怎样看待这件事？
3. 如果你是小琪和小红的班主任，你会怎样处理这件事？

【参考答案】

这是人际交往中网络交友的问题。网络交友是很普遍的现象，正如在现实生活中交朋友有好有坏一样，网络交友同样可能交到好朋友或坏朋友。由于网络的特殊性，我们不可能对屏幕那端的网友有准确、深入的了解，所以网络交友存在更多的不确定性和危险性。要让学生知道保护个人信息的重要性，引导他们学会正确地用网络交往，具体要做到以下几点：

第一，要注意保护个人隐私及信息。

第二，不要轻易给出能确定个人身份的信息，如自己的真实姓名、家庭住址、学校名称、电话号码、个人账户和密码、父母的信息。

第三，不要随意在网上发布自己的照片。

第四，给出任何真实的隐私信息前，应多一分警惕，避免上当受骗。

第五，对网友的邀请，要保持高度警觉。

第六，尽量不要与网友见面，即使要见面也要征得家长和监护人的同意，并由他们陪同，地点应选择在公共场所。

如果我是小琪和小红的班主任，我会做以下几点。

1. 班会教育

在小琪见网友之前，我会和学生一起策划，让学生自主召开一个关于网络交往的主题班会。班会内容主要有：关于网络交往利与弊的讨论，有关网友见面受骗受害的新闻事件播报，因见网友而上当受骗的学生现身说法，如何防范网络交友可能带来的伤害。这次班会应该能够让小琪，以及有类似想法的同学有较大的触动，他们会认真思考与网友见面可能带来的结果，大多数人就此放弃与网友见面的想法。即使仍去见面，也会事先做好安全防范措施。

2. 后续跟进

班会后，小琪应该会来找我谈这件事，可以进一步与其沟通。如果小琪不来找我，我可以通过小红和班里的其他同学及时了解小琪的动向。

3. 家校联系

及时与小琪的家长沟通，请家长多抽出一些时间陪孩子，关注孩子的内心世界和情感需求。让家长了解孩子想见网友的情况，进一步做好小琪的工作，并在周末注意孩子的去向，做好防范措施，确保孩子的安全，做到万无一失。

4. 保驾护航

如果小琪需要，老师或家长可以亲自陪同去见网友。有成年人相随，网友即使有不轨之心，也会收手。

不论是老师还是家长都不可以强行禁止小琪去见网友，这样会产生"禁果效应"，越是不让做的事情，学生越想去做。这也是这个年龄段孩子的普遍特点，一味地压制会适得其反。只有通过各种方式让孩子认识到网络交友，以及线下见面可能带来的种种恶果，才能让孩子放弃去见网友的念头。如果孩子坚持去见，我们可以协助孩子做好各种防范措施，保证安全。

【教师点评】

引导学生学会文明上网、安全上网是每位中职班主任面临的重要课题。私会网友引发的安全事件层出不穷，所以让我们班集体中的孩子懂得网络交友存在的隐患，私会网友可能导致严重的危害是班主任的重要职责。这位班主任获悉学生小琪准备私会网友后，没有如临大敌，粗暴干预，而是沉着冷静，不动声色地开展教育，让小琪了解可能受到的伤害，并且及时安排同学关注小琪的动态，与家长沟通，形成家校合力保证孩子的安全。通过这些做法，可以看出这名班主任老师深谙学生心理，是学生的贴心人。所有的班主任老师都应该未雨绸缪，防患于未然，让我们的学生尽早学到这一课。

模拟情景处置示例3

王老师是一名非常认真负责的班主任，班里事情亲力亲为，每晚找学生谈话，对班级动态一清二楚，可总有学生给他留下类似的纸条："王老师，请放开我们的手脚吧！"马老师当班主任显得比较轻松，每天到班里次数不多，班里的事情基本上都交给班干部去做，虽然班级纪律不够好，学习成绩差，但是班里气氛活跃。

【问题】

1. 你更欣赏哪位班主任？说出其中的一点理由。
2. 对两位班主任的做法进行综合评价。
3. 结合你的工作经历，介绍你在班级管理方面的成功做法。

【参考答案】

这是关于班主任不同的管理风格的问题。我先来回答第二个问题。

王老师是我们广大班主任的典型代表。大多数班主任不仅担负着繁重的授课任务，而且在班级管理中起早贪黑、事必躬亲，信奉"紧盯、盯紧""说破嘴、跑断腿"，力保学生不出事。所带的班级班风正、学风浓，纪律良好，学生们说话、做事规规矩矩，是学校的优秀班级。但学生往往对这类班主任敬而远之，班级在各项活动中表现中规中矩，缺乏活力和创新。王老师这类班主任像保姆，对待学生像对待婴儿，让学生一切都在自己的监督和指挥之下，虽然保证了不违反纪律，但也剥夺了学生自己尝试成长的机会。

马老师这类班主任需要自己有足够的胆量，领导有足够的雅量。因为冷眼一看，马老师很懒，所有的事都推给班干部，学生除了爱玩、能闹之外，纪律差、学习差，这分明是个不负责任不称职的班主任嘛！但事实上，学生们对事物充满热情，善于思考，每个人都得到了不同的发展。这类班级往往在活动中展现出超强的凝聚力，爆发出惊人的能量，而且学生个个足智多谋，能提出许多解决问题的方法。这些都说明马老师是一名出色的班主任。他不是懒惰，而是给了学生更多的空间，他的班干部、他的学生个个能独当一面。马老师对班级不是放任不管，而是像鸭子划水——暗使劲。

有人说过，金字塔的建造者，绝不会是奴隶，而只能是一批欢快的自由人。在严管、重压之下的奴隶，不可能建造出那么天衣无缝、精美绝伦的建筑。我们的教育，有时恰恰就是以束缚、控制、压制、监管为特征，使正处于花季的学生，不会思考，缺乏创新意识，成为只会接受指令的机器人。所以我更欣赏马老师，他给了学生足够的成长空间，这也恰恰符合鱼缸效应。

我在班级管理中，实行公司化管理制度。它最突出的一个特点是能够让学生在就业上岗时实现从学校到企业无缝对接。班级即是一个公司，公司成立之初由股东大会建章立制，详细规定根据员工表现增减虚拟工资、奖金的奖惩制度，实行制度管理，自主管理。学期末一律依据员工的考核结果，评先评优。一个学期实行下来效果很好。我们的班集体和马老师的很相像。学生纪律不太好，卫生一般化，但是同学们思想活跃，笑口常开，学习优秀，技能精湛，在各项活动中充满热情，充满奇思妙想。我觉得我是一个幸福的班主任。

[教师点评]

这是一位"三有"班主任——有思想、有魄力、有方法。相信在这样的班级里，学生不仅是幸福快乐的，而且是各方面得到充分发展、学有所成的。"二流的班级靠老师，一流的班级靠制度"。王老师的班级管理停留在"靠老师"的人治阶段，马老师的班级管理则提升到了"靠制度"的法治阶段。实际上，这都不是班级管理的最高阶段："超一流的班级靠文化"。班主任应该围绕班风，通过班级精神文化建设，达到"价值取向趋同，群体行为共行"的目的，才能取得鱼和熊掌兼得的结果，实现道德水准和学习成绩的双丰收。

模拟情景处置示例4

为了加强与学生家长的联系，班主任赵老师建立家长群。一次，班里的小王同学在实习中没有按照要求完成任务，班主任在群里将他的操作手法慢、动作不熟练等细节告诉了他的父母，并叫他们好好督促小王学习。群里的家长都知道了这件事，小王的家长感到尴尬，小王得知此事后，十分恼火，实习时心里总是恐慌。

【问题】

1. 上述情景涉及班级工作中的哪些方面的问题？
2. 简要分析造成小王实习时心里恐慌的原因。
3. 结合你的工作经验，对赵老师的做法进行综合评价。

【参考答案】

上述情景涉及班级管理中的两个方面的问题，个别学生心理疏导问题和家校沟通问题。

造成小王心里恐慌的原因可能有以下4个方面：

一是群里的家长都知道了这件事，小王的家长感到尴尬，为了避免自己再次尴尬，家长给小王了压力。

二是小王担心群里的其他家长把自己的实习表现反馈给同学，担心以后受到同学群体的嘲笑或讥讽。

三是涉及隐私的负面细节被老师在群里公开，动摇了小王对班主任老师的信任基础。

四是小王本身心理调适能力比较差，走出困难解决问题的能力有待加强。

根据自己在班级管理方面的经验，我认为对情景中赵老师的做法可以一分为二地来看待。

首先，可取之处在于：一是赵老师能够与时俱进，紧跟时代步伐，利用网络社群这种新媒体加强家校沟通与联系，使家校联系方便、快捷、及时；二是他创建的家长群起到集思广益的作用，给家长搭建了一个交流教育心得的平台；三是赵老师能够敏锐地洞察学生实习操作的不足，并抓住细节，及时通知家长，具有很强的责任意识。

其次，不足之处也有两点：一是赵老师贸然在公开的交流平台，暴露学生的负面信息，传递不利于家长或孩子的信息，无形中会给他们带来尴尬和恐慌，可能会引起一些家长的不满。二是赵老师没有尊重每个学生存在的个体差异性，没有考虑到学生每天的表现也具有偶然性，不符合新课改的学生观。

如果我是情景中的班主任，为避免家长的尴尬和小王的继续恐慌，消除对学生成长的不利影响，我将从以下3个方面入手：

一是单独交流，家校共育：我会根据平时对学生们心理承受能力和性格特点的了解，灵活机动地选择与家长的交流方式，从而通过信息平台引领家庭教育，实现有效的家校共育机制。针对小王恐慌的现状，今后我会把他存在的不足私下与家长单独沟通，以起到积极的教育效果。二是多方联动，协同合作：我会和实习指导教师共同研究，根据学生的操作细节不足，有针对性地进行辅导，以便于小王同学快速提高。三是调适心理，重建关系：本着尊重孩子和家长的原则，重新构建互相信任的和谐师生关系，教给学生出现问题直接找老师沟通的方法，避免学生把情绪郁结在心里，造成不良心态的进一步恶化。

英国作家毛姆说过，自尊心是一种美德，是促使一个人不断向上发展的原动力。为人师者，保护了孩子的自尊心，就打开了一扇教育之门；伤害了孩子的自尊心，就关闭了一扇教育之门。

【教师点评】

材料中的老师做法欠妥当，给学生造成了一定的心理影响。遇到此类问题的答辩，要果断指出其错误所在，接着针对已经犯下的错误，加以改正。当然，正确的做法都是建立在充分分析学生情况的基础上，有针对性地实施引导，帮助他走出心理困境。

模拟情景处置示例5

某班级正在召开"我的职业理想"主题班会，学生们轮流发言畅谈自己的职业理想，气氛很是热烈。轮到李某发言时，他说："我将来想当黑老大。"引来全班哄堂大笑。班主任张老师很气恼，当场指出他这样的想法是不对的，并对他进行了批评教育。李某心中不服，不高兴地坐下，趴在了桌子上，再也不听同学们的发言了。

【问题】

1. 简要评论张老师的做法。
2. 从李某发言的内容反映出需要对他加强哪方面的教育？
3. 结合你的工作经历，谈谈应该如何加强这方面的教育？

【参考答案】

我认为张老师的做法欠妥，有些武断。张老师盖棺论定的做法，会让学生们认为所谓"畅谈职业理想"不过是老师在"引蛇出洞"。这样只会堵塞言路，让班会在积极向上的氛围中成为老师单向灌输的一言堂，育人效果可想而知。"畅谈职业理想"的目的，恰恰在于让学生在叙述、梳理、总结、讨论、争鸣中，明确职业理想，形成正确的价值观，实现真正的自我教育。张老师可以就李某当"黑老大"的理想深入提问，例如"你为什么有这个想法""同学们知道社会主流价值观对'黑老大'的看法吗""如果你当'黑老大'，爸爸、妈妈会以你为荣吗""你们听说过'打黑除恶'这个词吗""你们知道'黑老大'的下场吗"让李某和其他同学在问题中、在思考中、在对话中，明辨是非，统一共识，而不是一味地否定和批判。最好的教育是说服而不是压服，压服只会引起学生内心的反感和行为上的叛逆。

从李某的发言可以看出需要加强对学生的人生观和价值观的教育。

引导学生树立正确的人生观和价值观，合乎党和国家提出的"立德树人"的要求，是学校德育工作的核心内容。同时，人生观和价值观不是一朝一夕形成的，绝不可能一蹴而就，需要教育工作者，尤其是班主任付出长期的努力。

在每个学期，我都会在不同的周次安排开展"班级十个一工程"。

1. 读一本好书

参考书目：《论语》《傅雷家书》《平凡的世界》《文化苦旅》《红楼梦》《钢铁是

怎样炼成的》《简·爱》《鲁滨孙漂流记》《杰出青少年的七个习惯》《老人与海》等。

2. 看一部好电影

参考影片：《孔子》《雷锋》《杜拉拉升职记》《狼图腾》《中国合伙人》《垫底辣妹》《后天》《阿甘正传》《当幸福来敲门》《舞动人生》等。

3. 唱一首好歌

参考曲目：《感恩的心》《众人划桨开大船》《阳光总在风雨后》《铿锵玫瑰》《国家》《隐形的翅膀》《真心英雄》《大中国》《五星红旗》《我相信》等。

4. 开一场辩论会

参考辩题：

A. （正）穿得好不如长得好VS（反）长得好不如学得好

B. （正）穿校服利大于弊VS（反）穿校服弊大于利

C. （正）中学生可以谈恋爱VS（反）中学生不能谈恋爱

D. （正）纪律促进个性发展VS（反）纪律限制个性发展

E. （正）应该帮助乞丐VS（反）不应该帮助乞丐

5. 进行一次法制教育讲座

邀请青少年法制教育专家做一次讲座。

6. 一场优秀毕业生事迹报告会

邀请毕业生代表汇报就业创业优秀事迹。

7. 参观一次爱国主义教育基地

依托周边爱国主义教育基地，每学期进行一次参观教育活动。

8. 开展一次假期打工实践

利用假期，开展接触社会的打工实践活动。

9. 一次志愿服务

发挥学生专业技能特长，深入社区、企业等，开展志愿服务活动。

10. 一次亲子游戏

通过开展游戏，加深亲子感情，使学生懂得感恩父母。

[教师点评]

对于学生不符合社会主义核心价值观的"异见"，班主任要用足够的教育智慧去化解，而不是以师者威权去压制。对学生人生观和价值观的教育，是一个春风化雨、润物无声的过程，这位班主任提出的措施符合实际、具体可行。

模拟情景处置示例6

近一年来，财会二班在学校开展的各项评比活动中从未获奖，班主任很着急，对照学校的评选条件，自觉确实有很大的差距。于是，班主任召开了一次班会，想调动同学们的积极性，找出不足，迎头赶上。在班会上，同学们认为班级评不上先进的主要原因是有几个同学经常违纪，影响了整个班集体的荣誉。同学们纷纷指责几个拖后腿的，可这几位同学却不服。

【问题】

作为班主任，你会怎么做？理由是什么？

【参考答案】

这个案例体现出面对集体失利时，成员缺乏反思精神和担当意识。

依据答辩题目可知，"近一年来，财会二班在学校开展的各项评比活动中从未获奖。"首先我很震惊，一个班级怎么可能在一年的各项活动中从未获奖？可以断定，这个班级的日常管理出了大问题，班里所有的人都做得不够好，请允许我用这么武断的词，所有的人！首先做得最不好的当属班主任。当讨论班集体不能获得荣誉的原因时，孩子们没有进行自我反思，而是在一味地推卸责任，这一点也很像题目中的班主任。

如果我是财会二班的班主任，我会用自己的实际行动让孩子们学会8个字"责任担当、解决问题"。

1. 深刻反思，征求意见，承担责任

班主任要在全班同学面前表态，集体在各项评比活动中失利，首要责任在自己，需要首先做出深刻的自我批评。反思自己是不是对学校开展的各项活动不够重视；在活动前的动员和活动中的指导，以及活动后的总结是不是不够到位；班级管理制度是不是不够完善；班级制度的落实有没有检查反馈机制等。向主管领导、其他班主任，以及全班学生征求对自己工作的意见，并向优秀班主任学习班级管理的方法。

2. 立即行动，采取措施，解决问题

首先，完善班级管理制度，落实检查评价机制，抓好班级日常管理。"没有规矩不成方圆"，"班规"就是班集体的"宪法"。老师可以通过提前征集意见，小组讨论修改，班级投票优化，成稿宣誓执行等方式，让全班同学共同制订班规。班规制订了就应该严格执行，由值班班干部负责检查督导，做到"日通报，周点评，月总结"，培养学生遵守规则的意识。

其次，确定班级评比目标，早做谋划，早做准备。"凡事预则立，不预则废"，因为学校开展的评比活动大致就那么多项目，我们可以笨鸟先飞，早作准备，以勤补拙。

再次，开展班级共建活动，携手前进，弥补短板。"金无足赤，人无完人"，学生在各方面的能力有强有弱，这也符合多元智能理论。在任何时候，面对集体的荣誉，老师一定要给学生强化集体的观念，不要随意地孤立某一个或一些学生。可以通过"一帮一，一对红"的方式，互帮互助，实现集体的进步。

【教师点评】

"老师是学生的镜子，学生是老师的影子"。这名班主任勇于承担责任，积极解决问题，相信学生会以他为榜样。一个班集体就是一个学习、生活、成长的共同体，让这个共同体里的每一个孩子有自己的一份责任、一份担当，大家都感觉自己是集体的主人，个人和集体才会同成长、共进步。

模拟情景处置示例7

新学期开始，张老师每天8点都到教室查考勤，迟到的学生要亲笔签名确认并自己给家长打电话汇报，班里的考勤大有改观。一天，有两位同学迟到了，其中一位还是班干部，他们说因为当天负责楼道卫生，为防止别人再丢垃圾，就等到上课铃响才回教室。张老师感到很矛盾，到底是坚持原则，还是"放过"他们呢？

【问题】

如果你是张老师，会如何处理此事？

【参考答案】

这种情况属于班主任日常管理中的考勤问题。

张老师管理班级考勤的做法：一是依靠外部刺激，迟到的学生要签名，让学生从心理上不好意思晚来；二是借助家长的力量，形成家校合力，两措并举，效果良好。

如果我是张老师，我会先调查情况是否如两位同学所说，如果确实如此，我想从以下几点做起。

1. 坚持原则，讲究方法

古语云："没有规矩，不成方圆。"规矩一旦确定执行就不能被轻易打破。否则就像心理学中的破窗效应一样，一旦对教育管理中发生的"小恶"行为，管理者没有引起充分重视的话，制度规矩就会陷入尴尬，成为一纸空文，其他同学则会纷纷效仿。不过鉴于事出有因，我会把学生叫到教室外面进行批评教育，根据"惩罚的负心理效应"可知，教师在实施惩罚的时候要注意惩罚的时间、地点，不要当众、不要在学生有负面心理的时候进行大肆批评与惩罚，惩罚只是手段，改正才是目的。

2. 达成共识，落实制度

首先，我会肯定他们"因为当天负责楼道卫生，为防止别人再丢垃圾，就等到上课铃响才回教室"的出发点，说明他们有集体荣誉感和负责意识，老师为其感到骄傲。在学生不抵触的情况下，说明制度的生命力在于执行，让他们理解"纪律面前，一视同仁"这个道理，认同按照班规处理的做法。当然，老师要特别指出，宁肯因为有人扔了垃圾而被扣分，也不愿意他们迟到而耽误学习，让学生感受到老师的"仗义"。

3. 联系家长，征得谅解

张老师和两名学生家长联系，说明表扬学生的本意，并解释坚持惩罚的原因，希望家长在肯定学生出发点的同时理解老师的做法，配合学校对学生的常规管理工作。

4. 变罚为管，及时表扬

让两位同学进教室，并在班里说明惩罚他们的原因，按照班级要求执行签字，并让其中的班干部监督同学们的出勤，作为出勤管理员，直到找到下一个迟到的同学轮换。当两位同学不再迟到后，在班里进行肯定与表扬。

【教师点评】

教育学家马卡连柯说过："凡是使用惩罚能够有益处的地方，就应当使用惩罚。"在执行班级各项规定时，要坚持原则，一视同仁，不开先例，确保规章制度的威严和约束力。另外，对于特殊原因犯错，班主任要善于运用教育智慧来解决。上述答辩思路清晰，逻辑严谨，能够辩证地看待问题。本案例的解决中还运用到"破窗效应""惩罚的负心理效应"等原理，不但可以作为答题的理论依据，更重要的是能在解决问题上起到事半功倍的效果。

模拟情景处置示例8

处于青春期的中学生，随着身心发育逐渐成熟，对异性的吸引与渴望逐渐强烈起来。中职生由于学习任务不太繁重，更容易发生早恋，陷入感情泥潭不能自拔，对自己的学习和身心都产生较大影响，对班级也产生不良影响。学生早恋一直是班主任感到棘手和头痛的事情。尽管我在接手职高班主任后注重防微杜渐，一开始就强调关于早恋的校规校纪，但到了二年级以后，这样的事还是不期而至。班上成绩较好的男生张某和学习一般的女生黄某恋爱了，并在教室里拥抱，不按时上自习，甚至是上课时换座位坐在一起，课堂上经常眉目传情。我一时怒火中烧，真想大骂他们一通，然后按校规责令写检查，通报批评，并通知家长。

【问题】

1. 如果"我"真的那样处理学生会有什么结果？
2. 班主任该如何妥善处理学生的早恋问题？

【参考答案】

这个问题属于中职生早恋问题。

如果"我"真的那样处理，可能会造成如下后果：第一，学生因为没有得到"我"应有的尊重，在同学、家长面前"丢脸"，自尊心严重受挫，从而产生对抗心理，和"我"形同陌路甚至是势同水火，让教育和引领很难发生；第二，粗暴"棒打鸳鸯"容易产生"禁果效应"，越是禁止的东西，他们越要得到，促使他们更加形影不离，甚至出现更进一步的交往过界。

面对早恋问题，班主任首先要有一个正确客观的评价，由于青春期的萌动，孩子对异性产生好感是一种正常反应，班主任要予以尊重和理解，绝不歧视，在尊重理解的基础上赢得他们的信任，以关怀爱护的态度亲近他们、帮助他们，不要上纲上线。

其次，班主任要帮助学生正视早恋。班主任不要谈爱色变，苏霍姆林斯基曾说："爱情的念头一旦在年轻人的思想和感情上撩拨和引起不安，教育者就应当给他们讲爱情是什么。"班主任在早恋这个问题上要变被动应对为主动作为，通过"花开应有时""绽放友谊之花"等系列主题班会，让学生树立"早恋错不在'恋'，错在'早'字"的观念。

再次，班主任要了解学生早恋的原因。早恋问题的出现大致有以下几个原因：对异性充满好奇心；不成熟，对待恋爱为儿戏；对恋爱充满幻想；寻求精神依赖；与家长对抗。班主任可以通过与当事人谈心、走访家庭与家长沟通等方式，深入了解学生的恋爱动机，并由此采取相应的策略。如果孩子是被对方的优点和长处吸引，就该把这种美好的情感和对对方的钦佩、欣赏化为努力提升自我的动力；如果孩子是被对方的外貌或家境所吸引，老师就该告诉孩子这种感情是肤浅的，物质和外在只是表面，内在精神的高尚和充实才是最重要的。知己知彼方能百战不殆，只有如此班主任才能对症下药。

最后，班主任对早恋同学要晓之以理、规之以约。班主任对早恋学生以朋友和"参谋"的身份，晓以利害，喻以事理，在此基础上与之建立契约，班主任和家长予以持续关注，一旦取得进步要及时给予表扬。

【教师点评】

苏霍姆林斯基曾说过："教育工作的经验表明，对男女青年谈谈什么是爱情，不仅是可以的，而且是必要的。"所以教师要正视学生的早恋问题，并且在日常教学中渗透给学生正确的爱情观，帮助学生更好地度过青春懵懂的重要时期。

回答问题时教师一定要有逻辑性，按照处理问题的顺序进行回答，并且加入对日常班级管理的教育心得，体现班主任的带班智慧。

模拟情景处置示例9

刚来到职业学校教机电专业制图课的小王老师被学生气哭了，回办公室向班主任张老师诉苦："现在的学生太难教了，辛辛苦苦准备一堂课，他们根本不听，白费我备课的工夫，他们除了对学习没兴趣，对其他都感兴趣，我在讲台上声嘶力竭地讲，他们在下面干什么的都有，睡觉算表现好的，今天竟在课堂上扔起了纸飞机！"

【问题】

1. 上述情景中涉及班主任工作中哪些方面的问题？
2. 如果你是这位班主任，会如何处理这件事？
3. 运用有关教育理论，谈谈这件事给你的启示。

【参考答案】

这种情形一是属于班级日常管理中的课堂常规管理，同时也涉及了班主任在学生与任课老师之间的沟通协调问题。

如果我是这名班主任，我会采取以下措施。

1. 安抚情绪，了解情况

学生们表现参差不齐，有的确实没有尊敬老师，我会先替我们班学生向小王老师道歉，让她的情绪平稳下来，接着向她详细了解事情的起因和经过，一方面可以帮助她舒坦情绪，另一方面我可以了解事情的来龙去脉。如果这件事情是学生不遵守课堂秩序，恶意伤害教师，就向小王老师承诺一定公平公正地处理此事，给她一个交代，并且让违纪的学生当面向她赔礼道歉。

2. 分析原因，公正处理

"兼听则明"。我也会从学生那里了解事情的经过，看看是否如小王老师所说。同时找班干部或有正义感的学生调查并分析原因。一方面有可能是由于学生学习基础差，学习能力一般，在比较枯燥的制图课上，注意力不容易集中。另一方面有可能是因为小王老师是刚刚来到教师岗位的老师，处于教师成长历程的关注生存阶段，还很难做到知识性和趣味性相结合，加之她没有足够的课堂管理经验，导致了题目中出现的情景。

如果主要是学生的原因，那么这个事情也暴露了我们班存在的问题：班中良好的纪律风气还没有形成，一部分学生没有良好的学习习惯，班干部没有起到相应的管理作用，个别同学不尊重老师扰乱课堂秩序。我会先对个别同学进行批评教育，之后召开班干部会议，明确在这一事件中，我们班学生要负主要责任，而班干部和课代表在出现类似情况时应当挺身而出，维护秩序，不管老师的讲课效果如何，作为学生应该认真听讲，遵守课堂秩序。再找出上课扔纸飞机的同学，帮助他认识到自己的问题，并和课代表一起向小王老师当面道歉，保证以后在课堂上不再违反纪律。

如果是因为小王老师的教学水平有待提高而造成的这个问题，我会委婉地指出她的不足。一个教师要想受到学生的喜爱和拥戴，需要在教学方法、学生管理等方面下功夫。

3. 持续观察，调节关系

观察师生相处的情况，做好后续工作，避免类似事情再次发生。和任课老师、课代表和班干部多沟通，处理好三者之间的关系，平时加强学生和小王老师的情感沟通工作，例如邀请小王老师参加我们班的各项技能、艺术展示活动，在教师节、感恩节送上我们全班的祝福等。在教学业务能力上，用我的教学经验帮助小王老师更快成长，树立正确的学生观。

【教师点评】

任课老师和学生发生冲突，对于班主任来说是相当棘手的事情，一边是自己朝夕相处的同事，一边是自己疼爱有加的"亲娃儿"，处理稍有不慎，就可能造成对一方的伤害。遇到这种情况，班主任首先要做好情绪安抚和疏导工作，其次要基于调查，了解事实，既要讲理，也要讲情，由此做出客观公正的处理，让任课老师满意，当事学生悦纳，全班同学信服。以上答辩定性准确，分析情况全面，能够根据具体问题来实施不同的策略，足见功底。

模拟情景处置示例10

正当某班主任兴致勃勃地讲课时，迟到的小刚同学来了，他没有向老师报告就推门而入，还把书包往课桌上重重地一放，使劲儿拉开椅子，大大咧咧地坐下，很大声地向其他同学借笔，甚至直接从同学手里夺笔，导致和同学发生争执，眼看课堂秩序要乱，同学们都看着班主任，等着班主任的反应。

【问题】

1. 上述情景反映了班主任工作中的什么内容?

2. 请分析小刚同学这次行为的原因。

3. 结合你的工作经历，谈谈如何处理类似问题。

【参考答案】

这是班主任工作中的个别学生故意违纪，与班主任对立，扰乱课堂秩序的问题。

我觉得小刚同学有这样的行为有以下几点原因:

小刚正处于叛逆期，个性张扬、爱出风头、时间观念不强，这些表现说明他没有养成良好的学习行为习惯;在班主任的课上迟到，还大声借笔、夺笔，以致和同学发生争执，说明师生关系僵化，他有故意和班主任对立之嫌。

具体处理措施:

1. 及时解决，维持秩序

现在课堂的正常教学已经被打断，同学们都在看我的反应，根据小刚的性格，要是直接严厉地批评教育，我想一定会激化师生之间的冲突，所以我会稳定一下自己的情绪，用平和的语气说:"小刚，你一进来教室，就成功吸引了所有同学的注意力，老师相信你是知道学习的，但也不能不带笔总用别人的吧，说不定人家也只有一支笔，给你了就没法学习了，你先还回去，老师给你借一支，赶紧和大家一起听课吧。"如果小刚听话，那我会继续上课，如果小刚还有反复，我会收起轻松的语调，提高声音制止他破坏正常的教学秩序，尽可能地快速回到我的授课进程中来。教育家马卡连柯曾说:"要尽可能地要求一个人，也要尽可能地尊重一个人。"所以我不会在同学们面前过多地批评他，会保护他的自尊心，稳定他的情绪，维护正常的课堂秩序。

2. 了解原因，耐心倾听

下课以后，我会先把小刚叫到办公室里，问清楚他迟到和上课如此表现的原因。我会采用和风细雨式的说服教育法，让他认识到自己今天上课时存在的问题;接下来我会运用心理学中的南风效应去关怀他，询问是不是对老师上课的方式有意见，或是对老师管理班级的方式有什么好的建议。我会耐心地倾听小刚的话，让他感觉到自己受到了老师的重视。如果真是因为我的工作疏忽导致小刚不满，我会真诚地道歉。最后我会和小刚定下君子协定，让他尊重老师，以后上课不再迟到。

3. 持续关注，积极鼓励

在接下来的时间，持续关注小刚是否按照约定约束自己的行为。当有进步时，及时给予肯定和鼓励。同时，有意识地在班级各项活动中，发挥小刚的优势。他爱表现，就让他参与课本剧的表演;他头脑灵活、点子多，就让他在活动中参与策划等。

【教师点评】

控制情绪和控制课堂是一名教师的专业素养要求。面对学生故意违反课堂纪律的行为，这位班主任从控制情绪和控制课堂出发，以尊重学生为前提，以和风细雨式的说服教育为方法，注意通过倾听学生的心声，了解事情的原因，没有所谓的"师道尊严"，勇于承认个人的失误，是一名讲民主、讲平等、有智慧的老师。

◆ 模拟情景处置示例11

据数学教师反映，班上一位男生上课与同学说话，老师批评他，这位男生不仅态度不好，还顶撞老师。不服从管理的事发生在这位同学身上已经不止一次了，不久前还出现不服从宿舍管理员的管理、不服从学生会的管理等情况。

【问题】

作为班主任的你会如何教育指导他呢？

【参考答案】

我认为材料反映了班主任工作中的两类问题：一是沟通协调问题，班主任要负责学生和任课老师之间的沟通协调工作；二是对个别问题学生进行思想教育的问题。

之所以会出现上述问题，究其原因可能有以下几种。从学生自身角度来讲，可能是认知上不认同学校对他的管理，可能是行为上不够自律，也可能是青春期的叛逆行为没有得到有效地控制，还可能是对数学的学习缺乏兴趣。

针对以上原因，我拟定了以下三条对策。

1. 及时"灭火"，稳定情绪

如果我当时遇到这种情况，我会把数学老师和这个学生分开，分头去做他们的工作。这个学生当时一定非常激动、冲动，所以要先安抚学生的情绪。我会拉一把椅子给他坐，给予他充分的尊重。此时运用心理学中的共情，描述他的状态，让他感觉班主任对他的关心。谈话中会多用"我们"，从而产生"自己人效应"，更有利于他接受我的思想教育。同时，我会要求他把事情经过写下来，这样做有助于学生重新梳理、认识自己的言行，有助于学生接受班主任的教育。

2. 沟通协调，寻求谅解

学生认识到自己的错误后，我会在和数学老师提前沟通后，带着他向老师道歉，争取获得谅解。这样做，一方面教育学生，另一方面也给足任课老师面子，让任课老师意识到班主任不护短，从而不会影响班上正常的数学教学工作。另外，我平时会多组织一些教师联谊活动，鼓励学生帮任课老师做一些力所能及的事情，以此加强任课老师和学生的关系，增进与任课老师之间的感情，促进与任课老师和谐相处。

3. 提升兴趣，发挥优势

众所周知，中职生的数理逻辑智能一般逊色于普高学生。但基于加德纳多元智能理论，每个人都有自己的优势智能，中职生在肢体运动智能、人际交往智能等方面往往较为突出，我们可以利用学生的优势智能，来激发他们学习数学的兴趣。例如，对于电气专业的学生，我们在教立体几何的时候可以让他们充分动手，用电线制作立方体、四面体等立体图形，从而激发他们的兴趣，提升他们的自信。

正如习近平主席所说，人人皆可成才，所以不能放弃任何一个学生，我们有责任帮助他们尽展其才！

〔教师点评〕

这个答辩的结构清晰明了，运用了多种理论解决问题，体现了理论对实践的指导作用。本答辩解决了沟通任课老师和学生的问题，但在解决个别学生思想教育问题上，尚存在一些不足。该生除了不服从数学老师的管理，还存在不服从宿管员和学生会干部管理的现象，这说明还需要加强对该生服从意识的教育，这一点体现得不够。答辩最后，引用习近平主席的讲话，与主旨不符，稍显突兀。

模拟情景处置示例12

某财会班女生去超市实习收银，不小心收到了一张假币，当天结算时把自己的钱补给超市。下班后她灵机一动，于当天去夜市买衣服时花掉了假币，晚上回来后在班内提起这件事，班内同学一致欢呼，夸赞她聪明。

〔问题〕

如果你是班主任老师，你会如何教导学生？你会采取什么措施？

〔参考答案〕

首先，我认为这是一个关于学生职业道德、专业技能、价值观的教育问题。

其次，造成以上现象可能有以下3个方面的原因。一是职业道德、职业操守不过关。作为财会专业人员，不能私自将公账和私账混为一谈，随意动账更是不允许的。二是专业技能不过关。不能及时分辨真币假币，说明实习前专业技能考核训练不到位，专业技能有待提高。三是这名女生和班上其他夸她聪明的同学价值观不正确。看到同学故意使用假币把自己的损失转嫁到夜市摊主身上的这一违法行为，竟然"一致欢呼"，这是不诚信、不道德的行为。

针对以上3个方面的原因，我作为班主任，提出以下3个措施。

第一，德育为首，任务引领。俗话说："有德有才重点使用，有德无才培养使用，无德无才弃之不用。"在班上，我利用任务包的形式来培养学生良好的职业道德。我会让一个中队认领第一个任务包，其中的任务就是去收集财会人员犯罪的案例，接下来由另一个中队把这些案例分解成比赛的试题，在班级中展开擂台赛。通过这种游戏，让学生感觉到职业道德其实就在我们身边。

第二，技能为主，刻意练习。在班里展开假币识别训练活动，活动的题目定为"大家来找茬"。要求同学们蒙上双眼，用手触摸辨别真币、白纸和练功券。这是财会专业人员必备的技能，需要进行专项练习。最后，在实习前把真假币的识别作为考核项目，列入技能考试范围。

第三，价值扶正，积极行动。社会主义核心价值观中提到了诚信，为了更好地践行这一价值观，我决定在班级里设立一项公共基金，大家卖废品、收集矿泉水瓶赚来的钱都可以放入公共基金。班里有同学遇到此类困难的时候，这些公共基金可以帮他渡过难关，解除困境。从而杜绝其铤而走险，违法违规。在扶正价值观的同时，我会带着这位同学回到超市说明情况，找到夜市摊主赔偿其损失。最后，由这位同学在班里主办一期以诚信为主题的板报，让自己受到教育的同时，教育他人。

【教师点评】

以上答辩思路清晰，逻辑性强。定性是答辩的核心，分析原因时围绕这一核心，接下来的实施对策能够紧扣核心和原因，有很强的针对性。而且在实施教育的过程中，形式新颖独特，有创新性，符合学生的年龄特点，易于被学生接受。唯一欠缺的是理论上的有力支撑，如在第一个对策中，让学生搜集财会人员的违法犯罪行为案例，是基于心理学中厌恶条件反射，通过引起大家心理上对这些消极行为的反感，进而达到杜绝不良行为的目的。另外，第三个对策中设立公共基金的举措与解决诚信问题关联不大，可考虑采取在班内设立"诚信大使""诚信银行"等有针对性的措施。

模拟情景处置示例13

某天晚上，一位班主任在检查本班晚自习时，发现班上多出两名男生，非常生气，随即将两名男生赶出本班，紧接着通过排查后发现是一位女生所为，就批评了这位女生。这时，两名刚被赶出教室的男生突然又冲进来，要求停止批评这位女生。班主任被激怒，用力将两名男生赶出教室，在此过程中，其中一名男生的脸撞到门上，受伤出血。受伤的男生立即返回本系部找了十几名学生来围攻这位班主任，还打电话通知自己的家长来向这位班主任讨说法。家长非常生气，在电话中说孩子不上学了，一定要向教育局举报该班主任体罚学生的行为。

【问题】

1. 如果这件事发生在你的班级中，你会如何处理女生带外班男生进教室一事？
2. 你会如何对待家长电话中的言行？
3. 你处理的依据和理由是什么？

【参考答案】

这是一个由班级管理小事引发的班主任处理方法过激的问题。

原因有以下3个方面，一是从这名女生的角度分析，没有经过班主任许可就私自带外班人员进入本班是不对的，是违反班规班纪的。同时也体现了这名女生在班里的归属感较差，组织纪律性有待提高。二是从班级管理角度分析，班级管理存在漏洞，班干部和其他同学没有及时有效地阻止外班人员进入教室，也没有规劝这名女生改正。三是从班主任自身的角度分析，本来是处理学生中常见的违纪行为，但这位班主任却采用了简单粗暴的方式，最后还酿成管理事故，带来了很多麻烦。

针对以上3个原因，我的对策有如下3个方面。

1. 问题女生，耐心疏导

在把外班男生请出教室之后，找这名女生谈心，耐心细致地倾听她的讲述，控制好自己的情绪，不要想当然地把这种常见的违纪现象上纲上线，而是要充分了解事情经过，看是否存在误会，或许事情本没有多么糟糕。谈心的过程中可以运用自己人效应，先和她共情，多用"我们"之类的词语，有助于让她敞开心扉交流。谈心之后要有意识地对这名女生多多关注，关心她，多交给她一些事来做，让她在班里中逐步获得归属感。

2. 班级管理，亡羊补牢

针对以上现象，我们要再次修订班规，进一步明确班级不允许外班人员进入，自己也不要随意去外班。可以运用拆屋效应，把这件事所能引发的很多不良后果或安全隐患，都帮学生分析清楚。偷盗、扰乱班级秩序、男女生超常交往等问题，都是因我们的漠视而滋生的。同时班主任要教给学生下次遇到这种情况时的正确应对措施和外班人员交流应到教室外面去，如果有外人闯入要及时制止。利用拆屋效应，学生发现这种带外人进入教室可能会很危险，没准会侵犯自身的利益，就只能选择使用老师的正确做法了。

3. 心态方法，同步提高

本来是一件小事，却由于班主任没能控制好自己的情绪酿成大错。如果是我，我肯定不会让事态发展到这一步。但如果发展到情景中的那一步，我们也只能积极应对，使此事对学校的影响降到最低。应该首先找到面部受伤学生的班主任，向他表明自己的歉意，和他一起积极联系受伤学生的家长，登门道歉，并积极配合治疗。如果接到家长的电话，要多倾听，先缓解对方的情绪再积极配合，促成事情的圆满解决。

〔教师点评〕

这位班主任的答辩定性准确，分析到位，并能够根据原因找出对策，整体思路清晰，层次清楚，有针对性，但理论运用稍显不足，仍有待提高。

模拟情景处置示例14

班上有位同学身体有一些残疾，走路有一点儿跛，班级有些同学常学她走路的样子，开她的玩笑，还给她起外号。作为班主任，我觉得应当批评那些不尊重残疾同学的行为。但转念一想，这样一来会伤害残疾学生的自尊心，我一直在寻找一个恰当的方法。

〔问题〕

1. 请你为这位班主任找到一个恰当的办法。
2. 请你说说对尊重生命特点的理解。

〔参考答案〕

首先，我把这个题目定性为个别学生不懂得尊重同学的问题。

出现这一问题的原因，我认为有以下3个。

第一，个人层面。不尊重残疾同学的学生共情能力差，他们感受不到残疾同学的痛苦，不会换位思考，不能从心底尊重别人。

第二，群体层面。班级内部缺乏对同学之间互相尊重、和谐相处的教育，导致学生平等意识淡薄，需要在班级开展"尊重是什么"的大讨论。

第三，生命层面。尊重不仅是尊重他人，更是对自己生命的尊重。

以下是我提出的3条措施：

1. 活动引导，自我教育

苏霍姆林斯基说过："能够激发学生去进行自我教育的教育，才是真正的教育。"因此，针对学生不能感受残疾同学痛苦的问题，我准备采用游戏体验的方式，让学生自己去体验，从而达到自我教育的目的。同时运用马卡连柯的平行教育理论，对全班同学进行教育。我准备的游戏叫"光明、黑暗与温暖"，在教室的空地上杂乱地摆放桌子、椅子或卫生工具，作为障碍物。把全班同学分成三组，第一组同学从起点出发，通过这些障碍物到达终点，记一次时。第二组同学还是通过相同的路线，但是方式不同，大家需要蒙着眼睛前进，记一次时。第三组采用一半同学蒙眼，一半同学不蒙眼的方式通过障碍，记一次时。三轮游戏结束，请大家分享自己的感受。第一组同学在体验游戏的过程中，一定用时最短，比较轻松，甚至觉得是小儿科的游戏。第二组同学的黑暗体验就会不太乐观了，即使不改变障碍物的位置，要想蒙眼通过也是需要费劲摸索的。这是为了让同学们体验，当我们在身体或感觉功能的某一部分缺失后的心理感受，短暂的"失明"状态会让同学们感受颇深，茫然无助，而此时最需要的就是他人的援助。第三组同学中，蒙眼和不蒙眼的同学各找一名代表发言，不蒙眼的同学会说："我们看得见，速度快，但是没有用，因为蒙眼的同学看不到，还是会拉长游戏的时间，所以，我们想到了要换扶他们一同前进，我们看得到，帮助他们是应该的。"蒙眼的同学在有人帮助的时候，心中充满了温暖。结果不言而喻，同学们会自己找到答案。

2. 照照镜子，练习尊重

在班里展开尊重大讨论，讨论之前先做一个开场游戏。请同学们照照镜子，第一次开心地去照，谈谈感受；第二次愤怒地去照，再谈感受；第三次嘴角向下做哭脸，感受又如何？让学生们体会与人相处，就像照镜子一样。接着讨论怎样做是对他人最好的尊重。像倾听、礼让、肢体语言等这些具体尊重他人的做法，需要同学们的刻意练习，慢慢内化于心。

3. 尊重生命，升华提高

出现材料里的现象，正是对同学们进行生命教育的良好契机。我认为任何生命都是值得尊重的，每个生命都有自己的特点，每个生命的特点都有多种形式，每种形式都有它的美丽。女作家海伦·凯勒的感觉是残缺的，但她的生命是完整的，甚至比很多健全人都要完整。发掘自我生命的闪光点，我们每个人都能绽放自己的生命荣光。

社会主义核心价值观中社会层面的价值取向中就提到了"平等"。在班里，要尊重他人，平等对待他人，同时要鼓励残疾同学自强自立，用能力去赢得自信。在班级当中建立互助小组，安排残疾同学利用自身优势帮助他人，让所有人都感受到生命本身是没有完美与残缺之分的。最后以"没有完美的个人，只有完美的团队"为理念，加强班级团队建设，提高学生素质。

【教师点评】

这篇答辩能够恰当运用自我教育理论和平行教育理论来解决问题，并通过游戏体验的方式让同学们自己感悟分享，这样做符合中学生的年龄特点，同时也能调动全班的参与积极性。美中不足的是，其在答辩中用于介绍"光明、黑暗与温暖"游戏活动的篇幅太长，不够简练。"光明、黑暗与温暖"就是团体心理辅导课——"盲行"，只要简单介绍此活动要达成的目的及规则即可。

模拟情景处置示例15

有一位班主任组织学生春游，出发前对学生提出了许多具体的要求，但是春游结束的时候，他发现有许多同学将垃圾留在了现场。老师让学生把垃圾捡起来，放在垃圾袋里，但他们只草草地收场，嘴里还不断地念叨着"不是我们扔的"。

【问题】

如果这是你班级里的学生，你该怎么办呢？

【参考答案】

我对这个问题的定性是有关学生卫生习惯以及提升集体主义观念的教育问题。

我认为出现这个问题的原因有以下3点：

第一，部分同学的卫生习惯差，随手乱扔垃圾。

第二，很多同学的集体主义观念较差，对班级的认同感低。

第三，班主任的安排不够细致，没有专人专责。

针对以上原因，如果是我班里的学生，我会采取以下3种办法：

首先，我会带头捡垃圾，以身作则，给学生示范。教育家夸美纽斯说："教师的职责是用自己的榜样教育学生。"孔子曰："其身正，不令而行，其身不正，虽令不从。"这些话都充分说明了教师以身作则、身教胜于言传的重要性。相信在我的带动下，会有更多的同学加入捡垃圾的行列。同时，满腹牢骚的同学的不良情绪也会有所改善。此时，我可以趁热打铁，赶紧表扬和我一起捡垃圾的同学，把他们的名字记下来，授予"爱劳动"勋章或是"环保标兵"称号，让他们为自己的行为感到骄傲。

其次，之所以出现把垃圾随意丢到春游现场的现象，说明同学们需要改正自己不良的卫生习惯。这一点应该从日常的班级管理中抓起，提出个人区域"我的垃圾我处理"、公共区域"举手之劳成就一种美德"的口号。成立卫生监督委员会，常态检查，做好记录，每周评比出卫生先进中队和先进个人，并进行表彰。如果再有类似春游的集体活动，要提前制订好卫生管理细则，委派专人负责相应卫生工作，最后安排卫生监督委员会对同学们离开之后的场地进行考评打分。

最后，由一句"不是我们扔的"可以看出，有些同学的集体主义观念较差，不关心集体。班主任要在平时多组织大型的集体活动，来增强同学们"班级荣辱，我的责任"的集体主义观念，例如全班都参与的合唱比赛、拔河比赛、广播操比赛，与外班结对子，在纪律、卫生、两操等方面下"宣战书"，在班级内部以宿舍为单位的小型比赛等。

【教师点评】

这篇答辩的思路清晰，分析得当。班主任以身作则的做法值得提倡，引用的教育名言贴切，后续的一系列做法具体可行。原因分析部分可结合《中等职业学校学生公约》《中学生日常行为规范》等文件，做到有理有据。在后面的对策中，如果能够紧密结合专业的学习和实训就更好了。

◆ 模拟情景处置示例16

班上一名同学，理了一个怪异发型，班主任张老师把他叫到办公室问他："你认为这样好看吗？像学生吗？你想故意违反学校规定吗？"他低头不语，给他讲道理，他还是一言不发。张老师火了，下了最后通牒："今天必须把头发修剪好，否则请家长带回家反省。"谁知第二天该生不但没有修剪发型，反而当着全班同学的面说不上学了，张老师没辙了。若让他开了先例，再有效仿的，今后这个班还怎么管？

【问题】

1. 上述情景中涉及班级工作中哪些方面的问题？
2. 简要分析张老师的做法。
3. 结合你的工作经历介绍你在处理这个问题上的成功做法。

【参考答案】

这是一个学生日常管理中规范仪容仪表的问题。

张老师对留怪异发型的同学进行管理，有据可依。《中学生日常行为规范》中明文规定："穿戴整洁，朴素大方。不烫发、化妆、佩戴首饰。男生不留长发，女生不穿高跟鞋。"但张老师的具体做法欠妥当，批评学生时态度过于强硬，致使学生产生逆反心理，导致矛盾激化，教育陷入僵局，没有回旋的余地。

在我的班级管理中也确实出现过学生留怪异发型的情况。我是这样做的：

1. 分析原因

当时那个学生是因为成绩不好，也没有其他的特长，所以想通过自认为很酷的发型标新立异，吸引别人的眼光，引起别人的关注。其实这是他内心自卑的一种表现。

2. 平等对话

作为班主任应该放低姿态，找合适的时间、场合与学生单独谈心。当时我没在办公室和他谈论这个问题，我考虑到，一是办公室有其他老师，他可能好面子，不利于开诚布公地交流；二是学生一般对办公室都有戒备之心。我和学生都坐在楼下的长凳子上，这样不仅距离近了，心也近了，心近了一切好说。

3. 对症下药

找到原因后就要对症下药，该生内心极不自信，又没有其他的特长，但他身材高挑，面目清秀，我没有直接让他去理发也没有提理发的事，而是推荐他进入校国旗队。我对他说："我认为你的身材和相貌都很适合做一名国旗队成员，但国旗队要求很严格。要不要去试一试？"他答应了，团委书记是我的一个很要好的朋友，我和他说了这个事情，面试的时候对他说："国旗队要求成员要像一个军人，入选的都是全校最优秀的学生。条件很高的，你身高符合、身材也可以、长相也很清秀，可是不知道你军事素质怎么样？""我军训时是排头呢，教官夸过我好多次。""是吗？那就给你一次机会，试一试？"随后又交代了训练的事情，让他去领了服装，最后突然貌似不经意地说了一句："哎呀，不行，你的头发不合格啊。"他马上就回应了一句："老师我中午就去理发。"下午回来，他的发型就变成了士兵的寸头。

4. 以点带面树形象

通过处理一位同学的怪异发型可以对全班同学进行仪容仪表教育，从而起到以点带面的教育作用。我召开了以"辨美丑 树形象"为主题的班会，在班会课上，展示了适合中学生的十大靓妹帅哥的发型。引导学生形成正确的审美观，为班级创设积极的舆论氛围和正确的导向。同时展示出十种怪异发型的图片，形成对比。让同学们讨论：面对两类仪容仪表，求职面试时企业会做何选择。

【教师点评】

学生仪容仪表的规范是班级日常管理的内容之一。很明显张老师的做法简单粗暴，致使对学生的管理陷入尴尬的境地。任何时候，对学生的尊重都是成功教育的前提。这位班主任很有方法，不仅帮助这位同学规范了发型，而且在班级中树立了正确的审美观。班主任要提前给学生打好预防针，防止学生理成怪异发型，或者与家长做好沟通，有效实现家校共同育人。

模拟情景处置示例17

某职业学校班主任小赵，对上课违纪的学生试用了一种新的惩治办法——用相机将学生的不良表现照下来或录下来，然后在班里公开，希望学生加以改正，并警告学生，如果再不改正，将上传到班级博客中。小赵老师的这一做法，引发了学生极大的反感和抗议，有的学生直接在班级博客中留言："老师偷拍，眼中还有法律吗？还有我们学生的尊严吗？"有的学生竟然在留言中挖苦说："满班尽知'赵'相机。"赵老师原本一番好意，认为是班主任工作中的创新，可学生却毫不领情。

【问题】

1. 你认为赵老师的工作是创新吗？

2. 对赵老师的做法，学生为什么不领情？

3. 针对学生这样的反应，你认为怎么做才有成效？

【参考答案】

这是班级管理中的科学奖惩问题。

赵老师的工作不是创新，尽管其出发点是好的，但其举措一定程度上伤害了学生自尊。

教育不能简单地等同于惩治，成功的教育需要智慧，而智慧往往来自教师对学生的爱和尊重。学生不领情的原因有两点：

第一，在实行之前没有进行充分的思想动员。课堂录像没有违反法律和社会道德。课堂是学生学习的公共场所，本没有什么秘密可言，当然也不存在个人隐私，在这个场所就要接受监督，只不过赵老师使用机器来代替自己的眼睛而已，这没有什么不合适。就像公共交通中的十字路口，也有一双明亮的"眼睛"不分昼夜地值班，监督记录着过往的行人和车辆。教师没有说明录像的动机，让学生产生了逆反心理。

第二，没有考虑到教育的可接受性。都说"良药苦口利于病，忠言逆耳利于行"，但作为一个有智慧的教育者，应该设法让良药不再苦口、忠言不再逆耳。正处于青春期的学生本来就叛逆、自尊心强，自己的"丑事"被曝光，只会激发他们的反感、对抗。

针对学生这样的行为，我认为：

1）反其道而行之，可以拍下遵规守纪表现良好的学生的行为，进行讨论表扬，用榜样的力量对学生施加影响和暗示，让班里充满正能量。

2）多组织班级活动增进师生感情，增强班级凝聚力。

3）抓住教育契机，对于某些不良现象及时进行纠正，防微杜渐，避免像破窗效应一样扩散开来。

4）召开主题班会进行教育，对于任何管理手段都应该事先进行充足的说明和动员，争取和班里同学达成思想上的一致，才能有利于方案的实施，才能保证教育的效果。

【教师点评】

扬善于公堂，规过于私室。每一个成功的班主任都善于保护学生的自尊心，伤害学生自尊心的教育行为，一定是与愿望背道而驰的。我们鼓励教育和管理方法的创新，但一定要合理、合规、合法，在学生接受的尺度之下。

模拟情景处置示例18

清明节前夕，学校组织学生祭扫烈士墓、参观烈士纪念馆。在向死难烈士默哀致敬时，你看到本班的学生东张西望，极不严肃；在参观烈士纪念馆时，你看到本班的同学排着队、吃着零食、喝着饮料、看着史料照片指指点点、谈笑风生。本该一个小时才能参观完的纪念馆，学生20多分钟就参观完毕，然后就坐在纪念馆的门口继续吃着零食、喝着饮料、聊着天，一直到学校宣布活动结束。

【问题】

1. 作为班主任，看到这样的场景你会怎么做？
2. 以后再有类似的活动时，你将如何组织以达成活动的目标？

【参考答案】

这是一个爱国主义教育与文明行为习惯养成教育的问题。

学生之所以表现出如题目中所述的行为，我认为原因主要有：

第一，爱国主义教育缺失。

第二，学校在组织活动之前没有进行充分的准备和动员。

第三，学生缺乏良好的纪律意识和良好的行为习惯。

作为班主任，遇到这种情况我会及时制止学生吃零食、喝饮料的行为，强调事情的严肃性，然后以身作则，引导学生正确对待如此庄严的活动。我还会召集学生讲述有关革命先烈的英雄事迹，做到以情感人、以理服人。

如果是我组织此类活动，我会做到以下几点。

1. 做好事前动员

"凡事预则立，不预则废。"在组织活动前，首先要介绍清明节的由来、习俗和意义，让学生既明白"慎终追远"，又明白"祭之以礼"，从着装、言行等方面明确庄重、肃穆的主基调。同时，以爱国主义与缅怀革命烈士为主题召开班会，让学生懂得我们今天的幸福生活来源于当年革命烈士的浴血奋战，把爱国主义教育与清明节祭奠革命先烈结合起来，激发同学们的爱国热情。

2. 加强事中监督

一是队伍行进中高唱激昂、雄壮的革命歌曲，营造向上的氛围，调动学生的积极性，让学生在进入烈士墓园和烈士纪念馆之前就保持昂扬的士气；二是实行网格化管理，将全班同学划归若干小组，组际之间开展文明祭扫竞赛，由班主任及相关班干部监督、考评；三是让学生带着任务参加祭扫活动，各组搜集整理烈士的事迹及图片。

3. 重视事后总结

利用祭扫后的第一个班会进行活动总结，请同学们谈谈烈士的事迹，展示一下祭扫的图片，聊聊祭扫的体会，评评先进的小组……让祭扫活动形成完整的链条，取得预期的效果。

【教师点评】

这位班主任老师准确抓住了爱国主义教育和文明行为习惯养成教育这一题眼，从事前动员、事中监督、事后总结三个环节展开答辩，层层推进，观点清晰，逻辑严谨，非常到位。

模拟情景处置示例19

学生小磊喜欢上网玩游戏。最初，他是晚上在家玩，爸爸妈妈不催不睡觉，等父母睡着后，又偷偷爬起来继续玩游戏到凌晨。后来，家长发现了他的"把戏"，没收了他的计算机。小磊就死缠烂磨，信誓旦旦地说一定改正；再后来，小磊下午放学后就到网吧玩游戏，经常彻夜不归，往往是家长到网吧把他拉回家。最后，家长去了网吧，也拉不回他，失望至极，干脆就放弃不管了。

【问题】

1. 如果你是小磊的班主任，你将如何帮助、教育小磊，使他早日戒掉网瘾？
2. 你将如何与他的父母沟通，做好孩子的教育工作？

【参考答案】

这是一个关于学生网络成瘾的问题。

根据马斯洛的理论，人们具有生理、安全、交往、自尊、自我实现等方面的需要，绝大多数家长认为，为孩子提供衣、食、住、行就足够了，往往忽视了孩子还有着强烈的社会需要。孩子患上网瘾，通常是因为现实生活中难以满足其社会需要，但他们可以轻而易举地在虚拟世界里得到心理满足。

首先，由于仿真性，虚拟世界可以逼真地模拟现实生活，使孩子们在心理上获得同样的满足感。而且，在匿名的保护下，人们可以畅所欲言，不必承担任何后果，使得孩子可以充分展现自我、实现自我。

其次，由于交互性，一个人可以同时与很多人远隔重洋进行交流。尤其是平时比较内向、缺少关爱的孩子，深感孤独和无聊，在网上却可以交到很多朋友，可以毫无保留地说出自己的烦恼，这些充分满足了孩子的交友需要和自尊需要。如果遇到困难，会有很多人献计献策，使他们感受到现实生活中体会不到的温暖。

最后，由于实时性，人们可以在瞬间满足其社会需要，而在现实世界里，必须经历漫长的过程和耐心的等待。很多孩子因为学习成绩不好，经常遭到家长的斥责、老师的批评和同学的蔑视。上网打游戏，不断"练功升级"，成为他们找回自尊、实现人生价值的唯一途径。

帮助小磊戒掉网瘾，我采取如下方法。

1. 危害认知

尊重孩子，不说教，和小磊像朋友一样协商。首先明确学生的主要任务是好好学习，锻炼身体。然后梳理出网瘾的危害，如荒废学业、损害身心健康、浪费金钱，而钱不够便很可能养成说谎甚至偷窃的习惯，上网占用过多时间会疏远亲情与友谊，不利于身心发展等。

2. 系统脱敏

与孩子协商，制订戒网计划，在两个月内逐步减少上网时间，最终做到偶尔上网或不上网。根据计划完成的情况由家长予以奖惩，完成则给予奖励（用代币制），没有完成则给予惩罚，减少孩子最喜欢的食物、娱乐、看电视或其他活动。这样，两个月内基本上可以戒掉小磊的网瘾。

3. 替代疗法

孩子需要充实的精神生活和娱乐，所以不让其上网则必须找别的爱好来替代。关键是转移他的注意力，不让他觉得孤单无聊。可以选择的替代方法有游泳、打球、登山、旅游、阅读、听音乐、做家务、逛街、找朋友和家人聊天等。

4. 厌恶疗法

让小磊左手腕带上粗橡皮筋，当他有上网念头时立即用右手拉弹橡皮筋，橡皮筋回弹便会产生疼痛感，转移并压制其上网的念头。拉弹的同时，还要提醒自己，网瘾有害。培养小磊的意志力，用意志力压制上网的念头。

与小磊父母沟通方面，我将做如下几点：

第一，尊重孩子，不打骂，不放弃。

第二，多陪伴孩子，帮孩子培养多种兴趣爱好，陪孩子参加各种有益的文体活动。

第三，建议家长与小磊达成协议，监督小磊的网络使用情况。

〖教师点评〗

青少年学生迷恋网络，是家庭、学校、社会要共同面对的难题。这名班主任老师给出了具体有效的解决方案，能帮助部分学生解决沉迷网络的问题。对于有重度网瘾的青少年学生，可以考虑在征得父母或其他监护人同意的情况下，寻求正规的戒除网瘾机构或咨询心理医生。

◆ 模拟情景处置示例20

数控专业的某学生屡屡在文化课上捣乱，心思不在学习上，但专业课堂上的表现还不错，常得到老师表扬。这天，语文课上因其没有完成背诵文言文的作业，该生与老师对峙，导致课都上不下去了。班主任闻讯来到教室处理此事，他还振振有词地说："我是来学专业的，背古文有什么用？"

〖问题〗

作为班主任，你该如何应对？

〖参考答案〗

案例中，该学生的表现是典型的重专业技能、轻文化知识现象。这里涉及班主任工作中帮助学生改变错误观念、重树信心、学好文化课的问题。

我认为学生产生重专业技能轻文化知识的原因，大致有以下几点。

1. 缺乏信心，学习困难

中职生大多是中考成绩不如意或未参加过中考的学生，他们对学好文化课缺乏信心，学起来有困难，这导致部分学生不愿意学文化课。

2. 教材难"咽"，课堂无"味"

在职业教育中文化基础课程的设置被压缩，教材内容单薄脱离实际，授课形式单一，也是造成学生厌学的原因。

3. 社会偏见，殃及学生

社会上一些人片面地认为，来职业学校就是为了学习技术、找份工作。在这种思想影响下，部分中职学校重视技能的培养，忽视学生文化素养的提高，直接导致学生放松甚至放弃了文化课的学习。

应对策略如下：

第一，将这名学生带出课堂进行沟通，避免矛盾的升级。在一个相对轻松的环境中让学生表达他的想法，教师应认真倾听。

第二，引导学生换位思考。让学生尝试体会在当时情形下语文教师以及作为班主任"我"的感受，这样可以让学生感同身受，理解老师的行为，消除敌意。

第三，开展班级活动，认识文化知识的重要性。通过班会、辩论会等形式，辨析文化知识和专业技能有无轻重之分；观看系列纪录片《大国工匠》，体会真正的工匠精神。使学生明白从"中国制造"走向"优质制造""精品制造"需要的是一大批各个方面均衡发展的优秀技术工人。

第四，学习有关政策文件，知晓学习文化课的重要性。国务院印发的《关于加快发展现代化职业教育的决定》明确提出要健全"文化素质+职业技能"的考试招生办法。带领学生学习国家大政方针，使学生懂得增强文化素养是全面实施素质教育的需要，是国家建设的需要。

第五，建议学校创新文化课教学，增加课堂魅力。从中职学生的身心成长特点和思想实际出发，安排设置教育教学活动，作为基础文化课程的老师，应该打破传统课堂，根据专业类型确定授课的形式和内容，从而增加课堂的吸引力。

[教师点评]

强调素质教育的今天，人文教育的任务重而又重，案例中的学生很明显有重技能轻文化的表现。以上论述分析原因准确、具体全面，内容翔实。在应对措施中，能够首先想到把学生带离课堂，给自己的教育留了余地，并且在开展班级活动时选择的《大国工匠》，是一项非常适合中职生的教育资源，用在这里恰到好处。

模拟情景处置示例21

某学生在初中时懒散惯了，但凡有一点儿小事就请假不来，同学们也反映他经常自吹休息期间如何在外逍遥，更气人的是家长还帮忙撒谎请假。今天早晨，该生的母亲又发短信说孩子拉肚子不能上学，请假休息一天。

【问题】

作为班主任，你会如何应对这种情况？

【参考答案】

我认为这是一个有关学生不良行为教育和家校沟通的问题。

上述问题的出现可能有以下几个方面的原因：第一，班级请假制度不完善，导致总有空子可钻；第二，该生不能正确认识，严格的考勤制度是学生接受正常学校教育的必要条件；第三，该生对班集体缺乏认同，找不到自己的位置，没有归属感；第四，班主任与家长缺乏正确及时的沟通。

针对以上原因，我提出以下四点措施。

1. 核实短信真假，完善请假制度

如果我是这个学生的班主任，首先我会打电话过去，核实请假短信的真假。如果真的是家长请假，确认情况属实后可以准假，否则就立即请家长带着该生来校说明情况。但无论这次事件是真是假，我在班里都要重申并完善请假制度。在保证家长通信方式正确无误的前提下，规定学生请假必须由家长亲自给我打电话。请假次数每周超过两天或每月超过两次的，请家长出具县级以上医院的诊断证明；如果没有县级以上医院诊断证明的，学生需要在请假后写一篇2000字以上的休假报告，描述自己在休假期间的所作所为、所思所想，同时配以照片视频，在家制作PPT，开学后给大家讲解休假情况。用这样的方式，逐步抬高请假的门槛，让这些随便请假的现象逐步减少。

2. 端正学生认识，正确归因突破

全面了解学生，找到他爱请假的根源。首先看该生是否存在认知偏差，例如以请假在外逍遥为荣，这就需要对其进行思想教育，端正认识。如果思想认识端正，就需要帮助其找到请假的真正原因，根据症结所在，帮助其克服和改正错误。例如，有的学生请假表面看很逍遥，内心其实很痛苦，特殊的心理阴影有时会导致他们做出不正确的举动。

3. 赋予神圣职责，提升班级归属

通过充分地了解该生的情况，我会在班级中为他找到相应的职位。根据加德纳多元智能理论，每一个人都有自己的优势智能。我们可以根据他的优点，为他找到适合的班级任务，并赋予这个任务重大的意义。如果他善于歌唱，我们可以把领唱班歌的神圣职责交给他。如果他善于绘画，就让他参与班级布置和教室文化建设，逐步提升他在班集体中的归属感。

另外，根据马卡连柯的平行教育理论，全部的教育过程都应该是在"通过集体""在集体中"和"为了集体"的原则下进行的。所以在教育学生个人的同时，要通过集体帮扶，把学生编成小组，以组为单位考评，把考勤作为很重要的一部分考评内容。由于中学生很注重朋友对自己的评价，好面子，讲义气，受同伴教育影响大，他如果随意请假就会拖全组的后腿，这样可以让他不好意思无故请假。

4. 家校共同合作，助力该生成长

针对请假问题，我们班主任可以从安全角度出发，征得家长的理解和支持，三方签订安全责任书。向家长说明，孩子在学校的安全班主任会及时通报。同时，孩子请假后的安全由家长负责，家长要及时以短信、微信等方式向班主任汇报孩子在家的表现，让家长不能随意给孩子请假。在解决请假问题的同时，我们要通过家长委员会、家长学校、家长接待日、家访等，与家长密切联系，指导和改进家庭教育，促使家长协助配合学校开展德育工作，共同助力学生成长。

【教师点评】

这位班主任的答辩思路清晰，分析到位，措施有针对性。整个答辩紧紧围绕班主任工作中两个主要的问题：问题学生教育和家校沟通协调。每条对策提纲挈领，并能够准确运用教学理论解决材料中的实际问题，充分地体现了这位班主任的专业素质。

模拟情景处置示例22

学生小明在企业学习实践过程中，因为工作疏忽而遭到顾客的投诉，企业领导得知此事，以未能按照企业要求完成工作为由，扣除其当月部分奖金。小明认为自己受到了不公平待遇，回到学校找班主任申诉。

【问题】

如果您是班主任，该如何处理小明的申诉？

【参考答案】

我认为这是一个有关实习学生职业操守教育和实习后心理疏导的问题。

小明实习之前的岗前培训不过关，自身耐挫折能力差，班主任对学生实习之前的预防教育不到位。

小明在遇到问题后，没有和企业领导发生冲突，而是选择回来找我这个班主任，我首先会感谢他对我的信任，同时表扬他没有造成严重后果，在他的情绪得到初步缓解后进入以下三个环节。

1. 亡羊补牢，为时未晚

补习岗前培训这一课，到了企业必须按企业的要求做，这是基本的职业操守。告诉小明，他由于工作疏忽被客户投诉，企业领导扣发其部分奖金，是合理合规的。帮助他接受这个现实，进行必要的心理疏导。

2. 查找原因，知耻后勇

小明被扣奖金的原因是工作疏忽，需要在职业技能及职业操守方面加强学习和练习，只有知道自身存在的问题，正视存在的问题，才能开启解决问题的大门。我会让小明认真反思工作中出现的问题，如果是专业方面的问题，我会帮他找相关专业课老师辅导，使他尽快达到企业要求；如果是工作态度方面的问题，我会跟他探讨解决的方法，激发小明的

工作热情，端正其工作态度。认识问题之后，要帮助小明，甚至是带着他回到企业，向企业领导表达自己知耻后勇的决心。

3. 校企合作，互利共赢

当小明回到企业后，我会与企业领导沟通，征得企业对小明的谅解，希望领导对事不对人，加强对小明工作的指导，同时将小明及其他实习生的案例总结交给我，在今后的实习岗前培训中更有针对性地加强教育，让学校的实习培训效果更好。同时通过输送更好的实习生让企业得到回报，达到互利共赢的目的。

实习生在实习期间仍是我们的学生，我们需要及时关注他们的实习动态，经常与他们沟通，发现问题及时协助解决。

〔教师点评〕

实习生的管理往往被班主任忽视，以为学生去了实习单位就归学校实习处管理了，实则不然。就像材料中的小明，在实习单位遇到问题还是属于班主任的工作范畴。这就要求班主任平时积极沟通，及时联系在外实习的学生。上述答辩全面分析了出现问题的原因，从学生教育到与企业沟通，再到事件本身，对今后班主任工作有一定的指导作用，而且对上述原因都做了详尽的阐述，值得大家学习。

模拟情景处置示例23

小涛家庭贫困，根据国家中职学生资助政策规定，只要提供低保证明，他就可以享受免学费政策，然而他却迟迟不向班级上交相关证明。班主任杨老师催了几遍，小涛都只是点头答应却不见行动。后来学生科老师告知杨老师，因为怕班里同学知道此事会嘲笑他，小涛把证明直接交到了学生科老师手里。

〔问题〕

1. 简要分析小涛此举反映的问题。
2. 如果你是杨老师，你如何处理此事？
3. 结合你的工作经历，谈谈如何让学生正确认识国家资助政策。

〔参考答案〕

我认为这是一个有关学生自卑心理疏导问题和贯彻国家资助政策的问题。

小涛的做法反映的心理状况：一是自卑；二是不信任同学和班主任，害怕受到歧视；三是不能正确认识自身的处境，同时不了解国家资助政策。

如果我是杨老师，我会采取以下做法。

1. 共情接纳，建立信任

首先，找到小涛，向他说明我已经知道他的所作所为，但是我对此表示理解。因为我以前也经历过类似的事情，我不希望别人看不起自己，我曾经也像小涛这样，采用逃避的方式保护自己脆弱的自尊，赢得那卑微的虚荣。这里运用了心理学中的"自己人效应"。

其次，我会让小涛放下心灵防备，与之建立进一步的信任关系。在互动交流中，我会将自己的求学经历和盘托出，告诉小涛，逃避不会带来尊重，自卑不会带来自信。

2. 接受现状，开启力量

从陶行知"滴自己的汗，吃自己的饭，自己的事自己干，靠人，靠天，靠祖上，不算是英雄好汉"这句话切入，引导小涛正确看待家庭贫困的现实，激励他不比出身比努力，用人品、用成绩、用成长来赢得尊重，同时帮助小涛规划自己的职业生涯，树立目标，将现在的苦难变成未来成功的基石。

3. 感恩国家，回报社会

我会帮助小涛完成免学费手续，让小涛顺利接受国家的资助，减轻家里的经济负担，让他明白：现在是国家在帮助他，等他将来成才还要回报国家。在班级里面我也会根据小涛的特长，多给他一些帮助他人的机会，让他感受帮助别人的快乐，拓宽他的心理成长之路。

在我的工作经历中，学生对国家资助政策更多的理解是免费上学，在认同的基础上，我会引导学生思考为什么国家会出台资助政策，答案是国家心里有百姓，扶危济困，希望每个人都有机会成就自己的精彩人生。政策的出台也得益于综合国力的极大增强，而国力的增强离不开你的父辈、祖辈的努力。激励学生努力学习，练好技能，心怀感恩，把自己的学识、汗水变成国家崛起的力量，毕业后接过父辈的接力棒，为实现中华民族伟大复兴的中国梦而奋斗！

〔教师点评〕

针对答辩题目中给出的三个问题，这位班主任的作答扣题到位，没有遗漏。在此基础上，定性、析因、谈措施也一项不落。定性准确，抓住了小涛的自卑心理这个主要矛盾。分析原因时结合了第二个问题，为小涛的行为找到了背后存在的心理问题。接下来的对策针对性强，有理论依据，方法适当。最后结合自己的工作经历，谈如何帮助学生认识国家资助政策。引导过程符合学生实际，表述准确，能够体现该班主任扎实的基本功。

模拟情景处置示例24

课间学生打赌，看谁敢从楼上跳下，某生第一个从一楼半处跳下，结果右脚踝骨裂。保险公司前来取证，如实反映则不在意外伤害赔偿范围内，但该生家境比较贫困，承担治疗费用实在困难。

〔问题〕

作为班主任，你怎么处理此事？

〔参考答案〕

这个问题涉及诚信教育和安全教育的问题。班主任陷入两难的境地，一方面是教学生诚信做人，另一方面是说一句假话就可以帮助家境贫困的学生解决燃眉之急，班主任将做出怎样的选择，同学们拭目以待。

作为班主任，我会选择诚信，绝不能为了解决医药费就放弃诚实守信的做人基石。为人师者，如果为了利益可以放弃诚信的原则，那么我们又将如何教育学生？医药费可以有多种解决方法，但是诚信的镜子一旦打破就难以复原了。我要把这次事件当成教育契机，采取以下做法。

1. 开展诚信教育，树立诚信观念

以各种形式对学生开展诚信教育，使学生树立诚信为立身之本的观念，体会诚信在个人成长中的重要意义。具体方式有看电影、讲故事、读文章、朗诵诗、演情景剧、开辩论会、做游戏等。让学生了解我们国家征信体系建设日臻完善，信用良好的人在生活中尽享便利，而失信的人将寸步难行。

2. 促进同学情深，开展爱心扶助

在教育的基础上，我们还是要帮助受伤的同学解决实际问题的。我的做法是：第一，组织全班同学参与义卖活动，将得来的钱捐给受伤的同学；第二，在不影响正常教学的情况下，组织全班同学参加勤工俭学活动，用取得的一部分收入帮助受伤同学；第三，我会帮助受伤学生申请国家政策允许的补助。

3. 树立安全意识，杜绝危险游戏

出现案例中的事故，说明学生的安全意识较差。我会为学生讲解日常生活中存在的安全隐患，请大家足够重视。剖析同学们日常的游戏，找出其中哪些是安全的，哪些有潜在的威胁。强化同学们的安全防范意识和自我保护意识。倡导在课下参与安全、有益健康的游戏活动，拒绝逞强好胜的危险行为。

【教师点评】

情景答辩考查的是班主任应对教育危机的能力，能够体现教育智慧。卢梭告诉我们：宣扬诚信不必用你的言语，要用你的本来面目。在面对做人的原则和实际利益的冲突上，班主任通过自己的选择给学生们上了一堂生动的诚信课，同时引导学生关爱同学，增强班级凝聚力，提高同学们的安全防范意识。主题思路很清晰，不足之处是措施不够具体，可行性不强。

🔹 模拟情景处置示例25

一年级新生小林是一名来自偏远山区的农村男孩。他平时沉默寡言、性格怪异、脾气暴躁，在班上是那种很不合群的学生，几乎没有同学愿意与他交往。他对其他人和外界的事物漠不关心，对老师和同学的主动关心也反应冷漠。近来他与宿舍的其他同学关系紧张，引发同学的投诉，宿舍同学都要求将他调离宿舍。

【问题】

如果你是班主任，你会怎么处理？

【参考答案】

这是一个学生个性心理引发人际交往障碍的问题。小林性格有一点儿孤僻，人际交往能力有待提升，学生之间也缺乏互帮互助的精神。作为班主任我会和我们全班一起来帮助他更好地融入这个温暖的大集体。

我会采取"多方合力，逐步引导"的策略处理这个问题。

第一，我会多方搜集信息。首先通过电话或家访的方式，了解他在家里以及过去在学校的表现，听取他父母对他性格脾气的看法，从他的表现来看他还是比较自卑的；其次，从小林的同桌、舍友处，多方了解他在上课、在宿舍的表现。因为来自农村，他可能会感觉到和城市孩子的差距，不知道怎么与身边的同学相处。我会鼓励同学们帮助他了解城市，了解学校，主动和小林交往。

第二，以亦师亦友的身份接近小林。老师、同学之前对他的关心，都被他挡在了自己构筑的心理堡垒之外，越是这样越不能用高高在上的态度去教育他，而是应该以朋友的身份和他谈心，慢慢打开他的心扉。我会约小林在课余时间一起到学校操场走一走、聊一聊，而不会把他请到我的办公室，我会耐心地化解他心中的坚冰。

第三，引导他身边的学生对小林多一些宽容和理解。我会有针对性地组织一些团体游戏，例如"十人九足""心心相印"等，强调亲如一家、互相包容的理念，让班级同学们都结对子，让积极阳光、充满爱心的同学来帮助他，以便小林融入集体中来。

第四，召开"相信我能行""团结就是力量"的主题班会，在鼓励同学们树立自信的基础上提升集体凝聚力。让小林在这些班会活动中承担角色，从小任务做起，一点点克服心中的自卑，鼓励他昂起头积极参加各项活动。和同学们交流多了，人也就变得开朗了，摩擦和矛盾也就少了。与此同时，我会经常和小林的家长联系，请家长积极配合，形成家校合力。

冰心先生说过："世界上没有一朵鲜花不美丽，也没有一个学生不可爱。"时光不语，静待花开，小林也是一个可爱的孩子，他只是一朵绽放得比别人晚一些的花朵而已，相信在我们所有人的努力下，小林最终会融入我们班级中，绽放他的美丽。

【教师点评】

学会交往，营造和谐的人际关系是每位中职生都必须学会的技能。作为老师引导学生形成良好的人际交往能力尤其重要。这位班主任通过细致观察、逐步了解，辅以个人引导和团队建设，多方面、多角度地解决问题，而且走进学生心里，体现了教师的"师爱"。如果时间允许，建议加入教育反思。

模拟情景处置示例26

在合唱比赛的舞台上，几乎所有同学都全神贯注，投入地演唱，但是站在中间位置的学生甲和乙却始终低头窃窃私语，甲还偷笑起来，引起台下观众哗然。

【问题】

作为班主任，演出结束后，你会如何处理此事？

【参考答案】

我认为材料里涉及班主任工作中问题学生的思想教育工作,以及如何增强班级凝聚力的问题。

出现以上现象,我分析有两方面的原因。从学生角度来看,在重要场合集体荣誉感不强,不顾他人感受,肆意妄为。从班级活动组织的角度看,这次合唱比赛的组织不到位,准备不充分,训练不合格。

针对以上原因,我的对策如下。

1. 场景再现,自我反思

合唱比赛结束后,如果有录像,我会让甲、乙两位同学回看录像。以第三者的身份来看刚刚发生的事故,描述不良举动对整个集体的演出造成了什么影响,对台下的观众造成了什么影响。从而促进他们两个对自己行为的反思。如果没有录像,我会让甲和乙回忆当时的场景,把事情的经过写下来。通过转换视角,让甲、乙两位同学自我反思。在形成反思的基础上,给这两位同学讲几位表演艺术家尊重舞台的故事,如赵丽蓉忍着膝盖的疼痛上春晚。学校里的合唱比赛是展现班集体风采的舞台,全班上下一心,经历了无数次辛苦的排练,就为了能在最后比赛的时候给台下的观众带来精彩的表演。道理讲清楚后,要给这两位同学改正或补偿集体的机会。例如让他们两个人负责一周的班级义务值日等,并鼓励他们在今后的集体活动中认真表现。

2. 集体讨论,形成共识

召集班委及合唱比赛活动组织的负责人,针对此次事件对班级的不良影响,反思整个活动组织情况和准备情况。两位集体荣誉感缺失的同学竟然被安排在合唱队伍的正中间,是活动组织者的失察。之后在全班进行大讨论,让每个人都从集体的角度反思自己的表现。最后形成今后如何对待集体活动的共识。

3. 对症下药,有的放矢

处理完这件事之后,我会把工作重心放到班级文化建设上,进一步增强班级凝聚力和同学们的集体荣誉感。首先,从征集班名、设计班徽、练习班歌开始,调动全班同学参与班集体文化建设的积极性。其次,通过召开以团结为主题的班会,让同学们认识到一滴水只有融入大海才会永不干涸。再次,利用一些团体的拓展游戏,让同学们自己体验,逐步培养他们对班级的热爱,例如人椅游戏、齐眉棍、五人木拖鞋等。同时,多开展与其他班级的竞赛,相互挑战,在一次次竞赛中,增强同学们的集体荣誉感。在这个过程中,重点关注甲、乙两人,根据他们的特点安排有针对性的体验,帮助二人更好地融入班集体。

在班主任工作中,我们会遇到很多这样那样的事故,但是只要我们不放弃任何一个学生,回报我们的将是动人而精彩的故事。

【教师点评】

这位班主任的答辩切中要害,抓住了问题的关键。从学生在舞台上的不良举动,看到了班集体缺乏凝聚力的现状。一方面对问题学生进行思想教育,另一方面在集体建设上下功夫，提供的措施有效可行，针对性强。最后发表了自己的教育观，提升了整个答辩的高度。

模拟情景处置示例27

学校将举行幼儿园环境创设及主题墙饰设计与制作大赛。学前教育二班的同学们兴致很高，可是临近比赛的前两天同学们发现他们的设计草图和制作的作品不见了，这可是同学们用好几天的时间在A4纸上用简笔画方式精心完成的啊。后来同学们得知是某班学生拿走了他们的图纸和作品。学生情绪异常激动，有提出放弃比赛的，有想重新设计制作的，有想找某班讨说法的，甚至有的同学提出要报复一下。

【问题】

1. 这是班级管理中的什么问题？
2. 如果你是该班的班主任，你会如何处理此问题？
3. 你这样处理问题的依据有哪些？

【参考答案】

首先这是一个班级管理中的突发事件。

如果我是班主任的话我会这样做。

1. 安抚情绪，稳定局面

大家的情绪都很激动，首先要做的就是安抚学生的情绪："大家这些天的努力以及此刻的激动心情，说明大家对比赛的重视，说明同学们有很强的集体荣誉感，老师感到很欣慰。我会协同学校和相关的班主任老师调查处理此事，在未调查清楚之前，请大家不要相信小道消息。如果真的是其他班级偷窃了我们的作品，在不能达成和解的情况下，我们要搜集证据，向学校竞赛组委会举报，偷窃者会得到应有的制裁。"

2. 分析原因，寻找过失

引导大家思考为什么会出现这种情况。我们的参赛作品，属于我们班的核心机密，怎么会被外人知晓？是不是因为有人出去炫耀而泄密？是不是保管人过于大意，疏于防范？如果我们保守秘密，保管好参赛作品，怎么会出现这种事情？借此机会教育学生检讨自己的言行，增强安全防范意识。

3. 团结一致，继续比赛

教育契机无处不在，正好可以借此机会增加班级凝聚力，首先认可学生之前的作品，告知学生有了之前的设计思路，我们再重新做一份也相对简单。但强调时间紧任务重，考验我们班级凝聚力和战斗力的时候到了，在进行人员分工时，班主任也要全程参与其中，总之调动大家的积极性，变事故为教育契机。

4. 后期跟进，消除隐患

情境中提到有人还想着要报复，所以我首先会找班级里有报复心态的学生聊天，及时进行心理疏导。同时务必协同学校及相关班主任，了解情况，共同调查，做好学生的教育工作，消除隐患。

我制订上述应对策略的依据是《中等职业学校德育大纲》中解决思想问题与解决实际问题相结合的德育原则。

〔教师点评〕

群体性突发事件，最能考验班主任的教育智慧。外班同学剽窃参赛作品，导致学生群情激愤，班主任如果稍不冷静，就可能造成班际冲突；班主任如果一味地压制，又可能极大地挫伤学生的积极性，对今后的班级建设极为不利。这位班主任老师沉着冷静、思维缜密、应对得当，有理有据地将一场危机转化为教育契机。

模拟情景处置示例28

王某在初中时受到高年级同学的欺负，进入中职学校后，担心还会被高年级同学欺负，于是联合几个同学成立了"夜狼会"，并强迫别的同学交"保护费"，承诺交了"保护费"可以保证不被他人欺负，有的同学敢怒不敢言，被迫交钱，有的同学甚至申请加入这个非法小团体。

〔问题〕

1. 上述情景反映出需要对学生加强哪个方面的教育？
2. 简要分析王某的言行及其反映的心理。
3. 结合你的工作经历，谈谈班主任如何更好地进行这方面的教育？

〔参考答案〕

案例当中反映了校园欺凌问题，需要加强学生的法制教育。

王某的言行严重违反了《中小学生日常行为规范》和《中华人民共和国未成年人保护法》等法规，如果收受的"保护费"数额巨大，情节严重，还有可能触犯刑法，构成犯罪。

中职生王某因有过被人欺负的经历，所以联合其他同学成立了"夜狼会"。王某的本意可能是保证自己和组织中的其他成员不受别人欺负，在实现了不被欺负的目的后，王某等人转而去欺负别人，强迫同学交"保护费"，其身份由曾经的被欺负者转变为欺负同学的人。这反映出王某等同学崇尚暴力，法制观念淡泊，不知道此种行为有可能构成敲诈勒索罪。"夜狼会"的成员真可谓是"夜郎自大"，无法无天。

应对策略：

1. 教育本人

对王某及"夜狼会"其他成员进行严肃的教育，指出其行为不仅违反了校规校纪，而且违反了国家法律，有可能构成犯罪，必须立即停止这些行为；学校依情节轻重对"夜狼会"成员给予处分，并要求其退还所收"保护费"。

2. 家校沟通

从孩子的行为对他人造成的影响以及对自身成长的影响，从道德和法律两个方面强调孩子言行所导致的严重后果，引起家长的重视。引导家长给予有效的家庭教育，承担作为孩子监护人所应承担的责任。

3. 法制教育

聘请专业的法制工作者入校开展法律知识普及工作，解答学生在法律方面的困惑，厘清法律盲区，明确法律责任，增强学生的法律意识。

4. 心理干预

请心理指导教师对王某等人进行心理指导，帮助其合理规划自身成长，促进其心理健康和意识的自我完善，帮助其塑造健全人格。

5. 诉诸法律

本着教育为主的原则引导学生成长，如果教育失败，为了保护其他学生的权益，必要时可以运用法律武器，可以申请公安、司法部门的介入。

6. 欺凌救助

在校园内加强纪律管理，塑造安全环境，设立欺凌热线，成立反欺凌工作领导小组。教育学生树立正确的是非观，勇于向欺凌说不，遇到校园欺凌时要及时向同学、老师、父母和公安机关求助。

【教师点评】

此案例答辩中，强调了法律的作用，学生的行为触犯法律红线时，学校教育就不再是万能的了。从学校、家庭和法律3个方面入手给出了较为明确而具体的解决策略，值得借鉴。

模拟情景处置示例29

班主任王老师从有经验的班主任那里学习了品行量化考核的办法，想利用好这个手段。开学初，他组织大家讨论，并完成了一份详细的"班级公约"，许多行为和表现被量化为明确具体的加分和减分分值，例如迟到一次扣3分，帮助老师做事加1分等。实行了一段时间之后，确实在一定程度上起到了作用，但随之而来的问题也很多，渐渐有了唯分是从的味道，王老师开始困惑。

【问题】

1. 上述情景涉及班级工作中哪些方面的问题？
2. 运用有关教育理论，谈谈你对品行量化考核的看法。
3. 结合你的工作经历，帮王老师找到解决"困惑"的办法。

【参考答案】

这是一个班级管理制度是否科学合理的问题。一个科学合理的班级管理制度，能最大限度地促进班集体建设，保障每个成员的健康成长。

依据青少年品德形成与发展规律、心理形成与发展规律以及教育实践可知，这个年龄段的学生，对自身所需素质认识不足，对自身行为需要达到的规范不甚明确，对自我的约束能力有待提高。品行量化考核制度比较全面地对学生在德、智、体、美、劳等方面做出了规范性的要求，对学生的言行举止给予了具体的指导。因此，学生品行量化考核制度在班级管理中起到了积极的作用，在许多学校和班级得到广泛的应用。但事物往往存在两面性，并不能十全十美。品行量化考核制度在促进学生良好思想品德和行为习惯形成的同时，也不可避免地会产生一些消极的后果。首先，长期使用品行量化考核也会违背知行统一的德育原则。有的学生虽然会按照量化方案规范自己的行为，但内心并不认同，因此容易出现两面派的现象：老师在与不在两个样，在学校与在家两个样等。其次，在考核规则冰冷的面孔下，学生很难感受到学校、班级以及老师带给他的温暖，容易逐步催生逆反和钻营的现象。

结合我的工作经历，我想说，"依法治班"，全班讨论制订班级公约确实是建班初期的必要举措。但执行一段时间后，应该适当变化形式，让同学们对班级管理始终保持新鲜感，这样更有利于学生的参与认同。例如，把量化的分数变成张贴光荣榜、加盖荣誉勋章等。另外，在执行班级品行量化考核的时候，班主任应该多一点儿宽容，积极发现学生错误言行背后的原因，进而有针对性地进行疏导教育，并在惩罚措施中增加梯度，使这一纸公约更加人性化。在此基础上，需要及时将制度上升到文化层面，否则制度将会僵化甚至腐化。制度的核心是理念，单纯学习品行量化考核这个术，容易迷失"人人皆可成才，人人尽展其才"的这个道理，只有用班级文化建设引领班级管理，才能让师生共同成长。

【教师点评】

品行量化考核制度在班级管理中被广泛应用，说明它对班级管理的作用是显著的。正如没有完美的人一样，也不会有完美的制度。关键在于发现制度的不足，进而改进或弥补它，我们鼓励在班级管理制度上的创新。其实，品行量化考核制度就是我们班级的"法"，我们在"依法治班"的同时，还要"以德治班"，加强学生的品德修养，从制度约束学生不得不做好，转变为自己主观上要去做好。

模拟情景处置示例30

下面是几位中职班主任在学期结束时，给学生写评语的方式。张老师：直截了当地写学生在学校的表现，包括"优点+不足+希望"；李老师：用第二人称的口吻"你"，以散文的语句开头；王老师：用"文字+照片+视频"的形式，展示学生在学校的综合素质；宋老师：给每一位学生手写一封充满温情的信，如开头写道："写下你的名字，顿觉轻松，看见你的笑容，便满心欢喜！"结尾写道："新的一年，愿你更帅！"

【问题】

1. 上述情景反映了班主任工作中的什么内容?
2. 请用有关理论对几位班主任的做法进行评价。
3. 结合你的工作经历，介绍你在这个问题上的成功做法。

【参考答案】

上述情景反映了班主任工作中对学生品行评定的内容。

张老师的做法是我们传统的评语写法，采用了"三明治式"方法，简洁明了，适合标准的班主任工作流程方法。先肯定学生的优点，以优点陈述为主，巧妙运用罗森塔尔效应或者暗示效应；接着指出不足，因有前面优点的铺陈，学生很容易接受老师指出的缺点；最后提出希望，鼓舞学生奋力前行！这种写法的缺点是太过传统，易让学生产生审美疲劳。

李老师与宋老师的写法大体为一类，打破常规，变第三人称为第二人称，仿佛和学生坐下来谈心，优美的字句之间渗透着对学生由衷的喜爱。这温情脉脉的评语，犹如爱的信鸽，飞到学生的心田。心理学上有投桃报李效应，所以学生回报这两位老师的必然是爱。这种写法的缺点是字数较多，不够简练。

王老师的做法最具创新性，将评语立体化，多方面展示学生在校综合素质，充满现代感，这种新式评语最容易赢得学生和家长的认可。首先，它不是干巴巴的评语，有图片，有视频，可以让学生和家长亲眼看到学生的表现，有很强的说服力；其次，形式生动活泼，吸引人。根据心理学规律，有色彩的图片一定比文字更容易吸引注意，而动态的视频一定比图片更容易吸引注意。王老师是一位有想法的老师，他的做法值得推广和借鉴。缺点是不适合纸质媒介。

结合我的工作经历，我谈一下在期末给学生写评语时，在不同的班级阶段采取的不同做法。

一年级，我会采取张老师的做法，简单直接，因为此时学生还不是很适应高中生活，更需要明确的指令，"优点+不足+希望"这种模式有利于学生迅速找到自己的定位，有利于学生更快更好地成长。

二年级，我的学生已经开始尝试自我管理，此时我会采取王老师的做法，平时用相机、摄像机记录学生的点点滴滴，期末做成学生的成长档案，让学生自己评价，促进学生的自我成长。

三年级，我的学生已经走上了自我管理的道路，此时我会采取李老师和宋老师的做法，日常管理由学生负责，作为班主任的我主要观察学生的思想情感变化，从情感入手做学生的思想工作。

【教师点评】

班主任工作方法千千万，要在合适的时机，用上合适的方法，关键在于我们对学生的了解。而对学生的了解，根源在于我们用心爱我们的学生。

第七章

班级活动策划

第一节 班级活动策划应对策略

班级活动是为了实现特定教育目标，在班主任引导下，由全班同学参与，在学科教学以外的时间组织开展的教育活动。丰富多彩、生动活泼、富有情趣、别具特色的班级活动，能够有效培养正确的价值观，提高学生的"做事"能力，学习"做人"之道，促进良好个性和班风的形成。特别需要注意的是，班级活动的深度和广度都远超主题班会，班级活动可以包括主题班会环节，但主题班会不能等同于班级活动。

一、班级活动策划总方针

1. 学生的主体性

首先，班级活动是以学生为主体开展的活动，要聚焦学生和学生的成长，关注学生的心理需要、存在问题和主要困惑。

其次，从活动主题的确定、活动内容的选定和组织到活动的实施和评价，都要注重引导学生的参与，让学生集活动制片人、编剧、导演、主演等角色于一身，让学生在亲身实践与感悟中进行积极的自我建构，实现由外及内的转化。

2. 素材的生活性

"生活即教育，教育即生活"，班级活动要把教育活动和学生生活有机结合起来，选择贴近学生生活的素材，包括时代生活、社区生活、校园生活、内心世界等，因时制宜，因地制宜，激发学生的兴趣，增强活动的吸引力。

3. 活动的系统性

一个班级活动，可能在一个主题之下设多个子活动，这就需要注意系统性的问题，子活动之间不能各自为战，应该彼此关联，但又各具重点，前后相继，层层推进，使学生得到深刻的教育。

4. 时间与空间的开放性

主题班会往往受时间（45min）和空间（教室）的限制，班级活动则不同，更具开放性。从时间上看，班级活动的时长可以是一节课、一星期、一个月、一学期甚至是更长的时段；从空间上看，班级活动的开展既可以在课堂之上，又可以在课堂之下；既可以在室内，又可以在室外；既可以在校内，又可以在校外。班级活动还可以整合家长、教师及社会等多方面的资源，发掘新颖、多样的教育形式与教育情境。

二、班级活动的类型和形式

班级活动从功能上可以分为德育性活动、知识性活动、娱乐性活动和实践性活动，具体形式包括但不限于：班会、讲座（可设立学生、家长、优秀学长、专家学者、大国工匠、英雄模范等各类讲坛）、仪式、庆典、竞赛（如知识、征文、辩论、演讲比赛及其他夺标活动）、劳动、郊游、采风、读书活动、文娱活动、体育活动、拓展活动、调查研究、社会实践（如体验、创业、公益等活动）、艺术欣赏（如影视、音乐欣赏等）、宣传展览（如班报、墙报、板报、手抄报、新媒体发布及书画、手工、摄影、技能等各类展览）、模拟法庭和家校联系等。

三、班级活动方案的主要内容

班级活动方案的主要内容可以包括活动题目、活动背景、活动目标、活动形式、指导思想、活动思路、活动对象、活动时间、活动地点、活动准备、活动过程、活动总结/拓展、注意事项、应急预案等环节，和主题班会方案的主要内容具有相似性，具体可以参看本书第三章"主题班会方案"。

"活动有法，但无定法"，只要班级活动以生为本，有针对性、可操作性和实效性，就是好的班级活动策划。

第二节　班级活动策划方案示例

◆ 班级活动案例1　疫情当前，奋斗为先，同心抗疫，责任在肩——奋斗精神、责任担当意识培养、抗疫精神教育

张家口职教中心　刘蕾　2020年全国中等职业学校班主任能力比赛二等奖

【指导思想】

为贯彻习近平总书记在纪念五四运动一百周年大会上的重要讲话精神——让奋斗成为青春最亮丽的底色，班主任设计组织一系列活动，激发学生发扬自强不息、发奋图强的奋斗精神，增强一力担当、敢作敢当的责任意识，学习砥砺奋斗、勇挑重担的抗疫精神。

【班情分析】

本班学生是2019级3+4建筑工程施工贯通培养班的学生，其专业特点主要体现在极高的综合性、社会性和实践性，门类众多、结构复杂、内涵广泛。在深造专业技能时，容易出现"蘑菇效应"，尤其在经历疫情停课"超长假期"之后，学生普遍自律性下降，出现了"想奋斗，无方向""想担当，无动力"的不良"后疫情"反应。

【活动目标】

认知目标	指导学生理性认识疫情对学生个人生活的影响，理解奋斗精神和责任担当意识对个人、民族与国家的重要意义。
情感态度价值观目标	指导学生将抗疫精神中"自强不息、发奋图强"的奋斗精神，"一力担当、敢作敢当"的责任意识根植到自己的人生观和价值观中，形成学习强国、技能强国的理想信念。
运用目标	指导学生在今后的学习生活中逐步形成自觉践行奋斗精神、增强责任意识，时刻践行抗疫精神中所体现的奋斗精神与责任担当精神。

【活动流程】

【活动准备】

（1）将学生合理分组，共同研读微班会新闻材料。

（2）邀请学校思政课教师讲授关于时代背景下青年人培养奋斗精神与责任担当意识的重要性。

（3）提前查找有关在抗击疫情中艰苦奋斗、勇于担当的时代楷模的相关视频文献资料。

（4）联系当地敬老院，制订"匠心志愿者"活动方案及行程预案。

制订深入工地社会实践的活动计划，联系好交通工具，制订好行程预案。

【活动时间】

九月上旬至十一月上旬。

【活动地点】

学校礼堂、当地敬老院、当地建筑工程项目施工现场。

【实施过程】

第一部分：提出问题，初步认知——问题导向

（1）调查明问题：利用"问卷星"调查学生"疫情后时代"存在学习懈怠、动力不足的问题，切实了解学生情况。

（2）讨论追溯源：学生分组讨论生活和学习中因缺乏奋斗精神与责任意识产生的问题，九月上旬新学期初分享自己疫情期间的生活作息表，客观认识疫情对个人生活的影响。

第二部分：交流理解，树立信念——研学感知

（1）收看抗疫纪录片《在一起》并改编为情景小品的形式，于九月中旬举办"疫情当前，青春奋斗——致敬抗疫工作者"汇报表演，以表演的形式深入理解抗疫精神中奋斗为先、责任在肩的概念。

（2）请学校思政课老师于十月上旬做有关新时代背景下青年人培养奋斗精神与责任担当意识的 "德育大讲堂"，引导学生认识疫情当前，正是"逆行者"的担当和奋斗精神，和亿万人民"居家隔离"的责任担当，才让中国取得抗疫的阶段性胜利，从而认识到奋斗精神和责任担当意识对个人、民族、国家的重要意义。

第三部分：激发动力，楷模促进——榜样引领

（1）观看有关疫情防控阻击战中艰苦奋斗、勇于担当的时代楷模相关视频文献资料，增强情感认知，建立"奋斗便签"，学生将奋斗目标写在便笺纸上，于班级廊道文化中展示，将奋斗精神融入学习生活中。

（2）十月中旬举办有关疫情中体现奋斗精神与责任意识的主题微班会，理论知识与思想认同相结合，师生共读习近平总书记给北大援鄂医疗队全体"90后"党员的回信，体会"青年一代有理想、有本领、有担当，国家就有前途，民族就有希望"的精神内涵，交流感想，增强学生奋斗的积极性与责任意识，"让青春在党和人民最需要的地方绽放绚丽之花。"

第四部分：自觉践行，同心战疫——专业实践

（1）十月下旬带领学生到敬老院开展"匠心志愿者"活动，利用专业知识，为敬老院的老人们设计制作新门窗、翻修房间等，锻炼专业技能实际应用的同时强化责任意识，活动结束后评选"最美工程小志愿者"三名，并利用微信公众号宣传表彰。

（2）带领学生参加社会实践活动，始于十月下旬，为期一个月，深入一线工地，提高技能，强化专业知识，培养艰苦奋斗、勇于担当的精神，在实践中成长。

〔拓展延伸〕

成长档案本：学生每日记录自己的知识增长或技能提升，量化进步，可视为成长轨迹，并时刻监督自己落实行动。班主任根据学生的成长档案，每学期评出技能明星、进步之星等，表彰先进，鼓励后进。

〔预期效果〕

通过认识问题——研学感知——榜样引领——专业实践4个环节，结合多种信息化教育手段，引导学生把培养奋斗精神、增强责任意识自觉融入日常学习生活中。学生在落实奋斗精神与责任意识实践活动中不断提高意志力。

班级活动案例2　做一名自豪中职生

涿州职教中心　张鸽　2020年全国中等职业学校班主任能力比赛三等奖

第一部分　总体构想

【活动主题】走进学前专业、打造锦绣前程

【活动背景】2019年，国务院发布的《国家职业教育改革实施方案》中，明确说明：职业教育与普通教育是两种不同教育类型，具有同等重要地位。但是，步入中职后，由于阅历和社会经验的局限，对未来缺乏全面的认知，甚至因为沉浸在中考失利的情绪中无法自拔。有些同学虽然为选择了心仪的专业而兴奋，但是依然缺乏稳固的动力和明确的规划。现结合学生问卷调查结果，联合学前教育专业社团开展活动，引导同学们走好职业生涯第一步。

【活动目标】

1. 认知目标：正确认识学校和所学专业，明确未来发展方向。

2. 情感态度观念目标：树立自尊心、自信心和自豪感，提高幼儿教师职业认同感，培养良好的职业价值观和坚定的职业信念。

3. 运用目标：制订切实可行的学习规划，养成良好的行为习惯并促进文化素养与职业技能双提升。

【参加对象】2018学二班全体同学

【活动时间】5周

【活动地点】班级、实训室、幼儿园

【活动注意事项】接触幼儿注意语言文明、个人卫生，服从企业导师安排

【活动形式】主题班会、讲座、体验、参观、家校互动

【教育方法】小组讨论法，情景体验法

【设计思路】

此次活动从学生实际出发，我设计了走进学前专业——树立行业目标——激发学习兴趣——感悟教师角色——制订未来规划。一是帮助解决学生中存在的实际问题，二是帮助学生树立正确的价值观念。

第二部分　活动准备

1. 教师准备

（1）调查了解：设计问卷，分组调查学生对学前教育专业和幼儿教师职业的认同感。

（2）召开会议，确定人员进度；制作清单，考虑突发状况。

（3）划分小组，认领活动任务；多元评价，鼓励全员参与。

（4）邀请优秀毕业生和企业、社团导师参与此活动。

2. 学生准备

（1）参观学校实训楼，感受职业教育教学特点，了解办学成绩。

（2）走访调查、阅读书籍或网络中有关行业明星的图片或者资料，并做好分享准备（打造"书香"特色班级）。

（3）分组排练与主题活动相关的各类节目。

（4）填写调查问卷。

3. 家长准备

（1）给自己的孩子写封信，交流情感，提出期望。

（2）给出德育评分。

第三部分　实施过程

（一）策划动员会——走进学前专业（第一天·教室）

1. 体验破冰游戏——数字机密促了解

（1）了解老师：写几个关于老师自己的信息的数字，例如▦。在黑板上写下，例如"在学校工作几年""旅游过几个国家"等，然后让每个学生仅有一次机会，猜这些数字是什么含义（哪个数字对照哪个问题）。

（2）了解同伴：让学生写下介绍自己的数字。然后将学生们分组配对，相互猜对方的数字含义。让学生介绍自己伙伴的个人信息。

2. 解开心中疑问——专业认识更明晰

（1）表演情景剧：《第二次起跑》《青春·梦想》。

（2）展示PPT：校园的美景和专业实训室。

（3）总结：由老师介绍职业教育的发展前景，学校的基本情况、学前专业的培养目标和课程开设情况、人才培养要求、就业升学、专业社团等各个方面，引导学生了解职业教育、了解学校历史、了解专业发展。让学生明白：中职生在国家的建设发展中做出的不可估量的贡献，足以拥有劳动模范的光荣称号，是国家的人才。社会各界也在不断认可、扶持中职生的培养。

3. 寻找行业明星——榜样引领有力量

（1）学生分组介绍优秀幼儿教师的事迹。

（2）讨论、分享感悟：幼儿教师从事的是根的教育，是阳光下最灿烂的职业。

（二）优秀毕业生报告会——树立行业目标（第二天·教室）

邀请优秀的幼儿教师或者毕业生来班级做报告，与学生近距离互动，让学生明白：选择职业教育一样成功精彩。

（三）体验社团活动——激发学习兴趣（第三天·实训室）

1. 发布调查问卷——你最想体验的社团活动。

2. 体验社团活动——选择票数最多的社团，如陶艺社团进行体验。

3. 送出我的礼物——把作品送给父母。

（四）参观幼儿园——感悟教师角色（第四天·幼儿园）

1. 利用岗位认知的机会，走进校内实训基地，参观幼儿活动，感悟教师角色。

2. 依据《班级活动评分表》，挑选表现最优异的小组（2~5人），在幼儿园导师的指导下，跟幼儿进行互动。

（五）打造锦绣前程——制订未来规划（第五天·班级）

1. 阅读父母的信并分享感受。

2. 制订"中职学习规划表"。

3. 分享自己的规划：谈一谈作为中职生和未来的幼儿教师，如何向优秀的人物和身边的同学学习。

（六）总结拓展

1. 一个荣誉勋章：表现优秀的小组或同学将获得班级荣誉勋章。

2. 一期专题班刊：制作专题班刊。

3. 一次图片展览：制作电子相册，记录精彩活动瞬间并上传到班级博客。

第四部分 活动反思

教师撰写活动反思，对活动过程进行总结。

1. 活动的优点及取得的成绩。

2. 活动的不足之处。

3. 努力的方向。